Tom Johanson

Durch Schatten zum Licht

Tom Johanson

Durch Schatten zum Licht

Verlag Hermann Bauer
Freiburg im Breisgau

Aus einem englischen Manuskript ins Deutsche übertragen
von Luise Kösling.

1988
ISBN 3-7626-0348-0

Schutzumschlag: Atelier Klauer, Raubling.
Satz: Topset GmbH, Freiburg im Breisgau.
Druck und Bindung: Ebner Ulm.
Printed in Germany.

So müssen wir diese wandelbare Welt betrachten:
Als einen Stern in der Morgendämmerung,
als Luftblase in einem Strom,
als Blitzstrahl aus einer Sommerwolke,
als eine flackernde Lampe,
als ein Phantom und
als einen Traum … Buddha

Inhalt

Warum dieses Buch geschrieben wurde

Statistiken über die Weltbevölkerung besagen, daß fast fünf Milliarden Menschen auf unserem Planeten leben und arbeiten, Leid und Freude empfinden und sterben. Man schätzt, daß täglich etwa 200.000 Menschen sterben, die jedoch sogleich wieder durch Neugeborene ersetzt werden.

Diese unaufhörliche Bewegung, dieser sich ständig verändernde Strom menschlicher Wesen besteht schon seit undenklichen Zeiten. Für den größten Teil der Menschheitsgeschichte sind uns keine Zeugnisse überliefert. Bei vielen Menschen taucht immer wieder der Gedanke auf: »Was ist aus den unzähligen Millionen der Vergessenen geworden, die aus dem Nirgendwo kamen und wieder in die Vergangenheit entschwunden sind?« Wissenschaftler vertreten die Ansicht, daß nichts jemals vernichtet, sondern alles nur verwandelt werden kann. Was ist dann aus jenen Seelen geworden, die auch ihre Träume, Hoffnungen und Ängste hatten, die auch die Narben problematischer Erfahrungen trugen? Der Mensch weiß, daß ihm bestimmt ist zu sterben, und daß er eines Tages dem Gesichtskreis seiner Nachfolger entschwinden wird, genau wie es den vielen Millionen Seelen vor ihm geschehen ist. Auch wir arbeiten und kämpfen, um unsere Träume zu erfüllen, und sind einige Jahre lang bestrebt, Hoffnungen in Realität zu verwandeln, bis wir schließlich von dem absorbiert werden, was immer danach kommen mag. Wir leben, lieben, leiden, um dann für die uns bekannte Welt zu sterben. Nach welchem Plan und zu welchem Zweck geschieht das alles? Dies ist die quälende Frage, die die Menschheit weiter verfolgt.

Die meisten Menschen wissen wahrscheinlich keine Antwort auf diese Frage, und doch gibt es keinen Zweifel darüber, wonach alle suchen: Nach irgendeiner Art von Glück, nach einem gewissen Frieden, nach einem Ort der Sicherheit. Die Welt, in der sich der Mensch befindet, ist alles andere als tröstlich. Vom ewigen Streit und Aufruhr, von Feindseligkeiten und Begierden verwirrt, wenden sich viele in ihrer Verzweiflung irgendeiner Religion zu. Sie gehen von einem Lehrer zum anderen, lesen ein Buch nach dem anderen. Ab und zu erfahren sie eine Art Befriedigung. Aber ist sie auch von Dauer? Ist es die gesuchte Erfüllung? Es ist unvermeidlich, daß der Mensch mit der Zeit erkennt, daß er das Glück auf diese Weise nicht erreicht. Dennoch fährt er fort (vielleicht schon ein wenig entmutigt), auf jede ihm aussichtsreich erscheinende Art nach dem Glück zu suchen. Er besucht Seminare und wendet sich an die Dozenten, er liest eine Menge Bücher, schließt sich einer Gruppe an. Er ist stets auf der Suche nach etwas Bleibendem, nach etwas Beständigem, nach etwas Progressivem. Er selbst bemerkt es vielleicht gar nicht, aber instinktiv sucht er nach *Realität.* Manche erleuchteten Seelen haben diese Realität gefunden. Man nennt diese Menschen Mystiker, Gurus oder Meister. Sie haben die »unmittelbare Erfahrung« erlebt. Sie haben das Beständige, den Sinn, das Ewige, das Wahre, das Wirkliche gefunden. Diese direkte Erfahrung kann nicht aus dem entstehen, was andere sagen, sie kann nicht von Kirchenlehrern übernommen, in einer Organisation (ob religiöser oder anderer Art) vermittelt oder aus Büchern gewonnen werden. Die Erleuchteten berichten davon, daß sie die unmittelbare Erfahrung in sich selbst gefunden haben.

Deshalb muß jeder, der auf der Suche nach dauerndem Glück ist, in seinem Innern suchen. Bevor er jedoch mit dieser Suche beginnt und zur Erfahrung kommen kann, muß er sich selbst wirklich kennen. Kann er das erreichen, indem er hört, was andere zu sagen haben, oder liest, was ein Autor glaubt und zu einem Buch verarbeitet hat? Der einzige Grund, weshalb er sich selbst nicht erkennt, ist doch der, daß er andere nicht kennt. Selbstverständlich weiß er viel über die Vorstellungen anderer Menschen, er kennt eine Menge Fakten und Worte, die er bei anderen gesammelt hat. Diese Informationen stammen aber aus dem *äußeren* Bereich.

Wenn Sie nach unwandelbarem Glück suchen, dann müssen Sie auch etwas über den gesuchten Gegenstand wissen, also zum Beispiel: Welcher Teil von Ihnen ist der Suchende? Was sucht er? Warum sucht er? Die Wahrheit, die den Weg zur direkten Erfahrung freimacht und das Glück vermittelt, kann sich vollkommen von der Vorstellung unterscheiden, die der Suchende vom Glück hat. Es ist deshalb unbedingt erforderlich, daß der Suchende selbst voll und ganz die Natur seines Suchens in allen Aspekten begreift und ebenso die Natur des Gegenstandes, nach dem er sucht.

Wir kommen an einen Punkt, an dem wir uns ernsthaft und gründlich mit der Frage beschäftigen müssen, ob die Wahrheit, nach der wir streben, ganz wesentlich uns selbst, unser inneres Selbst betrifft. Oder kann die Wahrheit, nach der wir suchen, sich uns auch durch einen anderen Menschen, durch eine bestimmte Organisation, durch eine Religion offenbaren? Können wir sie finden, indem wir uns an die Worte eines anderen halten? Diese Fragen bringen uns zurück zu der Grundwahrheit: Wenn wir nicht zuerst uns selbst kennen, besitzen wir keine echte Basis für ein richtunggebendes Denken, und deshalb muß sich alles Suchen und Streben als aussichtslos, enttäuschend und vollkommen vergeblich erweisen. Wir können natürlich vor dem ganzen Problem davonlaufen. Wir können uns isolieren, indem wir uns auf einen Berggipfel zurückziehen und so dafür sorgen, daß aller Streit und alle Kämpfe und Turbulenzen der Welt vorübergehen, ohne uns zu berühren. Aber kann das eine Lösung sein? Achten Sie einmal darauf, wie Sie innerlich auf den Streß, auf die Angst vor Krieg und Aufruhr reagieren. Würden Ihre inneren Regungen in der Abgeschiedenheit automatisch vollständig verschwinden? Gerade diese inneren Aspekte sind doch die Schwächen, die Bereiche der Unwissenheit in unserer Seele, die Sie bisher daran hinderten, sich selbst zu erkennen. Sie haben Ihnen den Weg zur ewigen Wahrheit, zum bleibenden Glück versperrt. Wie lange können Sie in der Abgeschiedenheit Ihres Berges bleiben? Früher oder später müssen Sie wieder herabsteigen, und dann werden genau dieselben Bereiche der Unwissenheit zusammen mit Ihnen zurückkehren. Sie werden ganz genau wie zuvor reagieren und die gleichen Ängste, Belastungen und Sorgen heraufbeschwören. Sich selbst zu kennen, das bedeutet nicht nur, das Warum für unsere hinderlichen Schwächen zu erkennen, sondern es heißt zugleich, auch den Mut aufzubringen, sich diesen Schwächen zu stellen und sie schließlich zu überwinden.

Des Menschen Mut und das ehrliche Eingeständnis der Schwächen seiner Seele bilden die einzige Basis, von der aus er die Suche nach sich selbst beginnen kann. Ehe er durch Überwindung von selbstgeschaffenen Widerständen zur Erkenntnis gelangt, muß er erst einmal wissen, wie und was er selbst *ist*. Wenn er habgierig, eifersüchtig, eitel, ein Egoist und voller Mißtrauen ist, dann sind das Aspekte oder innere Beweggründe, die er selbst geschaffen hat, und die keineswegs auf das Verschulden der ihn umgebenden Gesellschaft zurückzuführen sind. Diese Grundtatsachen über die Unwissenheit des Menschen in bezug auf sich selbst und sein nutzloses Festhalten an äußeren Mitteln bei seiner vergeblichen Suche nach dem Glück sind die wesentlichen Gründe, die mich veranlaßt haben, dieses Buch zu schreiben.

Ich hoffe aufrichtig, daß der Leser, der mir bis hierher gefolgt ist, jetzt zu einer Reise aufbricht, um die Realität, die Wahrheit und *sich selbst* zu finden. Ich bitte um Nachsicht, wenn ich mich wiederhole, aber dieser Punkt kann nicht genug betont werden: Ehe der Suchende nur eine Ahnung davon bekommt, wo er überhaupt anfangen soll, was er zu erreichen hoffe und wie er den Sinn erkennen kann, das ganze Wie und Warum, sein Leben in Gesellschaft anderer, umgeben von Büchern, Kirchen, Lehrern und Ungläubigen, muß er zuerst *sich selbst* begreifen. Der aufrichtige Sucher ist vollkommen damit beschäftigt, zuerst einmal Wissen und Erkenntnis über sich selbst zu sammeln. Er überlegt nicht, ob er mit seinen Bemühungen schnell zu Ruhm und Ehre gelangen wird.

Ihre Suche ist nutzlos, wenn Sie sich nicht zuallererst selbst kennenlernen. Wie könnten Sie auch in rechter Weise, ehrlich und mit ihren geistig-spirituellen Mitteln, den vor Ihnen liegenden Weg überblicken, ohne ein genaues Verständnis Ihrer eigenen Denkweise und daher Ihrer Art des Handelns und Reagierens zu besitzen, ohne zu wissen, warum Sie über bestimmte Dinge bestimmte Ansichten, warum Sie bestimmte Glaubensvorstellungen haben, warum Sie auf eine ganz bestimmte Art auf gewisse Menschen und Erfahrungen reagieren. Ihre Suche ist ebenfalls nutzlos, wenn Sie nicht die *wahre* Beschaffenheit Ihrer Gedanken und das Zentrum kennen, von dem sie ausgehen. Auf solche Weise wären Ihre Aktionen und Reaktionen ohne Bedeutung. Alles, was Sie tun, würde wahrscheinlich den Auseinandersetzungen nur neue Nahrung geben.

Wir werden weiterhin Kriege, Konflikte, Greueltaten und andere Tragödien erleben und mental darauf reagieren. Wir entwickeln Zorn und Angst, wir fällen Urteile und stellen ständig die eine Frage: »Warum läßt Gott das zu?« Ehe wir beginnen, den Grund oder den Endzweck zu verstehen, müssen wir wieder bei uns selbst anfangen. Wir müssen sorgfältig unsere eigenen Gedanken und Impulse untersuchen. Man muß dabei außerordentlich wachsam sein und sich ständig genau prüfen. Sich selbst zu erforschen bedeutet auch zu erkennen, wie die Gedanken und Reaktionen anderer funktionieren. Betrachten Sie die Gedanken und Taten eines jeden Menschen als Spiegel Ihrer eigenen Gedanken und Taten. Mit der Zeit werden Sie ein besseres Wahrnehmungsvermögen nicht nur für das eigene Selbst entwickeln, sondern Sie werden auch andere, mit denen Sie in Beziehung stehen, besser kennenlernen. Sich selbst zu erkennen heißt, sich während jeder physischen und mentalen Aktion zu erforschen.

Große Schwierigkeiten entstehen dadurch, daß wir so viele Bindungen und Verpflichtungen haben. Die Folge ist, daß wir ungeduldig und gereizt werden. Unsere wahre Teststrecke ist überall. Jeder Mensch ist unser Versuchsobjekt. Das kann in der Küche, im Büro, in der Fabrik, im Lebensmittelgeschäft oder mitten auf der Hauptstraße sein. Hier finden wir die besten Gelegenheiten zur Weiterentwicklung. Dies sind die idealen Orte, um über uns selbst nachzudenken, zu forschen und zu beobachten. Ganz langsam wird dann Selbsterkenntnis entstehen, und mit ihr gewinnen wir größere Klarheit über den Sinn des Lebens.

Aber hüten Sie sich davor, nach dem Ende des Prozesses Ausschau zu halten – wir kommen niemals an ein Ende. Doch während man sich erforscht und beobachtet, über sich nachdenkt, entdeckt man, daß sich allmählich eine ruhige Gelassenheit entwickelt. Nur in dieser Gelassenheit kann Realität entstehen. Deshalb wird ohne Selbsterkenntnis durch Selbstbeobachtung (und dazu ist es keineswegs erforderlich, Vorträge zu hören und Bücher zu lesen) Ihre Reise vergeblich sein – eine nutzlose Aktivität ohne Bedeutung.

Schließlich möchte ich den Leser darauf hinweisen, daß es klug wäre, über die folgende Wahrheit gründlich nachzudenken: Es ist töricht und sinnlos, die Schuld für all unsere Schwierigkeiten, für verpaßte Gelegenheiten und Herzenskummer bei Nachbarn, bei Freunden, bei der Familie oder sogar bei Gott zu suchen. Der Mensch schafft sich ganz allein seine eigenen Hindernisse, Enttäuschungen und Probleme. Es ist ein wahres Wort und wert, es sich zu merken: »Niemand hat die Macht, dich zu verletzen, wenn du selbst ihm diese Macht über dich nicht einräumst.« Dem Menschen ist die vollkommene Willensfreiheit über sein eigenes Geschick geschenkt. Er kann sich so weit von Gott entfernen, wie er nur will: Gott wird ihn niemals aus den Augen verlieren.

Die sichtbare wie die unsichtbare Welt ist voll von Helfern, die den Menschen ermutigen und beraten; unaufhörlich sind Gesetze wirksam, die ihn führen, erheben und dafür sorgen, daß er wieder zurück zur Wirklichkeit findet. Es gibt geistige Gesetze, die sogar das problematische Wesen und Verhalten Ihres Nachbarn nutzen, um Sie darauf hinzuweisen, daß Sie selbst genau die gleichen Schwächen in sich tragen. In der Tat sind schwierige Menschen nichts als neue Gelegenheiten zur Selbstbetrachtung, Beobachtung und Weiterentwicklung. Sehen Sie Ihren unangenehmen Nachbarn als einen wunderbaren Lehrer an, dann werden Sie nicht nur mehr über sich selbst erfahren; Sie werden auch erkennen, daß alles im Leben einem vollkommenen Plan folgt, der Ihre höchste Freiheit zum Ziel hat.

Einführung

Ich glaube, daß der Verfasser eines Buches mit philosophischem Inhalt unbedingt mitteilen sollte, für wen dieses Buch geschrieben wurde. Der Leser muß darüber informiert werden, wie der Autor zu seinen Erkenntnissen gelangt ist. Ein Schriftsteller kann sich nicht viele Jahre lang darum bemühen, bei ganz normalen Männern und Frauen Verständnis für das innerste Wesen dieser Welt, für den Sinn des menschlichen Lebens, für die Auswirkungen der komplizierten natürlichen und geistigen Gesetze zu wecken, ohne von den Schwierigkeiten, Ängsten und Fragen zu wissen, mit denen sich diese Menschen in ihrem Alltag ständig auseinandersetzen müssen.

Ehe der Leser den voreiligen Schluß zieht, daß ich reichlich anmaßend bin, möchte ich zumindest bis zum Ende dieses Kapitels um Nachsicht bitten. Manche Autoren, die sich mit ähnlichen Themen beschäftigen, gestehen freimütig ein, daß sie zwar viel über das Phänomen der inspirierten Wahrnehmung und über mediale Erkenntnisse anderer Menschen gelesen und sich intensiv und ernsthaft damit beschäftigt haben, um daraus entsprechende Schlüsse ziehen zu können, daß ihnen selbst aber solche unmittelbaren Erfahrungen versagt blieben. Die Authentizität ihrer Berichte hängt deshalb vollkommen von der Genauigkeit des Erinnerungsvermögens ihrer Informanten ab.

Ich teile meinen Lesern daher ehrlich mit, daß ich niemals die Erfahrungen anderer untersucht habe. Ich hoffe aber, in diesem Buch jedem denkenden Menschen zu beweisen, daß in jeder menschlichen Seele eine Bewußtseinsebene schlummert, die jenseits der Grenzen intellektueller Argumentation liegt. Anders ausgedrückt: Es gibt eine Ebene tieferer Intuition, die offensichtlich beim Dichter, bei Meditationslehrern und bei besonders sensitiven Menschen gut entwickelt ist. Ich werde mich gleich in allen Einzelheiten mit dem Erlebnis auseinandersetzen, bei dem sich die Gabe der intuitiven Einsicht mir zum ersten Mal zeigte.

Die Fragen, die sich viele stellen und auf die ich eine sinnvolle Antwort zu geben versuche, sind die gleichen zeitlosen Fragen, die immer wiederkehren und die die Denker jeder Generation aufs neue beschäftigen – trotz der zahllosen Schriften und Lehren, die uns von Philosophen, religiösen Lehrern und eingeweihten Esoterikern bereits überliefert sind. Diese Fragen betreffen die »Natur des Menschen«, den »Sinn des Lebens«, sie beschäftigen sich damit, »warum der Mensch leidet« und »was seine letzte Bestimmung ist«. Der Mensch wird in diese Welt hineingeboren, und viele beklagen sich darüber, daß sie nie gefragt wurden, ob sie geboren werden wollten. Eines Tages werden sie diese Welt wieder verlassen, und auch darüber können sie nicht selbst bestimmen. Wenn der Mensch jedoch erst einmal die ihm gestellten Aufgaben erkennt und annimmt, wird er sich allmählich auf drei Hauptebenen, nämlich der physischen, der emotionalen und der intellektuellen, seiner Umgebung anpassen, er wird »konditioniert«. Es sind nur wenige, die sich zunächst ernsthaft fragen, warum sie wirklich existieren, welches ihre wahre Natur ist, wie die Natur der Welt aussieht und warum es überhaupt eine Welt gibt. Tatsache ist: Sobald die emotionale und intellektuelle Seite unseres Wesens ihrer Umwelt entsprechend konditioniert ist, akzeptiert sie ganz selbstverständlich den Kampf, den Schmerz und das unstillbare Gefühl eines »Mangels«, eine Art Sehnsucht. Hier wird eine barmherzige Einrichtung der Natur wirksam, die es erlaubt, daß wir uns soweit wie möglich eine harmonische und in einem vernünftigen Gleichgewicht befindliche Beziehung zu unserer äußeren Umgebung aufbauen. Obwohl unser Dasein niemals als eine vollkommene, ideale Existenz geplant war und schon aufgrund seiner Natur niemals eine solche sein kann, ist uns dadurch dennoch ein einigermaßen angenehmes Erdenleben sicher.

Dieser Prozeß der »Konditionierung« oder Anpassung an

die Umwelt sorgt für die nötigen Auseinandersetzungen mit »Gegensätzen«, die die Weiterentwicklung der Seele sichern und sie schließlich aus den hinderlichen Begrenzungen der physischen Umwelt befreien. Ich hoffe, daß dem Leser beim Durcharbeiten des Buches allmählich klar wird, daß seine gesamte Weiterentwicklung allein von dem Reiz abhängt, den die Disharmonien ausüben. Anfangs – und das gilt für einen beträchtlichen Zeitraum – führt das praktische Leben in der physischen Welt dazu, daß der Mensch gegen den natürlichen spirituellen Strom lebt und unwissentlich »Zentren des Eigeninteresses« und »Eigenaktivität« erzeugt. Aus dem Innern dieser Zentren steigen Disharmonien auf, die häufig und sehr wirksam nicht nur die betreffenden Personen selbst, sondern auch deren Umgebung stören und verwirren. So unangenehm und störend dieser auf der emotionalen und intellektuellen Ebene ablaufende Prozeß auch sein mag, er verhilft uns letzten Endes dazu, klug und mutig genug zu werden, damit wir ihn schließlich als nichts anderes als eine Reihe von Gelegenheiten zur Förderung unserer Weiterentwicklung akzeptieren können.

Wie weit sind wir auf uns allein gestellt, wenn wir einen gewissen Grad der Weiterentwicklung erreichen wollen? Was bedeutet die Philosophie des Zufalls? Wenn man die vielen scheinbaren Ungerechtigkeiten im Leben betrachtet, die Behinderten und die Gesunden, die Schönen und die Häßlichen, die Intelligenten und die Zurückgebliebenen, könnte man dann nicht zu dem Schluß kommen, daß wir nichts als Spielfiguren auf dem Schachbrett des Schicksals sind? Wenn der Leser reflektierend auf sein eigenes Leben zurückschaut, wird es bemerken, wie oft eine bestimmte Wendung oder eine neue Lebensweise durch etwas bestimmt wurde, das er für »glückliche Umstände«, »ein bißchen Glück« oder für einen »Zufall« hielt. Wenn ich mein eigenes Leben überblicke und an ein unglaubliches Ereignis denke, daß mein ganzes Denken und meine Lebensweise völlig verändert hat, dann kann ich es nur mit den Worten beschreiben: »Ein spiritueller Geist der höchsten Ordnung schien alle Ebenen meines niederen Selbst zu berühren und kreativ zu verändern.« John Buchan sagt über diese mystischen Vorkommnisse oder höchsten Interventionen, die auf dramatische Weise das Leben vieler Menschen verwandelt haben: »Ich behaupte nicht einen einzigen Augenblick, daß diese unbegreiflichen Ereignisse nicht von irgendeiner höheren Intelligenz als unserer eigenen rational erklärt werden könnten. Ich kann nur sagen, daß wir sie nicht irgendeinem uns vorstellbaren System von Wirkungen und Aspekten zuordnen können.«

Ich lade den Leser nun ein, einmal meine eigene merkwürdige Erfahrung zu betrachten, die, wie ich glaube, nicht nur das Gebiet der Inspiration und Intuition berührte, sondern auch etwas in mir erweckte, was ich nur als mystische Einsicht oder mediale Erkenntnis bezeichnen kann. Alles begann im Herbst 1949, in dem Jahr, als meine Frau und das Kind sich entschlossen, England zu verlassen und in Kanada ein neues Leben zu beginnen. Aufgrund einer seltsamen aber zwingenden inneren Überzeugung blieb ich zurück. Die folgenden Jahre erschienen mir lang, leer und außerordentlich einsam. Die immer wieder auftauchenden Gedanken über meine Zukunft steigerten lediglich mein Elend und die Hoffnungslosigkeit, bis hin zu immer häufigeren Anfällen tiefer Depression. Meine besessene Sehnsucht nach der letzten Befreiung wuchs mit jedem Tag, aber das Ende meines Lebens schien in unerreichbarer Ferne.

Während des Sommers 1956 nahm mein Leben eine unerwartete, hoffnungsvollere Wendung. Durch Zufall, Fügung, Glück oder »nach dem Plan« trat eine Gefährtin in mein Leben. Sie war liebenswürdig und gütig, hatte Sinn für spirituelles Denken, und sie war heiter und fröhlich. Drei kurze Jahre lang war unser Leben eine Idylle. Wie nach einem langen, harten Winter ein wunderbarer Frühling erwacht, so entwickelte sich in mir das warme Gefühl neuer Zuversicht. Wieder war ich erfüllt von Hoffnung und Begeisterung. Ich war bereit, längst vergessen geglaubte Ziele wieder aufzunehmen. Dann, am Donnerstag, dem 3. September 1959, schlug ein grausames Schicksal zu und löschte eine verheißungsvolle Zukunft mit ihren Hoffnungen und Träumen aus. Meine Freundin starb im Alter von dreiunddreißig Jahren an Krebs. Wie als Antwort auf ein Gebet erschien glücklicherweise zu diesem Zeitpunkt, als ich wie betäubt vor Schmerz war, ein Gefährte, der mir den so nötigen Trost und Beistand gab. Es war ein Mönch, der einige Jahre zuvor das Klosterleben aufgegeben hatte, um als Heiler und Ratgeber mitten unter den Menschen in der Stadt zu wirken. Ohne große Einleitung oder Erklärung packte er mich sofort in ein Taxi und nahm mich mit in sein abgelegenes Haus am Fuße eines wunderschönen kleinen Berges. Zwei Tage und zwei Nächte lang durchlitt ich überwältigenden Schmerz und Einsamkeit, dann geschah es. Im Laufe des späten Nachmittags am Samstag, dem 5. September, als ich allein im Wohnzimmer meines Freundes saß, kam eine ältere Nachbarin, um sich mit mir zu unterhalten.

»Es ist ein herrlicher ruhiger Abend«, sagte sie. »Lassen Sie uns einen kleinen Spaziergang machen.« Es war mir ganz egal, was ich tat, also verließ ich ohne weiteres mit ihr zusammen das Haus. Die Straße war merkwürdig still und leer, das unterstrich mein Gefühl der Einsamkeit und Trauer. Meine Begleiterin sprach ständig, aber ich nahm die Bedeutung ihrer Worte überhaupt nicht wahr. Ich war ganz eingeschlossen in meine eigene private Welt der Sorge, erfüllt von quälenden Erinnerungen. Ich weiß nicht mehr, wann dieses bestimmte Gefühl einsetzte, es war einfach da: eine völlig unangemessene Gemütsruhe. Das Gefühl des Schmerzes und der Trauer war plötzlich nicht mehr vorhanden, ja ich spürte nicht einmal mehr ein Gefühl des Verlustes. Es war, als ob ich eben noch durch die Finsternis eines schrecklichen Sturmes gewandert sei, der nun ganz plötzlich aufgehört hatte. Alles war wieder hell, ruhig und tröstlich. Es herrschte eine seltsame Stille, kein Geräusch kam von der Straße oder aus dem Mund meiner Begleiterin. Selbst unsere Schritte waren völlig lautlos. Ich hörte mich sagen – oder war es nur ein Gedanke? – »Ich muß jetzt wieder zurück in mein Zimmer.«

Im Zimmer angekommen, legte ich mich vollständig bekleidet auf das Bett. Dieses seltsame Gefühl vollkommener Ruhe und Gelassenheit blieb glücklicherweise in mir. Dann, ganz langsam, fand ich mich sanft eingehüllt in eine Wolke reinen Silbers. Die Wolke schien noch zu wachsen und dehnte sich aus zur unendlichen Grenzenlosigkeit eines strahlenden Lichtes ohne jede blendende Wirkung. Als nächstes entwickelte sich in mir ganz langsam eine tiefere Erkenntnis von allem. Ich war jetzt empfänglich für alle Dinge – für das gesamte Universum, das außerhalb meiner vier Wände lag, die einfach nicht mehr existierten. Das Licht schien immer heller und reiner zu werden. Es kam anscheinend von einer weit entfernten Sonne und war doch gleichzeitig auch im Zentrum meines Selbst. Während das Licht jede einzelne Zelle meines Körpers durchdrang und noch darüber hinausging, schien es immer stärker zu erstrahlen. Langsam wurde alles um mich herum in einen goldenen Glanz verwandelt, und ich selbst war die riesige leuchtende Sonne; dennoch war die Sonne das Universum und auch alles, was darüber hinausreicht. Ich hörte keinen Augenblick auf, ich selbst zu sein, und doch war ich kein einzelner. Unmittelbar danach – oder war es gleichzeitig? – entstand in mir ein Gefühl unendlichen Jubels, eine unbeschreibliche, unermeßliche Freude, gefolgt von einer Erleuchtung, die ich nur als die Herrlichkeit Christi beschreiben kann. Das ist seither ein untrennbarer Teil meines Bewußtseins und hat meinem Leben stets die Richtung und Inspiration gegeben. Es schien, als ob sich die Augen der Seele plötzlich öffneten, als ob ich selbst zur unbeschreiblichen Fülle des kosmischen Geistes wurde und dabei gleichzeitig zur Fülle der göttlichen Weisheit. Ich fühlte, daß ich die ganze Welt begriff, sowohl unsere Welt hier als auch alles, was darüber hinausgeht. Ich fühlte, daß ich eine große Entdeckung gemacht hatte, und dabei war diese Entdeckung ich selbst!

Während dieses Erlebnisses hatte die Zeit aufgehört. Es gab nur noch eine Ebene der reinen Stille, fern von jedem Laut. Falls Zeit verging, dann geschah das in einer anderen Dimension, hier existierte Bewußtsein, wie ich es bisher kannte, nicht mehr. Alles war erstaunlich licht. Ich wußte: Das ist in der Tat eine andere Welt – die wahre, reale Welt, in der der logische Geist, der wie ein Sack unaufhörlich Ereignisse, Gegebenheiten, Vorhaben und Wünsche aufnimmt, sich im Reich der Illusion verlor. Dies war die zeitlose Welt, in der alles einer anderen Dimension angehörte, in der alles von einer unwandelbaren Schönheit war – dies war die Welt der Realität, und doch war es immer noch *ich selbst!* Wenn ich überhaupt etwas fühlte oder hörte, dann war es die Botschaft: »Wahrheit und Liebe sind eins, und der einzige Weg dahin führt durch das Leid«. Damit versank ich in einen gesunden Schlaf.

Als ich am nächsten Morgen erwachte, schaute ich diese Macht nicht mehr, aber dennoch war etwas zurückgeblieben. Dieses Etwas hat sich in mir bis zum heutigen Tag erhalten. Ich erinnere mich immer noch an alles und bin mir im klaren, daß ich einen Blick auf eine Welt geworfen habe, die jenseits unserer Welt des irdischen Lebens liegt. Wenn man diese Welten miteinander vergleicht, dann ist unsere hier unwirklich und tot. Die von mir geschilderte Erfahrung zeigte deutlich verschiedene »Ebenen« dieser Welten, die sich allmählich, aber unaufhaltsam immer mehr der Realität nähern. Dennoch wäre es unmöglich zu sagen, wo eine Welt oder Bedeutungsebene endet und eine andere beginnt. Ich erkannte nur zu deutlich, daß es die Aufgabe der Menschheit ist, jede einzelne dieser Ebenen zu durchqueren und kennenzulernen. Während sich die Seele weiterentwickelt, nimmt das Gefühl der Unwirklichkeit immer weiter ab und geht allmählich in das mystische Bewußtsein über, bei dem sich das Selbst schließlich in einer Welt des *Seins* und nicht nicht mehr in einer Welt des *Werdens* befindet.

In den Tagen nach dem geschilderten Ereignis erlebte ich eine außerordentliche Sensitivität. Ich spürte, daß ich das Gefühl des Getrenntseins und der Individualität verloren hatte, das heißt, ich hatte mein wahres Selbst entdeckt und erfahren. Ich war eins geworden mit allen Seelen und fühlte die Gegenwart eines göttlichen Wesens. Derartige Erfahrungen können jedoch nicht lange aufrechterhalten werden, und sie erscheinen auch nicht auf Befehl. Ich aber hatte für eine Weile Zugang zur inneren Zitadelle des höheren Selbst gefunden und deren Herrlichkeit erlebt. Meine Erfahrung ließ ohne Zweifel auch eine Verheißung für den Menschen sichtbar werden, für den Pilger, der in eine Welt des Zeitlichen, der Begrenzung und der Illusion, verbannt ist. Eines Tages wird er zu dieser Herrlichkeit gelangen, allerdings nur durch Kampf, durch sein Leiden und sein Suchen.

Wenn ich zurückblicke, dann *weiß* ich heute, daß etwas mit mir geschehen ist. Damals erkannte ich nur, daß ich eine wichtige Entdeckung gemacht hatte. Ich fragte mich: »Kann dies das Geheimnis des Lebens sein?« Zu jenem Zeitpunkt wußte ich schon: Ich bin nicht mehr das »Ich«, das ich zu sein glaubte. Jetzt *weiß* ich, daß es keinen Tod gibt. Ich dachte an den Frieden, an einen Frieden, der mein Begriffsvermögen weit überstieg – und dabei fühlte ich mich so unwürdig. Wenige Stunden nach jenem unvergeßlichen Erlebnis wurde ich von dem Verlangen ergriffen, alles aufzuschreiben. Ich sammelte jedes Stückchen Papier, und während unbekannte, aufregende Wahrheiten meinen Geist erfüllten, wurden sie sofort zu Papier gebracht. Ich füllte Seite um Seite mit Begründungen für das Leiden, mit Erklärungen über die Natur der Welt, über die Natur des Menschen, über das Wirken Jesu und über die Bedeutung der Christuslehre. Es war, als ob ich mich an alte, längst vergessene Geheimnisse erinnerte, aber ich wußte dabei stets, daß es sich um Wahrheiten handelt. Wie in immer neuem blitzartigem Aufleuchten wurde meinem Bewußtsein in großen Zügen Sinn und Bedeutung des Menschenlebens deutlich.

Jede dieser Wahrnehmungen war wie eine strahlend helle Erscheinung. Ich sah, daß das Leben des Menschen ebenso unaufhörlich ist wie alles Leben und daß die Seele des Menschen ebenso unsterblich ist wie die Gottes. Das alles und noch viel mehr habe ich unermüdlich auf Papierfetzen, leere Konfektschachteln, auseinandergefaltete Zigarettenpackungen und ähnliches übertragen.

Auf diese Weise vergingen die ersten Tage nach meiner Entdeckung, doch es war keineswegs eine leichte Zeit. Das Gefühl einer ganz starken Empfindsamkeit hielt an und machte den normalen Tagesablauf schwierig. Das Geräusch, das jede Bewegung von Fahrzeugen, Flugzeugen und Menschen erzeugt, war für mich sehr schmerzhaft. Ich versuchte sogar, im Hause meines Freundes jede Konversation zu vermeiden. Ich mußte unbedingt allein sein, fern von allen Einflüssen der Zivilisation. Etwas später aber wurden sogar die stillen Augenblicke der Meditation für mich zur Qual. Plötzlich drängten sich mir nämlich verschiedene längst vergessene Ereignisse in den Sinn, bedrückende, schmerzliche Dinge. Ich erlebte noch einmal die persönliche Verstrickung in Gleichgültigkeit, Grausamkeit, Zorn, Unredlichkeit, Eigennutz und Gedankenlosigkeit.

Diese Vorfälle aus meinem früheren Leben erschienen immer häufiger; sie wurden immer störender, sie wurden schließlich zur Qual. Diese wiedererwachten Ereignisse betrafen nie die guten Zeiten, sondern stets egoistische Handlungen. Mit jeder Erinnerung wurde mein Gefühl der Reue intensiver. Ich konnte nicht erkennen, welche Absicht Gott mit dieser Maßnahme verfolgte; ich sah nur, mit welcher Zielstrebigkeit und Unnachsichtigkeit er seinen Plan zu verwirklichen suchte, worum es sich dabei auch immer handeln mochte.

Während die Tage vergingen, schien es mir, als ob all das Unwürdige und Gemeine meines Lebens meinen Geist völlig durchtränkt hätte. Viele Male überlegte ich, was wohl diese scheinbar sinnlosen Qualen bedeuten sollten. Alles, was ich nun durchlitt, gehörte der Vergangenheit an. Konnte Gott mich trotz meines grausamen Verlustes für nichts anderes als einen Menschen halten, der einen Baum gefällt hatte, nur um Feuerholz zu bekommen? Trotz dieser Gedanken glaubte ich, daß allen Dingen ein Sinn zugrundeliegt, und das galt sogar für meine Augenblicke der Not und der Qual. Ich erinnerte mich daran, daß alle Mystiker erkannt hatten, daß hinter der Welt des normalen alltäglichen Lebens andere Seinswelten liegen, die, verglichen mit der ersteren, real und unbeschreiblich lebendig sind. »Sicher«, dachte ich, »so muß es auch mit unseren eigenen inneren Welten sein.« Es muß viele solche inneren Welten oder Bewußtseinsebenen geben, die noch näher an die Realität herankommen. Berichte von Mystikern zeigen, daß es Tiefen oder Ebenen des Ego-Selbst gibt, die als Schleier zwischen diesem und dem absoluten Selbst liegen. Diese Schleier bilden gemeinsam die Ego-Persönlichkeit, die der normale Mensch gemeinhin zu sein glaubt – die »Realität«, mit der er sich identifiziert. Es gibt herausragende Persönlichkeiten, die zur vollen Erkenntnis gelangt sind. Sie können willentlich die Schleier vor dem Licht der Realität zurückziehen. Andere, die noch kein vollentwickeltes bewußtes Wissen von der Einheit des Ego-Selbst mit dem absoluten Selbst haben, nehmen die Existenz der Schleier nicht bewußt wahr, und so leben sie weiter in ihrer Selbst-Täuschung.

Wenn wir fähig sind zu analysieren, was »Selbst-Täuschung« bedeutet, werden sich unsere Gedanken mit dem Glauben an »Besitz«, mit einer Art wunscherfüllender Überzeugung von der Notwendigkeit zur Anhäufung von Dingen und Werten beschäftigen. Dies ist die Ebene, auf der man davon ausgeht, daß zum Schutz von »Eigentumsrechten« auch Wut und Zorn, Drohungen und Gewalt zu rechtfertigen sind. Je mehr ich über mein mystisches Erlebnis nachdachte, desto mehr fragte ich mich, ob der Mensch selbst überhaupt etwas dazu beitragen kann, um eine solche Erfahrung herbeizuführen. Offensichtlich trifft am ehesten die Antwort zu: Obwohl diese Erfahrung auf einer Ebene liegt, die über das normale Ego-Selbst hinausgeht, muß der Mensch auf den ihm zugänglichen Ebenen dennoch bestimmte Voraussetzungen erfüllen, wenn sie überhaupt möglich sein soll. Die Hauptbedingung ist der vollständige Verzicht auf die ausschließliche Beschäftigung mit den Sinnenobjekten dieser Welt. Ich erinnerte mich auch daran, daß die christliche Kirchenordnung seit langem ihre eigenen Regeln für »den Weg« kennt. Hier gilt die Sühne zugleich als eine innere Reinigung. Dann mußte ich daran denken, daß ich irgendwo einen Satz von Sri Krishna gelesen hatte: »Fortschritt wird nur durch Schmerz erreicht«. Das wahre Selbst und das göttliche Selbst sind eins, ihr wahres Maß zu erkennen, heißt leiden. In der Sprache meines Gleichnisses bedeutet das: Die vielen Schleier, die das absolute Selbst umgeben, schienen bei mir langsam durchsichtig zu werden und sich in einer immer tieferen mystischen Erfahrung aufzulösen.

Die abschließenden schmerzlichen Offenbarungen aus meinem früheren Leben stellten meiner Ansicht nach eine Form der Reinigung oder der inneren Läuterung dar. Es schien mir, als ob der nach außen gerichtete menschliche Geist für einen Moment Zugang zum inneren Selbst gehabt und dessen Herrlichkeit erkannt hätte. Ich hatte mich selbst einmal als das *Ich bin* gesehen und nicht mehr als das, was ich zu sein glaubte. Das Wichtigste an dieser Erfahrung war der kurze Blick, den das Ego auf das wahre Selbst werfen konnte, denn bei solchen Gelegenheiten erkennen wir für einen Moment unsere wahre göttliche Natur. Dieses Erlebnis war so überwältigend und wunderbar, daß der Leser an meinen Schwierigkeiten bei der Beschreibung erkennen kann, wie jede Sprache versagt, will man es voll zum Ausdruck bringen.

Der Mensch selbst nimmt nicht immer den Schrei seines Herzens nach dem Ewigen wahr, dieses Verlangen der Seele nach Gott. Doch dieser Hilferuf wird oft erhört, wenn wir den tiefsten Punkt erreicht haben, wenn völlige Hoffnungslosigkeit herrscht, wenn wir schon alles verloren glauben. Die Erkenntnis, die ich durch meine spirituelle Erfahrung gewonnen habe, zeigte mir nicht nur, wie oft ich in der Vergangenheit den spirituellen Geist verraten hatte, sondern sie ermöglichte mir auch einen flüchtigen Blick auf das Ziel. Nun mußte ich mich für den Weg dorthin vorbereiten. Das größte Problem, das dem entgegenstand, war die Notwendigkeit, nicht nur in der Theorie, sondern auch durch praktische Erfahrung zu erkennen, daß der Ego-Geist oder der irdische Geist, mit dem ich mich bisher immer identifiziert hatte, nicht das wahre Selbst ist. Der Ego-Geist ist durch seine unmittelbare Umgebung *konditioniert.* Diese Umwelt setzt sich zusammen aus Besitzgier, Verlangen, Angst, Frustration, Zorn, Eifersucht und so weiter. Diese Merkmale werden also vom menschlichen Geist übernommen, und sein Urteil wiederum gilt als Maßstab für die richtigen Werte.

Wenn der menschliche Geist von der spirituellen Ebene ein

bestimmtes Maß an intuitivem Wissen (oder Wahrheit) empfängt, wie das häufig geschieht, dann stellt sich die Frage, warum solche Weisheit nicht sofort erkannt und ihr entsprechend gehandelt wird. Die Hauptursache ist der entstellende Mechanismus des *konditionierten* menschlichen Geistes. Die Wahrheit kann den Filter eines konditionierten Geistes nicht passieren, ohne daß sie einem beträchtlichen Grad der Verzerrung unterliegt. Aus diesem Grund beurteilen auch ehrliche, aufrichtige Menschen verschiedene Werte so unterschiedlich. Ihre Entscheidungen und die daraus folgenden Handlungen sind allzu oft »gefärbt« durch das Bedürfnis persönlicher Rechtfertigung. Die Gefühle und Emotionen, die ein solches Vorurteil stützen, werden aufrechterhalten und sogar verstärkt, und so kommt es dazu, daß die Umgebung weiterhin den Geist konditioniert. Der menschliche Geist bleibt der Sklave seiner Umwelt, bis er lernt, die Natur von Egoismus, Habsucht, Gier und so weiter zu erkennen und im Gegensatz dazu den Quell der Liebe, Güte und Selbstaufopferung wahrzunehmen.

Die vorbestimmte höchste Funktion des Menschengeistes ist es, die Weisheit der höchsten Ordnung auszudrücken und zu lernen, die niedrigeren geistigen Ebenen zu beeinflussen und zu kontrollieren. Das Gesetz besagt sogar, daß der Mensch auf den unteren Stufen seiner Entwicklung zuerst die Grenzen und Illusionen der niederen geistigen Ebenen erleben und daher leiden muß.

Ich habe dieses einführende Kapitel geschrieben, um Sinn und Ziel des Weges deutlich zu machen, dem der Mensch bei seinen spirituellen Bestrebungen zu folgen hat. Dieses Ziel kann als die Erlangung eines neuen Bewußtseinszustandes beschrieben werden, etwa in der Art des intuitiven oder mystischen Zustandes, den ich kurz erleben durfte, den ich jedoch nicht lange aufrechterhalten konnte. Ich weiß jetzt, daß man den Ego-Geist bei solchen Erlebnissen vollkommen aufgeben muß. Mit anderen Worten: Die völlige Hingabe bedeutet völlige Selbstaufopferung, und die kann nicht geschehen, ohne daß man beträchtlichen Schmerz empfindet – Schmerz über das, was man bisher gewesen ist. Sobald der Geist erwacht und seine Präkonditionierung erkennt, ist er bestürzt über Dinge, die er bisher für selbstverständlich hielt. Meine eigene Reaktion war eine fast unerträgliche Gewissensqual. Zu jener Zeit dachte ich, daß die lebendige Klarheit meiner »Erinnerungen« unnötig grausam, hart und unbarmherzig sei. Erst sehr viel später sah ich ein, was diese Offenbarungen bewirken sollten. Sie versuchten, mich mit aller ihnen zur Verfügung stehenden Kraft dazu zu bewegen, die eingeschlagene Richtung meiner Lebens- und Denkweise zu ändern. Doch das schmerzte mich mehr als alles, was ich in meinem Leben bis dahin hatte ertragen müssen. Am kritischen Punkt, als ich dachte, ich würde den Verstand verlieren, *begriff* ich. Plötzlich kam ich zur *Einsicht.* Ich begriff die Natur dessen, was ich in der Zeit der spirituellen Unwissenheit, des Egoismus, der Gedankenlosigkeit und der totalen Sinnlichkeit begangen hatte. Es waren Dinge, die ich zwar vordergründig vergessen hatte, die aber als Bodensatz meiner Seele zurückgeblieben waren. Dies war nun der Moment der Reinigung und moralischen Läuterung, der Verzicht auf Freude an Profit, Ruhm und sinnlichem Genuß.

Ich glaube, es könnte für den Leser von Nutzen sein, wenn ich über eine besonders quälende Erfahrung berichte. In meinem Zimmer im Hause des Mönches gab es ein ungewöhnlich ausdrucksvolles Gemälde mit dem Antlitz Christi. Es war mir zur festen Gewohnheit geworden, jeden Morgen vor diesem Bild zu knien und zu beten. Als ich an einem solchen Morgen (es war während der Zeit meines Verzichts und der schmerzlichen Erinnerungen) im Gebet niederkniete, hörte ich die Worte »Aber Jesus war nur ein Mensch«. Meine Seele war sofort von Panik erfüllt. Mein letzter Hoffnungsstrahl war erloschen! In großer Angst rief ich aus: »Du hast mir schon die eine große Freude meines Lebens genommen, zerstöre mir nicht auch noch diese letzte Hoffnung.« Für mich bedeutete das Festhalten am Glauben an Jesus, mich an die Hoffnung zu klammern, daß meine Freundin noch lebte. Im Gefühl vollkommener Verlorenheit floh ich aus dem Haus. Mein Geist war von Verzweiflung und Panik ergriffen. Ich floh wie gehetzt in die Abgeschiedenheit eines Friedhofes, der auf einer kleinen

Anhöhe lag. Es war der Ort, an dem ich seit dem Tod meiner Freundin meine Tage verbracht hatte. Ich wurde von einem tiefen, heftigen Gefühl der Einsamkeit gequält. Meine Seele verlangte nach einem Trost, sei er noch so gering. Niemals zuvor in meinem Leben hatte ich solche Tiefen der Hilflosigkeit erlebt. Lautlos schrie ich nach *irgend etwas,* das mir helfen konnte. Ich wußte nicht, was das sein sollte, aber ich wußte, daß es nicht von dieser Erde sein konnte. Wie ein Mühlstein lastete unaufhörlich Gottes Fuß auf mir; immer wieder gingen mir die furchtbaren Worte durch den Kopf: »Jesus war nur ein Mensch«. Diese Worte ließen mich nicht los, doch ich *wußte,* daß es eine Lösung geben *mußte.*

Während ich am Abhang des Hügels saß, verkrampft und zusammengekrümmt vor Pein, begriff ich plötzlich den Grund oder auch die Kraft, die versuchte, mich zur Änderung meiner Denkweise zu bewegen, die mich dazu bringen wollte, das Band zu zerschneiden, das mich schon zu lange an den Pflock der Logik gefesselt hatte. Dieses Band konnte nur unter Schmerzen durchtrennt werden, unter Schmerzen und Qualen, die mir mehr zusetzten als je irgend etwas zuvor. Dann *sah* ich plötzlich: Jesus war tatsächlich ein Mensch – genau wie ich selbst. Er hatte gelitten und Angst empfunden, wie ich und alle Menschen Angst empfinden. Er wurde gekreuzigt, wie es allen Menschen geschehen kann. Christus war nicht der Mensch, sondern die *Vollendung,* die *Erlösung* der Seele aus ihrer irdischen Bindung. Das war der Sinn – das war die Verwandlung, die der Schmerz bewirken sollte. Während ich den Schmerz und das Gefühl des Verlustes empfunden hatte, konnte ich die Absicht Gottes noch nicht erkennen, ich spürte nur den großen Ernst und die ganze Unbarmherzigkeit, mit der er sein Ziel verfolgte.

Ich selbst war, wie *alle* Menschen, dieser Jesus, ich selbst war das Leiden, der Kampf, der Schmerz. Der Mensch wird unbarmherzig den langen, schweren Weg bis zum *Christuszustand* hin getrieben, zur Verwirklichung des Selbst! Der beschwerliche Weg hatte einen Sinn, ein Ziel, er war der einzig mögliche Weg! Der Weg selbst ist Illusion und Beschränkung.

Das zu wissen, es zu erfahren, es zu erleiden, das hieß, das ewige Selbst zu erkennen, zu *werden.* Schon vor dem hier beschriebenen Erlebnis hatte ich viele Male verschiedene Meditationstechniken ausprobiert, jedoch stets ohne Erfolg. Wie ein Boot ohne Ruder und Segel hatte ich keine Orientierung, nicht einmal eine Vorstellung davon, in welche Richtung ich mich wenden sollte, und noch viel weniger wußte ich, welche Erfahrung mir überhaupt bestimmt war. Zumindest brachte mir dieses Erlebnis die Erkenntnis, daß es sinnlos war, mich zu einem Weg zu zwingen, für den ich von meiner Veranlagung her nicht geeignet und zu dem ich aufgrund meiner spirituellen Entwicklung noch nicht bereit war.

Mit der Zeit erkannte ich, daß es ohne eine solche überwältigende Erfahrung, die den Menschen über die Grenzen des endlichen Geistes hinausführt, vollkommen unmöglich ist, über die tieferen Geheimnisse der menschlichen Seele zu meditieren. Das Erreichen einer neuen Stufe oder Qualität des Bewußtseins, wie ich sie während jener gesteigerten erhabenen Wahrnehmung kurz erlebt hatte, gab mir erst einen klaren Begriff vom Sinn und Weg der menschlichen Seele, der Natur und des Universums. Von diesem Augenblick an wurden mir Sinn und Zweck der Meditation völlig klar, so daß keinerlei Zweifel und Probleme mehr bestanden. Dennoch konnte ich, das muß ich hinzufügen, diesen Sinn und Zweck auf der Ebene des Intellekts noch nicht formulieren.

Außerdem war ich mir von da an während meiner Meditationsstunde stets einer starken, fast physischen Gegenwart bewußt, die mir nicht nur ein Gefühl der Einheit mit einem weitaus fortgeschritteneren Wesen als mir selbst vermittelte, sondern auch eine Form der Kommunikation darstellte, die zwar wortlos, ihrem Sinn und ihrer Bedeutung nach aber unmißverständlich war. Dieser Art also war zu jener Zeit meine Beziehung zu dem erleuchteten Boten der anderen Welt, und genauso stark und ungebrochen ist sie bis zum heutigen Tag geblieben. Bei jeder Sitzung stellt sich in meinem Bewußtsein ein klarer Begriff von Sinn, Zweck und Weg der Menschheit ein. Ich sehe, daß das Leben im Menschen ewig ist, so wie *alles* Leben ohne Anfang und ohne Ende ist, daß die Seele des Menschen ebenso unsterblich ist wie Gott. Ich sehe den Kosmos, der für den erdgebundenen Geist tote Materie, in Wahrheit aber eine lebendige Gegenwart ist.

Ich habe oft an die dunklen Jahre meines Lebens zurückgedacht, an die Zeit der Einsamkeit, der Depression, der Angst, des Schmerzes und der Hoffnungslosigkeit. Ich erkenne heute, daß dies alles notwendig war und zur Vollendung beigetragen hat. Ich habe niemals behauptet, ich hätte Gott gesehen, aber ich spürte Seine Unbarmherzigkeit, wenn es um Sein Ziel geht. Ich glaube, daß ich während jener dunklen Jahre Gott sinnvoller, unmittelbarer und in größerer Reinheit gedient habe, als jemals zuvor in meinem Leben. Mein Leiden war das Werkzeug zur Erreichung seines Zieles. Ich teile dem Leser diese Worte so mit, wie sie mir in den Sinn kommen. Er kann sie nach Belieben akzeptieren oder ablehnen. Aber ehe er seine Entscheidung trifft, sollte er über die Botschaft des großen Propheten und Mystikers Radhakrishnan nachdenken: Die älteste Weisheit der Welt berichtet davon, daß wir uns bewußt mit dem Göttlichen vereinen können, während wir uns im Körper befinden. Dazu ist der Mensch geboren. Verfehlt er aber seine Bestimmung, dann hat es die Natur nicht eilig. Sie wird ihn eines Tages einholen und dazu zwingen, den geheimen Zweck seines Daseins zu erfüllen.

Tom Johanson

Kapitel 1

Der Verstand findet keine Erklärung für das Warum

Obwohl Logiker und Statistiker dem Verstand große Kraft zuschreiben, hat er keinen spürbaren Erfolg erzielt, wenn es um die Erhellung der Fragen geht, die den Menschen am meisten beunruhigen: »Warum sind wir hier?«, »Welchen Sinn hat unser Leben?«, »Warum gibt es soviel Leid, soviel Unglück in der Welt?«, »Warum bin ich?«.

Wissen heißt, die Bedeutung einer Absicht zu fühlen, nicht einfach zu glauben, nicht nur zu hoffen oder die Anweisung zu befolgen, Vertrauen zu schenken, sondern einen *lebendigen* Glauben an etwas zu haben. Es ist die Gewißheit und Sicherheit, nach der der Mensch stets sucht. Ohne Zweifel wecken diese Gedanken das Interesse der Philosophen, für die solche Fragen der Mittelpunkt ihres Denkens und Lebens sind. Ohne Zweifel liefern auch viele von ihnen vertrauenswürdige, durchaus zufriedenstellende Antworten, allerdings nur für Menschen, die man als »erleuchtet« bezeichnen könnte. Deshalb beginne ich dieses Buch in der Erwartung, daß es den vielen »Nicht-Erleuchteten« etwas Hoffnung und einige Antworten bietet, den Menschen also, die nicht nur ständig unter ihrer inneren Unzufriedenheit, sondern auch unter dem scheinbar endlosen Kampf gegen Unsicherheit, Schmerz und Tragik leiden. Dazu kommen alle jene, die verwirrt und empört sind über die vielen groben Ungerechtigkeiten, die dem Menschen immer wieder begegnen. Der eine beunruhigende Gedanke kehrt stets wieder: Gibt es ein kosmisches Moralgesetz, und ist dieses grundsätzlich gerecht und unparteiisch jedem Menschen gegenüber? Oder ist das Leben nichts als ein Karussell des Schicksals, unsere Existenz eine Kette zufälliger Erfahrungen?

Über den größten Teil der Menschheit ließe sich sagen, daß

er sein ganzes Leben damit verbringt, nach Glück und Macht zu streben oder seinem starken Verlangen nach Aktivitäten aller Art nachzugeben. Für viele Menschen gilt, daß ihr Leben nach einem einmal gefundenen Schema abläuft, das sie nicht immer selbst gewählt haben, aus dem sie dennoch keinen Ausweg mehr finden. Ihr Geist wurde durch eine Mischung aus Ehrgeiz, Gelegenheit und Umwelt konditioniert. Sie haben diese Faktoren niemals ernsthaft in Frage gestellt oder analysiert, sondern sie durch ihre Hoffnung und durch ein verzweifeltes Bedürfnis nach Sicherheit und Glück wie unter einem Zwang weiterhin mitgeschleift. Innerhalb dieser unaufhörlichen Vergänglichkeit menschlichen Bestrebens finden nur ganz wenige jemals das, was sie suchen. Der Grund dafür ist, daß sie überhaupt nicht wissen, wie sie es finden können, weil sie völlig blind dafür sind, wo sie suchen müssen. Noch wichtiger ist, daß sie ebenso blind sind für die *Art* des Glückes, nach dem sie suchen sollten.

Es mag dem Leser verwirrend erscheinen, daß ich hier über verschiedene Arten von Glück schreibe. *Wahres* Glück zu erleben bedeutet, die *wahre* Natur des Menschen zu verstehen und die *wahre* Natur der Welt, in der er lebt. Wahres Glück kann niemals sprunghaft, flüchtig oder unvollkommen sein. Wahres oder spirituelles Glück ist immer etwas Totales, eine Ganzheit. Wir wollen uns zuerst mit der Natur des Menschen beschäftigen. Der Mensch ist Geist (mind), ein äußerst kompliziertes Instrument, das sich aus unendlichen Höhen bis hinunter in die niederen Bereiche oder Schichten erstreckt, die eng mit physischen Körperebenen verbunden sind. Aus Gründen, die in diesem Buch noch aufgezeigt werden, sind alle Bestrebungen des Menschen darauf gerichtet, die Beziehungen zu seiner Umgebung aufrechtzuerhalten oder zu verbessern. Diese Bemühungen beherrschen vollständig die unteren emotionalen und intellektuellen Ebenen. Fortschritt in der »Konditionierung« oder »Anpassung an die Umwelt« ist nur unterhalb der Ebenen der höheren geistigen Ordnungen wirksam. Die biologische Übereinstimmung ist für den Menschen ein Mittel, durch das er ein zeitlich begrenztes, spasmodisches Glücksgefühl erleben kann, aber sie hält ihn gleichzeitig davon ab, das unwandelbare, harmonische *wahre* Selbst zu erreichen. Allein dieses Selbst ist frei vom ständigen Verlangen nach Dingen und Empfindungen, aber aufgrund des dominierenden Ego-Selbst, des weltlichen, erdgebundenen menschlichen Geistes, bekommt es kaum Gelegenheit, diese Freiheit zu gebrauchen. Das Ego ist jenes Zentrum des niederen Geistes, mit dem wir uns irrtümlicherweise identifizieren. Es ist der »Speicher« für all die Denkschablonen, für die Modelle des Verlangens und der Erfahrungen, die wir im Laufe unseres Lebens geschaffen haben.

Der Ego-Geist kann nur die Dinge erkennen, denen weltliche Erfahrungen zugrundeliegen. Deshalb kann er nur das akzeptieren, was »in Raten« erscheint. Er erkennt nur »Teile«, das »Ganze« übersteigt sein Fassungsvermögen. Die Folgen: Wenn wir an diesem Geist festhalten, werden wir blindlings zu Gefangenen unserer Gewohnheiten, Ängste, Begierden, Hoffnungen und ehrgeizigen Bestrebungen. Wir verfallen einem starren Schema von Gedanken, Vorurteilen, bestimmten Lehren, mentalen Beschränkungen, herkömmlichen religiösen, politischen und philosophischen Glaubensvorstellungen und Meinungen. Jeder klammert sich an den Traum von unwandelbarem Glück, vollkommener Sicherheit und Wunschlosigkeit, wäre aber sehr gekränkt, wenn man ihm sagte, daß sein Verhalten dazu führt, daß er stets nur Eigentore schießt, daß er selbst Hindernisse gegen die Freiheit und daher gegen sein Glück aufbaut. Allein der Ego-Geist erzeugt die einengenden Gewohnheiten durch seine beschränkende Argumentation, seine intellektuellen Analysen und seine Wechselbeziehung zur Welt des Physischen, des Emotionalen und der Sinne. Die vergängliche, nie ganz befriedigende Alltagsroutine haben sie selbst gewählt, und nun können sie ihr nicht mehr entkommen, weil sie nicht wissen, wie die Natur ihrer Umgebung zu verstehen oder zu analysieren ist. Die meisten glauben, daß nichts wesentlich anders sein kann als es zu sein scheint. Sobald der Mensch aber lernt, daß er nur durch die Aktivitäten, die er zu seiner physischen Befriedigung unternimmt, an diese Welt gefesselt ist und früher oder später davon gequält wird, dann, und nur dann macht er sich frei von einer Lebensweise, die weitgehend als ein endloser Kreislauf sinnloser Mühe erscheint.

Wir haben uns bereits mit der Notwendigkeit beschäftigt, daß der Mensch die wahre Natur des Menschen und der Welt versteht und *erkennt.* Über diese Aussage werden vielleicht viele ungläubig lächeln und sich abwenden, da sie glauben, längst das Wesen des Menschen und der Welt zu verstehen. Dem größten Teil der Menschheit bleibt diese Wahrheit aber völlig verborgen, weil er noch nicht erkannt hat, daß die Hauptursache seiner Gefangenschaft ausschließlich im eigenen Geist liegt und *niemals außerhalb.* Wir wollen uns jetzt der Natur der Welt zuwenden. Es ist die Welt, die unsere großen Meister und Mystiker als Welt der Illusionen bezeichneten. Das besagt aber nicht, daß es eine Art Traumwelt ist, die nur in unserer Vorstellung existiert. Wer die wahre Natur des Menschen und seine Bestimmung in dieser Welt nicht kennt, hält *alle* Dinge für gleichermaßen real und von Dauer. Der Unwissende betrachtet die ganze physische Welt als selbstverständlich und erwiesen. Er weigert sich zu glauben, daß sie irgend etwas anderes ist als das, was er sieht, fühlt, schmeckt, hört und riecht. Unwissende lieben das sinnliche Leben, und sie fürchten und hassen den Gedanken an den Tod. Sie klammern sich begierig an das Angenehme und jammern über den Schmerz. Oft sind sie voller Pessimismus, Frustration und Selbstmitleid. Sie brüten ständig über früher begangene Fehler und Mißerfolge und finden nur etwas Trost, wenn sie von einer besseren Zukunft träumen, die aber niemals erscheint.

Die äußere Welt ist eine Ansammlung von *Dingen,* die der Mensch begehrt, um ein spezielles Verlangen zu stillen, sei es nach Essen, Trinken, Drogen, nach Kleidern, Fahrzeugen, Reichtum, Grundbesitz, Anerkennung, Macht oder Autorität. Der Mensch müht sich täglich ab, die »Dinge« dieser Welt zu bekommen, um daraus seine sinnliche Erfahrung zu ziehen. Der Geist des Menschen besteht aus einer Ansammlung von Gefühlen und Erinnerungen an vergangene Erfahrungen. Der spirituell erleuchtete Mensch erkennt, daß jedes »Ding« nur eine kurze, begrenzte Teilerfahrung bietet. Sobald ihm die darin enthaltene Erfahrung entnommen ist, vergeht es. Das Objekt, das die Erfahrung enthielt, muß nicht nur einmal durch ein neues ersetzt werden, sondern unendlich viele Male, weil die Erfahrung eine unauslöschliche Erinnerung ihrer selbst hinterläßt. Diese Erinnerung bildet das fordernde Ego. Der Mensch wird dessen Sklave, wie er es schon in so vielen Leben gewesen ist. Der Ego-Geist ist nichts als tote, abgestorbene Materie. Der menschliche Geist ist Erinnerung und kann deshalb schon seiner Natur nach niemals neu sein. Erinnerung bedeutet, etwas bereits zu kennen, zu wissen. Wie könnte also das Bekannte neu sein?

Der menschliche Geist ist Vergangenheit. Deshalb ist alles, was er in sich trägt, alt und tot. Der Ego-Geist kann nicht schöpferisch sein, er kann nur reproduzieren. Deshalb wiederholt der menschliche Geist immer wieder die alten, toten, materialistischen Gedanken. Er kann diese Wiederholungen auf tausend verschiedene Arten fortsetzen. Er wird neue Worte finden, aber die *Dinge* und ihre begrenzten Erfahrungen bleiben die gleichen. Der menschliche Geist kann nicht das Neue, das Ursprüngliche kennenlernen, weil er selbst Vergangenheit ist. Das Ursprüngliche ist das Jetzt, das Neue. Damit es Gegenwart wird, muß der alte Geist beiseite treten, und das höchste Bewußtsein und die innerste Quelle müssen sich manifestieren können. Das ist die Realität. Sie selbst sind *jetzt* die Realität, Sie sind immer Realität gewesen, aber zwischen Ihnen und der höchsten Wahrnehmung stand immer der alte Menschengeist mit seiner längst abgestorbenen Materie. Der menschliche Geist hat immer eingegriffen und seine eigene Meinung, seine eigene Deutung zum besten gegeben. Der menschliche Geist hat die Grundsätze für Gesellschaft, Religion und Staat, die Spielregeln für den Krieg und die Richtlinien für die Wirtschaft geschaffen. Was vom menschlichen Geist hervorgebracht wurde, wird immer gegen das Neue sein. Das Neue ist die unendliche, innerste Realität, das *Selbst,* der *spirituelle Geist.* Das Selbst schiebt den alten menschlichen Geist beiseite. Erst jetzt sind Sie imstande, die Welt in neuen Farben zu sehen. Eine einzelne Blüte wird zu einem ganzen Universum, denn sie enthält alle Herrlichkeit des Göttlichen. Jedes Wort bekommt eine neue Bedeutung, so als ob sich die ganze Wahrheit darin offenbarte. Alles und jedes verändert sich sofort.

Während man davon ausgeht, daß der menschliche Geist ein äußerst komplexes Instrument des Menschen ist, das auch auf den mit dem Physischen verbundenen Ebenen wirksam ist, hält man Verstand und Logik für zwei seiner wichtigsten und höchsten Funktionen. Der ganze Bereich der Naturwissenschaften beweist das. Verstand und Logik können uns aber nichts über die Natur des Bewußtseins oder über die Spiritualität sagen. Durch den Gebrauch von Verstand und Logik werden auf dem Gebiet der Biologie, der Physik und der Chemie außerordentliche Erfolge auf den entsprechenden Ebenen erzielt. Wenn es aber um den Sinn des Lebens, um das Phänomen der Existenz, um die Aufgabe des Bewußtseins geht, dann bleibt hier immer ein undurchdringlicher harter Kern, ein Geheimnis, etwas für den Verstand völlig Unbegreifliches. Der Verstand ist in der Lage, Wissen und Information zu sammeln, aber es ist ihm unmöglich, zu erklären, *warum* der Mensch nach Wahrheit verlangt. Der Verstandesaspekt unseres menschlichen Geistes kann die Quelle von Inspiration oder Intuition weder verstehen noch beschreiben. Er kann die Liebe nicht erklären und ebensowenig das Zentrum, in dem sie entsteht oder dem sie entspringt. Er kann das Wesen der Farbe nicht beschreiben, sondern nur das *Vehikel,* das dieses Phänomen transportiert, also etwa die Vase, die Blüte, die Wand, den Stoff, den Körper, aber er kann ihren *Ursprung* nicht ergründen. Er kann nicht definieren, warum Schönheit existiert, warum es die Macht der Liebe, Zuneigung und Mitgefühl gibt. Zugegeben, der »Verstandes-Geist« besitzt die bemerkenswerte Fähigkeit, Wissen zu beschaffen und zu deuten, das aus Resultaten abgeleitet wird, die wiederum durch experimentelle Beobachtung gewonnen wurden. Er kann logische und mathematische Methoden formulieren, die, wenn man sie auf unseren physischen Bereich anwendet, für eine sauberere, ordentlichere und bequemere Umwelt sorgen. Er kann »Modelle« für die Bewegungen der Planeten um die Sonne liefern, eine vereinfachte Hypothese vom Gesetz der Schwerkraft aufstellen, aber er kann uns nicht erklären, *warum es ein Gesetz der Schwerkraft gibt.*

Wir können dem menschlichen Geist und seiner Verstandesfunktion die Gabe zugestehen, die mannigfaltigen Naturgesetze zu *entdecken,* ebenso die Fähigkeit, Versuche anzustellen, um schließlich geschickt mit Ursache und Wirkung umzugehen. Der Verstand kann Beziehungen zwischen verschiedenen Reaktionen erkennen, er kann Interaktionen miteinander vergleichen und die dadurch gewonnenen Erkenntnisse für Verbesserungen einsetzen, die der Allgemeinheit zugute kommen, aber er kann nur arbeiten und diese Wahrheiten entdecken, weil die Grundbestandteile und die sich daraus ergebenden Phänomene bereits existieren. Er kann nicht erklären, *warum* es sie gibt. Der »Verstandes-Geist« ist durchaus in der Lage, seine Beobachtungen in verständliche Form zu kleiden und die gesammelten Informationen nutzbar zu machen, aber er ist dennoch nichts weiter als ein Esel, der einer Mohrrübe nachgeht, die ihm jemand vor die Nase gelegt hat. Die Form, in die Informationen gekleidet sind, kann aus Worten bestehen, aber auch aus Musik, Farbe oder irgendeinem anderen künstlerischen Ausdruck. Es gibt also ungeheuer viele Möglichkeiten, die verfügbaren Symbole und Phänomene zu entdecken, zu deuten und damit zu arbeiten, aber es fehlt völlig die Fähigkeit zur Erklärung des Wie und Warum.

Wir haben nun gesehen, wie der menschliche Geist in seiner Funktion als Verstand viele Fragen über unsere *äußere* Welt beantworten kann, daß er aber ohnmächtig ist, wenn es um die Beantwortung der quälendsten Fragen des Menschen geht: »Was sind wir?«, »Warum sind wir überhaupt da?«, »Was ist unser Ziel?« Der Verstand betrachtet derartige Fragen als unlösbar und deshalb nicht von Interesse. Der Mensch wird dazu inspiriert, Gedichte zu schreiben, ein Konzert oder ein anderes Kunstwerk zu schaffen; er atmet in ständigem Rhythmus, und von den 10^{14} Zellen, aus denen sein Körper besteht, zerfallen stets einige und werden sofort wieder ergänzt oder wiederhergestellt. Das alles geschieht ohne Hilfe der Verstandeskräfte des menschlichen Geistes.

Wenn wir uns den wichtigsten Emotionen, Gedanken und Idealen des Menschen zuwenden, der Empfänglichkeit für Schönheit, dem Glück der Liebe, den plötzlichen Inspirationen, durch die große Kunstwerke entstanden sind, den Wahrheiten, die uns die großen Meister, Mystiker und Philosophen geschenkt haben, aber auch, wenn wir an die selbstverständliche Güte einer einfachen Seele denken, dann müssen wir erkennen, daß es eine bedeutende *höhere* geistige Ebene gibt. Hier scheint die wahre Form des spirituellen Geistes durch und läßt den Menschen als die absolute Realität sichtbar werden. Immer mehr Menschen sehnen sich bereits nach dieser Wahrheit, sie sind müde und enttäuscht von den Begrenzungen ihrer physischen Umwelt, sie finden keine Befriedigung mehr in den Glaubensvorstellungen der Religionen und in den von der Vernunft beherrschten Systemen. Aber die Bindung an solche Systeme kann nur durch eine radikale Wendung im Denken und eine totale Änderung der Richtung, in der man sucht, überwunden werden.

Der Mensch muß aufhören, *nach außen* zu schauen. Zu lange schon hat er seine Zuflucht in den Mitteln der äußeren Sinnenwelt gesucht und sich auf ihre Hilfe verlassen. Diese Welt ist jedoch vollkommen davon abhängig, daß die Besitzgier des Menschen bestehen bleibt. Jeder strebt danach, Dinge als »sein eigen« zu erwerben, sein Eigentumsrecht an Besitz festzuschreiben, weil gewöhnlich bei jeder Transaktion unterschwellig Zweifel und Angst mitspielen – nämlich Angst davor, möglicherweise nichts zu besitzen. Hat sich der Mensch erst einmal Besitz angeeignet, dann tritt die Angst vor dem Verlust an diese Stelle. Wenn diese beiden Grundängste die Kontrolle über den menschlichen Geist übernehmen, dann ist der Weg bereitet für die Entwicklung anderer Ängste, etwa Eifersucht, Neid, Habgier, Argwohn, Mißtrauen, Egoismus und sogar Haß. Jetzt ist kein Platz mehr für Liebe. Wenn die Besitzgier immer stärker dominiert, wachsen auch die Ängste und

Konflikte. Liebt ein solcher Mensch, dann tritt bald eine besitzergreifende Leidenschaft an die Stelle der Liebe. Die Ehefrau kann zum Anlaß der Angst, der Ehemann kann zur Bedrohung werden, weil sie ja ihren Partner jederzeit verlassen könnten und man machtlos ist, etwas dagegen zu tun. Darin besteht die Angst.

Geht ein Partner weg, dann ist beim anderen der Stolz, das Ego und das vermeintliche Recht am Besitztum gebrochen. Das Leben erscheint leer, sinnlos und deprimierend. Je häufiger sich diese Erfahrung wiederholt, um so besitzergreifender wird der Mensch. Manchmal wird dieser Besitzwille irrtümlicherweise für Fürsorglichkeit gehalten, und auf diese Weise entstehen immer höhere Mauern um etwas, das man für Liebe hält. Es beginnt ein Teufelskreis, und das Leben wird zu einem Gefängnis.

Das ist nichts Ungewöhnliches in der äußeren Welt. Wir bauen uns auf vielerlei Weise Gefängnisse, ob es dabei um Dinge, um Menschen oder um Ambitionen geht. Das *wahre* Leben entzieht sich uns dadurch mehr und mehr, auch die Liebe verschwindet langsam, weil wir immer mehr Angst entwickeln, daß unseren Besitztümern oder den Menschen, die wir lieben, etwas zustoßen *könnte*. Deshalb brauchen wir immer mehr und immer größere Gefängnisse, und das wird durch eine Reihe ganz subtiler Methoden erreicht. Eifersucht schafft Eifersucht, Besitzgier stärkt Besitzgier, andere niedrige Emotionen entstehen. Schließlich betrachtet man Menschen nicht mehr als Menschen, sondern als *Dinge*, denn es ist leichter, von einer Sache Besitz zu ergreifen als von einem Menschen. Der Mensch kann nur durch die Liebe Mensch bleiben. Wenn Sie aber von einem Menschen Besitz ergreifen, dann müssen Sie auf die Liebe verzichten. Doch in dem Augenblick, in dem Sie die Liebe gehen lassen, töten Sie den Glanz, die Schönheit, die Wärme, denn ein Ding kann niemals eine Reaktion zeigen.

Besitzgier, Eifersucht, Stolz, Egoismus, Begierden aller Art, Argwohn, Zweifel, Mißtrauen und Neid errichten eine Mauer, die die Weisheit des spirituellen Geistes von den sinnlichen

Forderungen des Ego trennt, die eine Grenze bildet zwischen der spirituellen Freiheit und dem Machtstreben des menschlichen Geistes, zwischen der Würde des göttlichen Menschenwesens und dem Herdeninstinkt der Massen, zwischen dem Glauben an eine höhere Bestimmung des Menschen und dem Glauben an materiellen Wohlstand. Diese trennende Mauer ist das eigene Ego des Menschen.

Niemand kann so gefährliche Eigentore schießen wie das Ego. Nichts kann den Menschen so blind, so kurzsichtig machen, und niemand kann dem Menschen derart Schmerz, Angst und Illusion bereiten wie das Ego. Das Ego hat Angst vor dem Tod. Es begreift den Tod nicht, weil das Ego die Peripherie ist und der Tod nur in der Peripherie stattfindet. Der Tod zerstört nicht, er beseitigt nur das Ego. Er tötet den Teil des menschlichen Geistes, der immer »morgen« sagt. Morgen ist die Illusion, es existiert nicht. Der menschliche Geist, der alles vom »Morgen« erwartet, verschiebt alle schwierigen Dinge auf eine Zeit, die nicht existiert.

Das Leben ist ein ewiges Kontinuum. Es hat weder Anfang noch Ende. Nur für den Körper gibt es einen Beginn. Er wurde geboren. Deshalb kann nur der Körper sterben. Aber das Leben, die Lebensenergie, der spirituelle Geist, die Seele, das Bewußtsein, das für eine gewisse Zeit den Körper bewohnt – sie alle sind niemals geboren worden, und deshalb können sie auch nicht sterben. Wenn der Mensch stirbt, dann wird er nur *Zeuge* vom Sterben seines Körpers.

Wenn Sie beispielsweise in ein anderes Haus ziehen, dann betrachten sie diesen Vorgang auch nicht als eine Geburt oder einen Tod, es ist nichts weiter als eine Veränderung der Umgebung. Das Haus wechselt, aber Sie selbst bleiben der gleiche Mensch wie zuvor. Der Tod ist etwas, das nur der umgebenden Mauer, der Peripherie zustößt. Die Schwierigkeiten und Schmerzen des Lebens haben nur den einen Zweck, nämlich die Mauer zum Einstürzen zu bringen, so daß das innerste Selbst frei werden kann. Dieser Vorgang ist immer schmerzlich und mit Schrecken, oft auch mit Qualen verbunden. In Wahrheit aber ist der Tod nichts als ein

Übergang, ein Übergang vom Äußeren ins Innere und daher zur Freiheit.

Im nächsten Kapitel will ich mich mit der Natur dieser »Mauer« und mit den Möglichkeiten beschäftigen, sie zum Einsturz zu bringen.

Kapitel 2

Die Mauer um das Ego

Die wichtigste Funktion der höheren geistigen Ebenen ist, ein Spiegel der Weisheit unserer höchsten spirituellen Aspekte zu sein. Wir haben bereits gesehen, wie der menschliche Geist auf den niedrigeren Ebenen viele Dinge erklären kann, die den physischen Zustand betreffen, daß er aber vollkommen ohnmächtig ist, wenn es um die Beantwortung jener ständig bohrenden Fragen über den Sinn des Lebens geht, auf die wir begierig und ungeduldig eine Antwort suchen. Der menschliche Geist kann über die Erleuchtung, über die höchste Seinsweise *lesen,* er kann sogar so töricht sein und sich einbilden, bereits alles begriffen zu haben. Aber Erleuchtung und das Höchste sind keine Zustände, die man *verstehen* kann. Sie übersteigen unser menschliches Begriffsvermögen. Selbst wenn man alles Verfügbare zum Thema Erleuchtung, über die höchsten und letzten Dinge liest, wird man auf diese Weise niemals wahres *Wissen* erlangen und etwas über diese Zustände begreifen. Erleuchtung ist nichts, über das man Wissen erwerben kann. Wissen bedeutet, daß man Kenntnisse gesammelt hat. Kenntnis und Wissen werden durch die Kraft des Verstandes oder der Logik erworben.

Dieser Aspekt des menschlichen Geistes ist jedoch immer an die äußere Erscheinungswelt gebunden, an die Welt der Phänomene, der Logik, der Meinungen, der Ideen, an ein Durcheinander von Werten und intellektuellen Formulierungen, an eine bunte Mischung aus persönlichen Urteilen und Wertungen. Es ist außerordentlich wichtig, sorgfältig zwischen *intellektuellen* Aussagen über religiöse Inhalte und dem innersten Wesen spiritueller Erfahrung oder Offenbarung zu unterscheiden, die ins Gebiet der Mystik gehört. Jeder echte Fortschritt hängt ab von den intensiven Bemühungen des Menschen oder von seiner unaufhörlichen Suche nach der ewigen Wahrheit.

Tatsache ist, daß objektive Formulierungen religiöser Fakten niemals ein Ersatz für die Erfahrung der spirituellen Wahrheit im Innern des eigenen Selbst sein können. Solche Formulierungen sind Teil aller heiligen Schriften überall in der Welt und sollten dem suchenden Geist des Menschen lediglich als allgemeine Richtlinien oder Wegzeichen dienen. Weder der Glaube an historische religiöse Erfahrungen noch die Information über solche Ereignisse hat jedoch die Kraft, den Geist oder die Seele auf den höheren Ebenen zu wecken. Das ist nur durch eine spirituelle Erfahrung oder Erleuchtung möglich. Während unserer langen Entwicklung haben wir alle einmal wesentliche Wahrheiten entdeckt. Sie wurden auf einer Ebene gespeichert, auf der eine Einsicht niemals verlorengeht. Es genügt ein zufälliger Anreiz durch ein gesprochenes Wort, ein Buch oder ein Augenblick der Kontemplation, der zufällig mit einer günstigen inneren Disposition zusammentrifft, um eine spontane Reaktion hervorzurufen, die blitzartig als etwas bereits Gewußtes in uns aufleuchtet. Dies ist eine mystische Erfahrung. Man sollte nie vergessen, daß ein grundlegender Unterschied zwischen gespeichertem Wissen und einer intuitiven oder spirituellen Offenbarung besteht.

Betrachten Sie die Erleuchtung als die vollkommene Manifestation oder den absoluten Ausdruck der höchsten Ebene Ihres *inneren Selbst.* Diese Erleuchtung *sind* Sie. Wie könnte man daher »alles über die Erleuchtung« *lesen,* wenn Erleuchtung im wesentlichen ein *Seins*-Zustand ist – *Ihre eigene,* persönliche Erfahrung. Überlegen Sie noch einmal: Wenn jemand beschlossen hat, sich Erkenntnisse über die Erleuchtung zu verschaffen, wo soll er mit seiner Suche anfangen? Mit der Bibel, dem Koran, der Bhagavadgita oder einem Lehrer? Das alles gehört zur Außenseite und kann nur durch den Verstand oder durch die Logik interpretiert werden. Die Schriften sind Wahrheiten, aber es setzt die Einsicht einer großen Seele und den Kern einer mystischen oder spirituellen Erfahrung voraus, die Wahrheit zu erkennen. Robert Browning, einer unserer größten Dichter und zugleich ein großer Mystiker, schrieb einmal:

> Die Wahrheit liegt in uns selbst; sie wächst nicht
> durch äußere Dinge, auch wenn Du das glauben magst.
> In jedem von uns ist eine innerste Mitte,
> wo Wahrheit in Fülle wohnt, umgeben von
> Mauer um Mauer aus grobem Fleisch,
> das diese vollkommene, klare Wahrnehmung eingrenzt –
> die Wahrheit ist.

Der Hinweis auf die Mauern aus »grobem Fleisch«, die den inneren Kern umgeben, bekräftigt die Überzeugung des Mystikers, daß Materie nur die Außenseite ist, die von der Vernunft oder der Logik kontrolliert und beeinflußt wird. Die Wahrheit ist das Zentrum, das von den Mauern der Materie, der Logik, des Verstandes, der Informationen und des gespeicherten Wissens umgeben ist. Die Außenseite ist nichts als ein Ring, der sich wie ein Rad unaufhörlich im Kreise dreht. Die Außenseite befindet sich ständig in Bewegung, aber es ist eine Bewegung, die immer an ihren Anfang zurückkommt. Wenn die Meister und Mystiker die äußere Welt der Materie als den Ort der Illusion bezeichnen, dann beschreiben sie die Bewegung des Rades. Der nicht erleuchtete, der dem Materiellen verhaftete Mensch lebt in einer großen Illusion, denn obwohl er das Gefühl hat, sich vorwärts zu bewegen, kommt er tatsächlich überhaupt nicht weiter. Er bewegt sich im Kreise. Er steht still. Die nicht erleuchtete Seele hat große Ähnlichkeit mit einer kleinen Maus in einem großen Laufrad. Ihre Beine bewegen sich immer schneller, der Boden des Rades beschleunigt sein Tempo, und die Maus glaubt, daß sie weiterkommt – während sie doch in Wirklichkeit am gleichen Ort bleibt. Bei der Maus ist der Bewußtseinsinhalt »Bewegung« an die Tatsache des physischen Lebens gebunden. Leben bedeutet die unaufhörliche Suche nach irgendwelchen »Dingen«. Vielleicht fürchtet sich die Maus und hofft, physischer Schutzlosigkeit oder einer Gefahr zu entkommen. Dennoch bewegt sie sich nicht weiter, auch wenn sie das glaubt. Vielleicht hofft sie, etwas zu fressen zu finden. Nahrung bedeutet Leben. Aber sie erkennt kaum, daß, selbst wenn sie etwas findet, dieses Stückchen schnell aufgezehrt sein wird. Dann muß sie wieder neue Nahrung suchen, immer und immer wieder. Es ist eine endlose Mühe.

Das erste Stück Nahrung oder die daraus gewonnene Erfahrung sind bald vergessen. Der niedere Geist denkt sofort an den nächsten Bissen Futter und danach wieder an den nächsten und so weiter. Es wurde nichts Dauerhaftes erreicht – wir sind an der gleichen Stelle geblieben. Die Maus kommt nie an. Der nicht erleuchtete Mensch bewohnt dieselbe sich ewig im Kreise drehende Welt. Er läuft und läuft und ist ständig in Bewegung, doch er kommt nirgendwo an. Dennoch hat er das Gefühl, sich auf ein Ziel hinzubewegen, eben weil er in Aktion ist. Der Mensch erkennt nie den ganzen Kreislauf, er sieht sein Laufrad nicht, weil er nur einen ganz kleinen Teil davon überblicken kann. Er sieht nur einen Weg, der sich vor ihm erstreckt. Auf diese Weise funktionieren Verstand und Logik. Der Mensch bleibt in diesem Kreis, aber er kann die Biegungen und Krümmungen nicht sehen. Der Kreis oder die Mauer um das Ego ist die Anhäufung aller Begierden und Ambitionen, allen materiellen Wissens. Hier liegt auch der Ausgangspunkt aller besitzergreifenden Emotionen wie Eifersucht, Neid, Habgier, Besitztrieb, Haß, Egoismus, Mißtrauen und Zorn. Die Ego-Mauer kann nur sich selbst gelten lassen, das bedeutet Akzeptanz und deshalb Bindung an alle *Dinge,* die Materie sind. Die Ego-Mauer hält diese materiellen Dinge für Realität und glaubt, daß sie für ihre eigene Existenz notwendig seien, so wie die Maus in ihrem Rad glaubt, daß die Bewegung des Rades für sie lebensnotwendig sei. In einer Beziehung trifft das auch zu. Es ist nämlich ein unaufhörlicher Nachschub materieller Dinge und Anstrengungen notwendig, um die physische Struktur aufrechtzuerhalten. Die Form aber muß mit der Zeit sterben, trotz unablässiger Versorgung mit materiellen Dingen. Doch das Selbst, der Geist, stirbt niemals. Es kann allerdings auch nach dem Tod noch ein Zustand der Bindung an die Materie bestehen bleiben.

Das Ego fürchtet den Tod, weil nur das Ego sterben kann. Aus diesem Grund arbeitet das Ego-Selbst stets daran, den menschlichen Geist in dem Gedanken zu bestärken, daß Materie Realität ist und die Grundlage dafür schafft, daß es selbst nicht durch Tod zerstört wird. Aber der Tod ist unvermeidlich. Der Mensch lebt im Durchschnitt siebzig Jahre, vielleicht ein wenig mehr, dann ereilt ihn der Tod. Der Geist überlebt, das Leben geht weiter, die persönliche Identität ist unversehrt. Was also, könnten Sie fragen, ist dann der Zweck des Erdenlebens? Der Mensch ist *essentiell* (seinem innersten Wesen nach) und *ewig* spiritueller Geist, der sich vorübergehend der Materie bedient. Die Welt der Materie spielt die wichtigste Rolle bei der Weiterentwicklung und dem Fortschritt der Seele. Der Seelenleib ist die entscheidende Brücke zwischen dem materiellen Zustand (Körper) und dem spirituellen Geist. An dieser Stelle erheben sich tausend verschiedene Fragen, deren Beantwortung zum jetzigen Zeitpunkt die Vorstellungskraft des Lesers übersteigen und den logischen Geist verwirren würde. Diese Aussage bedeutet nicht, daß wir Wesen sind, die zwar die Fähigkeit besitzen, solche Fragen zu stellen, jedoch nicht über die Mittel verfügen, um die Antworten darauf zu suchen. Eine solche Annahme wäre ganz falsch. Auch wenn es dem *Intellekt* unmöglich ist, viele dieser Fragen zu beantworten, und seine Fähigkeit zur Beantwortung anderer ebenfalls begrenzt ist, existieren auf den höheren Ebenen geistige Kräfte, die Antworten auf *allen* Ebenen anbieten. Dieses höhere Selbst besitzt die Einsicht und die Kraft, die Wahrheit oder Realität der jenseits unserer Sinne liegenden Welt zu übermitteln.

Die Welt jenseits der Mauern unseres Ego ist weniger eine Sache der intellektuellen Formulierung als eine Art Wissen, eine Überzeugung, daß wir selbst die Natur der absoluten Realität, der ewige Seinszustand sind. Im Verlaufe dieses Realisierungsprozesses spielt unser kurzer Aufenthalt auf Erden eine wichtige und unentbehrliche Rolle. Die Intelligenzen, die das Universum geschaffen haben, sind zweifellos von unendlicher Vielfalt und befinden sich in unendlich vielen unterschiedlichen Phasen ihrer Entwicklung. Der Mensch muß daher die Gesamtheit dieser Vielfalt sein, die bei der Materie beginnt und bis zu den unendlich höheren Ebenen aufsteigt. Wenn vom Menschen gefordert wird, sich selbst zu erkennen, muß er letztlich in Übereinstimmung mit allen Ebenen kommen, beginnend bei der physischen Ebene. In einem späteren Kapitel sollen nicht nur die Kräfte des höheren Selbst hinreichend bewiesen werden, sondern auch die Tatsache, daß die physische Welt einen unentbehrlichen Wert darstellt, da sie zusammen mit der Einwirkung spiritueller Gesetze den Fortschritt der Seele fördert. Davor aber muß man klar erkennen, daß der ewige Mensch die *Innenseite* ist und die Materie, wozu auch der Körper gehört, die *Außenseite.* Außerdem begeht der Mensch mehr als nur einen Irrtum, wenn er glaubt, er selbst sei die Außenseite. Gerade diese falsche Ansicht ist es nämlich, die alle seine Probleme, Ängste, seine Unsicherheit und sein Leiden überhaupt verursacht. Dieser Irrglaube *ist* die Mauer um das Ego.

Die Mauer um das menschliche Ego existiert wegen des unersättlichen Verlangens nach Wissen und Information. Das gespeicherte Wissen betrifft gewöhnlich die »Dinge«, die die Ego-Mauer bilden oder erhalten. Der menschliche Geist kann außerordentlich emanzipiert wirken und aus seinem Wissen eine Wissenschaft entwickeln. Wissenschaft bedeutet Wissen – Wissen über Dinge, über die Art und Weise, wie immer mehr Dinge in immer größeren Mengen zu produzieren sind. Wissenschaft berichtet über das Bedürfnis des Menschen nach bestimmten Dingen, und später teilt sie uns mit, wie das Verlangen danach zu steigern ist. *Alles Wissen* gehört zum Bereich des Ego, aber das Ego gelangt niemals über seine Grenzen hinaus. Es ist, als ob man jemanden bitten würde, Farbe zu beschreiben. Er kann nur das Vehikel beschreiben. Er kann nicht über das Vehikel hinausgehen. Setzen Sie an die Stelle der Farbe die absolute Wahrheit, und Sie werden erkennen, daß es dem Intellekt unmöglich ist, eine Beschreibung davon zu geben.

Ebenso unmöglich ist es für das Ego, die Innenseite oder den inneren Menschen zu erkennen oder auch nur wahrzunehmen. Für das Ego gibt es kein Innen. Durch seine eigene

Schöpfung, durch die Mauer, ist das Ego völlig blind für das Innen. Der menschliche Ego-Geist ist durchaus imstande, zu lernen. Er besitzt eine erstaunliche Fähigkeit, Wissen zu speichern. Aber dieses Wissen *ist* nicht das Ego selbst, es bezieht sich nur auf das Ego. Wissenschaftler behaupten, daß das Gehirn aus 80 bis 100 Millionen Zellen besteht. Jede Zelle ist fähig, die Information einer vollständigen Bibliothek zu speichern. Das Gehirn kann jedes Wort der Bibel festhalten, jedes Wort jeder nur existierenden religiösen Schrift in sich aufnehmen. Es kann Sie zu einem außerordentlich gelehrten Menschen machen – zu einem Genie. Wenn Sie aber darüber nachdenken, werden Sie erkennen, daß all dieses Wissen nur die *Außenseite* betrifft. Es wird schließlich zu einem weiteren Bestandteil der Mauer. Sie werden sich selbst immer noch nicht verstehen, Sie werden Gott, die Wahrheit, die Realität, nicht erkennen, und Sie werden nicht zur Erleuchtung gelangen, weil Sie sich immer noch im äußeren Bereich befinden. Dagegen sind alle die genannten Qualitäten nur im Inneren zu finden.

Es gibt natürlich einen Weg, eine Tür nach Innen, denn Jesus sagte: »Klopfet an, und es wird euch aufgetan werden.« Jeder Mensch muß das Tor selbst finden. Das kann nicht durch ein Buch, einen Lehrer, einen Prediger oder Guru erledigt werden, das muß er selbst tun. Er muß den *richtigen* Weg nach innen finden. Der richtige Weg ist nicht durch gespeichertes Wissen zu erfahren, nicht einmal durch all das Wissen, das in der Mauer enthalten ist. Der richtige Weg führt nicht über Macht und Gewalt. Auch die Zähigkeit und Entschlossenheit des Ego-Geistes bringt keinen Erfolg, ebensowenig das Studium von Schriften, die Ratschläge von Gurus oder einer Vielzahl von Lehrern. Genauso nutzlos ist es, etwas *über* Philosophie oder Theologie zu lernen. Alle diese Methoden bedeuten lediglich, daß das Ego mit Büchern, mit den Worten von Lehrern, mit von verschiedenen Schulen erarbeiteten Systemen und Methoden, mit Dogmen und Glaubensbekenntnissen an die Mauer klopft, aber immer noch nicht an die Tür. Der richtige Weg führt nur über den richtigen *Seinszustand.* Dieses Stadium des *Seins* bildet den direkten Gegensatz zum »Bescheidwissen über ...«, es ist das Gegenteil des gespeicherten Wissens. Diese Art von Kenntnissen bedeutet nur, sich in der äußeren Welt auszukennen und alles über die Materie zu wissen. Die Gefühle und Emotionen des Menschen sind unvermeidlich mit der äußeren Welt der Materie verbunden, und deshalb schließen die gespeicherten Kenntnisse immer auch Emotionen wie Eifersucht, Neid, Zorn, Habgier, Haß, Egoismus, Argwohn und Besitzgier ein. Alle diese Emotionen sind untrennbarer Bestandteil der Mauer.

Der dem Materiellen verhaftete Mensch bewegt sich unaufhörlich im Kreise. Es dürfte für den Leser von besonderem Interesse sein, daß jede Aktion auf der physischen Ebene zirkulär verläuft. Die Kreisbewegung gehört zur naturgegebenen Gesetzmäßigkeit aller Materie. Alles läuft im Kreis, es kommt nirgendwo an, es bleibt stets innerhalb des immer gleichen kreisförmigen Schemas am selben Ort. In dieser Art bewegt sich zum Beispiel die Erde rund um die Sonne, die Planeten umkreisen einander und das Universum. Atome kreisen um Atome. Die Partikel und Bestandteile, die das Atom bilden, also etwa Elektronen und Protonen, kreisen unablässig umeinander. Wasser steigt vom Meer auf und kehrt als Regen wieder ins Meer zurück, nur um aufs neue emporzusteigen. Das ist der natürliche Lauf aller irdischen Dinge, doch der Mensch ist kein solches materielles Ding. Er ist genau das Gegenteil, aber in seiner Unwissenheit strebt er danach, ein Lebensmodell zu übernehmen, das mit dem Weg der Materie übereinstimmt.

Der Mensch ist seinem Wesen nach Geist. Der natürliche Weg des spirituellen Geistes ist nicht der Kreislauf, sondern das unaufhörliche Streben, eine immer höhere Ebene des Bewußtseins zu erreichen. Der Mensch ist nicht von Natur aus Teil der äußeren Welt. Der einzige Zweck seines Besuchs auf der Erde besteht darin, durch unzählige Erfahrungen die Gesetze der Materie zu begreifen und schließlich zu erkennen, daß er nicht von dieser physischen Welt ist. Da der Mensch die Gesetze der Materie nicht kennt und da er sich einige Jahre lang in einem physischen Leib aufhalten muß (vergleichbar etwa einem Tiefseetaucher, der in einen Taucheranzug schlüpft), glaubt er irrtümlicherweise, daß er Materie *ist.* Deshalb versucht er, sein Leben in Übereinstimmung mit den physischen Gesetzen zu bringen.

Obgleich die physische Welt zweifellos nur eine Welt des äußeren Scheins und der Phänomene ist und wir nur für eine kurze Zeit ihre Gefangenen bleiben, können wir nicht immer der Frage ausweichen, warum diese Welt existiert und weshalb wir für begrenzte Zeit darin gefangen sind. Die großen Götter des Gesetzes wissen, daß durch diese Erdenwelt etwas von unschätzbarem Wert zu gewinnen sein muß, und deshalb ist es die Aufgabe jeder Seele, zu erkennen, um was es sich dabei handelt. Was wir auf der physischen Ebene erreichen, ist an sich nicht von großer Bedeutung. Den wahren Wert stellt die Qualität des Charakters oder der Persönlichkeit des Handelnden dar, die hier zum Vorschein kommt. So sind zum Beispiel Intuition, Inspiration und Liebe Manifestationen der spirituellen Eigenschaften, die in die Schöpfung eingehen. Das sind die unvergänglichen Dinge. Weil wir nicht gleichgültig bleiben können gegenüber der Frage, warum es den physischen Bereich überhaupt gibt, ist jede einzelne Seele verpflichtet, eine Antwort darauf zu finden. Leider können aber die physischen Erfahrungen, die unser Forschungsreisender auf der Suche nach seinem natürlichen spirituellen Weg macht, zu einer Sucht werden. Sobald er ein materielles Ziel erreicht, dessen Erfolg gewürdigt und auch genossen hat, werden neue materielle Pläne geschmiedet, neue Vorhaben geplant. Die physische Aktion mit dem sich daraus ergebenden Gefühl der Befriedigung entwickelt sich zu einer Gewohnheit bildenden Droge. Es entsteht ein verzweifeltes Verlangen nach immer neuen Aktivitäten. Der Mensch hängt am Angelhaken der Materie. Das ursprüngliche Ziel, einen spirituellen Weg zu finden und zu diesem Zweck die Welt der Materie als Ausgangsbasis zu benutzen, geht allmählich, zumindest aber für die Zeit dieser Bestrebungen, verloren. Der ursprüngliche Antrieb, den das Materielle darstellte, weicht nun der Entschlossenheit des physischen Geistes, den *Status quo* zu erhalten und möglichst angenehme Verhältnisse innerhalb seiner physischen Umgebung zu sichern.

Diese Einstellung findet schließlich auch Eingang auf der mentalen und emotionalen Ebene, so daß wir Dinge oder Erfahrungen, die in uns Unzufriedenheit, Streß und Angst hervorrufen, ebenfalls als normal hinnehmen. Dennoch hören wir nie auf, dafür zu kämpfen, unsere unmittelbare Umwelt zu verbessern und zu bereichern, immer in der Hoffnung, dadurch eine Ebene zu schaffen, die gleichbleibende Befriedigung gewährt. Unsere Umwelt und Lebensqualität sind direkte Folgen des Grundgesetzes von Ursache und Wirkung. Es ist ein Gesetz, das der Mensch selbst und niemand anderes in Gang setzt. Die meisten Menschen sind der Ansicht, daß dieses Gesetz nur für die »Dinge« der physischen Welt gilt, aber einige, viel zu wenige, haben erkannt, daß es auch auf den Bereich der Moral anwendbar ist. Da aber der menschliche Geist im allgemeinen noch nicht entwickelt genug ist, um diese Tatsache wahrzunehmen, ist er immer wieder empört, erschreckt und enttäuscht über die »Dinge«, die er als selbstverständlich betrachtete und auf die sich seine Sicherheit, sein Glück und seine Stabilität stützten. Dies ist die illusionäre Natur der äußeren Welt. Die Entscheidung, den Plan und die sich daraus ergebenden Aktivitäten kann der Mensch als sein eigenes Werk erkennen, aber die enttäuschenden kurzlebigen Ergebnisse und der sich so rasch wieder verflüchtigende Nutzen seiner Bemühungen werden ihm immer ein Rätsel bleiben.

Oft taucht ganz unerwartet und scheinbar zufällig eine große Herausforderung oder ein umwälzendes Ereignis in der Routine des Alltags auf. Der menschliche Geist wird durch solche plötzlichen Aussichten auf Veränderung natürlich beunruhigt. Dennoch scheint er über unzählige Mittel und Möglichkeiten zu verfügen, um sich veränderten Umständen anzupassen. Deshalb wird, wie stürmisch oder veränderlich die Situation auch sein mag, immer irgendeine Ebene den Kampf aufnehmen, um sich entsprechend zu konditionieren oder anzupassen, so daß der menschliche Geist schließlich wieder ein akzeptables Niveau innerer Ruhe erreicht. Dieser Prozeß der »Konditionierung« oder Anpassung an Veränderungen ist ständig wirksam, und zwar auf der physischen, der emotionalen, der intellektuellen und der spirituellen Ebene des Bewußtseins. Irgendeine höhere geistige Ordnung scheint bis zu den niederen Ebenen herunterzureichen und sie zu berühren. Auf diese Weise werden die Wogen der Erregung in schwierigen Situationen nicht nur für den Augenblick beruhigt. Der Mensch lernt schließlich auch, diese Erfahrungen, so unangenehm und beunruhigend sie auch scheinen, als Möglichkeiten seiner spirituellen Entwicklung zu erkennen. Es wird ihm auch langsam klar, daß jede spirituelle Entwicklung auf anfänglichen Reizen oder durch die Umstände bedingten Erfahrungen beruht, die *Disharmonien* hervorrufen. Solche Erfahrungen sollten niemals als Zufall abgetan, sondern in erster Linie als Zeiten, die der Weiterbildung dienen, angesehen werden, aber auch als spirituelle Möglichkeiten.

Solche Disharmonien haben oft große Bedeutung, auch wenn sie nur durch weltliche Aktivitäten herbeizuführen sind. Bestimmte höhere Gesetze treiben uns immer wieder in diese Erfahrungen hinein, deren Ziel es ist, durch die systematische Beseitigung niedrigerer Elemente aus unserem Leben eine Besserung zu bewirken. Der erleuchtete Mensch geht davon aus, daß das größte Glück in der Akzeptanz dieser schwierigen Elemente liegt, das heißt, er ist bereit, auch das Unangenehme auf sich zu nehmen. Viele große Lehrer haben diese Tatsache vertreten, und auch eines der schönsten Gebete erinnert daran: »Herr ... Du hast sie gespeist mit Tränenbrot, sie überreich getränkt mit Tränen« (Psalm 80,6). Das heißt mit anderen Worten, wo auch immer niedrige innere Elemente vorhanden sind, ziehen diese unvermeidlich die richtigen Aktivitäten aus der Erscheinungswelt an. Dann folgen die reinigenden Reaktionen, die wiederum unmittelbar Reue herbeiführen und möglicherweise auch die Einsicht, bestimmten Vorteilen und Nutzen zu entsagen. Die großen Lehrer betrachteten Entsagung nicht als einen sich vollziehenden Verlust, sondern als Erweiterung. Die Weisen hielten sie für den einzigen natürlichen

Weg, auch wenn er von manchen als der schwierigste angesehen wird. Auch im Bhakti-Yoga kennt man diesen Pfad der Weiterentwicklung. Dort heißt es in einem Gebet: »Liebe! Liebe das Höchste mit absoluter Hingabe, und alles, was unedel ist, wird von dir abfallen.« Das weist darauf hin, daß eine vollkommene Liebe Gott in allem findet, im Leiden ebenso wie im Frieden, im Häßlichen und in der Schönheit, in der Dunkelheit und im Licht.

Diese Art des Fortschritts durch weltlich-irdisches Handeln (Erfahrungen) erhebt uns nicht von selbst auf die spirituellen Ebenen der Erleuchtung. Zuerst werden (oft schmerzhaft) Kenntnisse oder ein Begriff von Ursache und Wirkung der Erfahrung gewonnen. Der Vorgang hat große Ähnlichkeit mit einem Menschen, der zum ersten Mal Feuer sieht. Er hat bisher noch nie ein Feuer gesehen und gespürt, mit anderen Worten, er befindet sich in bezug auf dieses spezielle Phänomen im Zustand völliger Unwissenheit. Da er neugierig ist und keine Vorstellung davon hat, was Feuer bewirken kann, hält er seine Hand ins Feuer. Der augenblicklich einsetzende Schmerz und der sofort folgende Schock verwandeln den Zustand der Unwissenheit in den Zustand der Weisheit beziehungsweise Einsicht. Er weiß jetzt, was das Feuer anrichten kann. Er wird nie mehr freiwillig seine Hand ins Feuer halten. Der Weg des Fortschritts ist die Auswirkung auf einer physischen Ebene unseres niederen Selbst. Es gibt keinen anderen Weg. Welche Handlungsweise wir auch wählen, sie spiegelt immer die Wünsche unseres niederen Selbst.

Der Mensch besitzt Willensfreiheit. Deshalb kann er durch sein Handeln Habgier, Neid, Eifersucht, Argwohn, Angst oder Zorn zum Ausdruck bringen. In ihm kann sogar ein Trieb zur Macht, Verlangen nach Ehre und Ruhm, vorhanden sein. Aber er kann ebensogut in Liebe, Mitgefühl und Opferbereitschaft handeln. Wer sich für diese Möglichkeit entscheidet, ist frei von den Behinderungen durch die Mauer um das Ego, frei vom Sinnen-Ich, frei von der Bindung an die Dinge der Welt. Dieser Mensch ist zum Ausdruck des Bewußtseins seines spirituellen Selbst geworden. Die große Mehrheit handelt aus der Bindung an die »Dinge« dieser Welt heraus. Es sind die zeitlich-irdischen Dinge, die nur die sinnliche Seite des Menschen ansprechen. Diese Menschen begehren nur Dinge für sich selbst. Unter diesen Umständen ist der Mensch völlig blind für die innere Realität, die *er selbst* ist.

Der spirituelle Geist unterscheidet sich darin von der Materie, daß er stets aktives *Leben* ist, während Materie das passive Prinzip darstellt. Der spirituelle Geist entwickelt und entfaltet sich durch die lebendige Kraft, die er selbst ist. Durch verschiedene Erfahrungen, die notwendigerweise aufgrund strenger Gesetze ausgelöst werden, befreit sich der aktive spirituelle Geist schließlich ganz langsam von der passiven Materie. Das unausweichliche Ziel dieses Lebens ist es, daß sich der spirituelle Geist durch seine *eigenen* Bemühungen aus seiner Verkörperung befreit, ein individuelles Bewußtsein von sich selbst gewinnt und die vollkommene Beherrschung *aller* Phasen der Materie erreicht, die ja aufgrund ihrer irdischen Vergänglichkeit in Wahrheit nur Illusion ist. Bevor der Mensch zu dieser Beherrschung gekommen ist, sind seine Handlungen nichts als automatische und unwillkürliche Reaktionen, weil sie vollständig dem Einfluß der physischen Umwelt des spirituellen Geistes unterworfen sind.

Die Materie ist der Schoß, in dem der Geist durch seine eigene Lebenskraft und Anstrengungen wachsen und sich entwickeln muß. Kurz gesagt, das vollständige Ziel der Seele des Menschen während seines physischen Anfangsstadiums ist die Beseitigung der Illusionen, die durch ihre Bindung an Zeit, Raum und Materie entstanden sind. Der spirituelle Geist oder die Seele gelangt nur zur Freiheit, wenn sie voll und ganz die Natur der Ego-Mauer begreift (also das Wesen der Materie und die emotionale Bindung daran) und zurückkehrt zum Zentrum – zur Realität. Zeit, Raum und Materie sind wichtig für das Leben des Ego. Das Ego ist die Mauer, und die Mauer kann sich nur ihrer selbst bewußt sein. Aus diesem Grund ist es dem Ego unmöglich, zum Zentrum vorzustoßen. Um die Herrschaft über die Materie zu gewinnen, muß der Mensch erleuchtet werden, das heißt, er muß *Wissen* (Erkenntnis) über die wahre Natur der Materie entwickeln. Erleuchtung wird nur durch den Kampf des spirituellen Geistes gegen die Versuchungen und Forderungen des Ego-Geistes erreicht. Das intellektuelle Studium der Theologie, die Beschäftigung mit Glaubensvorstellungen und Dogmen ist keine Hilfe. Die Kenntnis der Bibel, des Korans, der Bhagavadgita oder der Veden kann ebensowenig helfen. Das alles sind nichts als Informationen, die von der Mauer gesammelt und gespeichert werden. Es sind nichts als Worte. Von *außen* kommen stets nur Informationen.

Was ist Erleuchtung? Erleuchtung ist nichts anderes, als sich seiner selbst bewußt zu werden, sich selbst wahrzunehmen. Erleuchtung bedeutet, daß Sie der Mauer den Rücken kehren und auf die Quelle zugehen, und diese Quelle ist nur an einem Ort zu finden – in Ihnen selbst! Warum sollten Sie andere fragen, warum in vielen Büchern lesen, wenn Sie auf der Suche nach etwas sind, das Sie längst besitzen?

Alle Mystiker berichten davon, daß sie ein Erlebnis hatten, dessen tiefste Bedeutung nicht in Worten zu übermitteln ist. Wie kann man dann aus einem Buch oder von einem Lehrer etwas darüber erfahren? Viele beschäftigen sich in Gedanken mit den Mystikern und deren Erfahrung der Realität und glauben, daß diese Menschen eine Gabe besitzen, die nur wenige haben. Das ist die größte Illusion der Menschheit. Es gibt keine unüberwindlichen Abgrenzungen zwischen den niederen Ebenen des menschlichen Bewußtseins und den höchsten spirituellen Ebenen. In Wahrheit gibt es überhaupt keine Ebene, auf der mystische Erfahrungen nicht möglich sind. Jede Ebene, selbst die niedrigste, ist ein Ausdruck des göttlichen Wesens. Der Erleuchtete ist sich bewußt, daß ein Aspekt des höchsten Selbst auch in den niederen Ebenen, die wir das Ego nennen, wirkt und lebt. Im großen klassischen Werk des Hinduismus, der Bhagavadgita, heißt es:

> Wisse, daß der Ursprung des *karman* (der Art des Opfers) im Brahman (dem Veda) liegt, und das Brahman entspringt

im Unvergänglichen. Darum hat das allumfassende Brahman stets im Opfer seinen Mittelpunkt.
(Die Bhagavadgita, 3. Gesang, 15. Vers. Holle Verlag)

Man muß sich deutlich machen, daß es niemals vollkommene Erleuchtung geben kann, wenn sie nicht auf jeder Bewußtseinsebene erlebt und bewahrt wird.

Ein großer Prophet sagte einmal, daß der Erleuchtete genauso lebt wie jeder normale Mensch. Er ißt, wenn er Hunger spürt. Er trinkt, wenn er durstig ist. Er schläft, wenn er sich müde fühlt. Er lacht und lächelt über genau die gleichen Dinge. Von außen gesehen gibt es keinen Unterschied. Doch der erleuchtete Mensch blickt auf die Außenseite, aber er steckt nicht im Äußeren, er ist nicht Teil des Außen. Er schaut nach außen, aber er bleibt innen. Natürlich benutzt er die Dinge dieser Welt, um für die Erhaltung seines Körpers, für die nötige Wohnung und die übrigen Grundbedürfnisse des Lebens zu sorgen, aber er haftet nicht an diesen Dingen. Für ihn existiert die Mauer um das Ego nicht, während der nicht erleuchtete Mensch seine Zeit damit verbringt, nach außen, auf das äußere Leben, zu blicken. Er sieht nur die Dinge dort, die immer dagewesen sind, aber er weiß überhaupt nichts über die Kraft, die sie geschaffen hat. Deshalb ist er blind und taub für die All-Macht, und das bedeutet, daß es einen Teil im nicht erleuchteten Menschen gibt, der für ihn selbst tot ist. Die Welt dieses Menschen ist nichts als eine riesige Kollektion von »Dingen«, aber er selbst besitzt auf dieser Stufe seiner Entwicklung nur die Fähigkeit, darauf mit einer Sammlung von Gefühlen zu reagieren. Diese Gefühle werden vom menschlichen Geist als ein Wiedererkennen jener Dinge empfunden, die ihm in sinnlicher Weise angenehm sind und wonach er deshalb häufig verlangt. Der menschliche Geist entwickelt bestimmte Ansichten über die Gegenstände, die ihm Freude und Genuß bereiten.

Der nächste Schritt besteht darin, daß der menschliche Geist völlig besessen ist von der Sinnenwelt, die ihm jetzt als die einzige Realität erscheint. Er hat damit den höchsten Grad der Unwissenheit erreicht, er hat sich den dichtesten der undurchsichtigen Schleier geschaffen, der ihn schließlich glauben läßt, daß wir nichts weiter als unser Ego sind. Dennoch ist er weiterhin der Verlockung ausgesetzt, nach dem Glück zu suchen. Seine Begierden und Wünsche werden immer stärker und die Enttäuschungen immer größer, aber der menschliche Geist erkennt immer noch nicht, daß es sich dabei nur um sinnlose Bemühungen des Ego-Geistes auf seiner Suche nach Glück und Sicherheit handelt. Das wahre Selbst, das ewig und grenzenlos ist, hat es nicht nötig, etwas erreichen zu wollen, nicht einmal das Glück, weil es selbst ja bereits die Realisierung von allem ist. Das Ego dagegen ist eingeschlossen in die engen Grenzen seines Denkens. Die Mauern sind ihm sehr vertraut. Dies ist seine Welt, sein Zuhause. Es hat so lange darin gewohnt, daß es sich daran gewöhnt hat, daß es ihm jetzt Freude bereitet. Diese Mauern sind der einzige reale Gegenstand, den es kennt.

Das Selbst ist zu einem Gefangenen geworden, und wie alle Gefangenen, die sich schon zu lange im Gefängnis befinden, hat es Angst, wieder herauszukommen. Es fürchtet die Freiheit. Freiheit bedeutet Tod der Mauer, Tod aller Dinge, die es gehortet hat und die ihm geholfen haben, die Mauer zu errichten. Es ist eine Ironie des Schicksals, daß auf der anderen Seite der Mauer das unendliche, ewige Du wartet, das nichts begehrt und nichts verlangt, da es das ganze Selbst ist – das Ganze von allem. Aber dem Ego-Geist erscheint das Unendliche als der Tod. Er hat sich an das Feste, an das Endliche, an die klar umrissenen Grenzen gewöhnt, trotz der Kämpfe, Mühen und Enttäuschungen, die damit verbunden sind. Wenn der Mensch von der hemmenden Mauer befreit ist und vom Zentrum aus lebt, dann ändert sich sein Leben in unvergleichlicher Weise. Dann stirbt niemand, nichts kann vergehen, der Tod ist unmöglich – eine Illusion. Für alle, die außerhalb der Mauer leben, ist der Tod ständig gegenwärtig. Sie haben die Seele getötet und den Körper erhalten. Der erleuchtete Mensch aber hat den Körper sterben lassen und die Seele weiterentwickelt.

Alle Probleme, Ängste und Leiden entstehen, weil die Mauer um das Ego aus Bruchstücken besteht. Die Mauer ist immer bestrebt, sich nach außen in alle Richtungen auszudehnen. Das bedeutet Uneinigkeit, Chaos und Disharmonie. Der menschliche Geist kann nur solche Dinge verstehen, die zu analysieren, zu berühren, zu sehen, zu schmecken, zu hören und zu riechen sind. Das sind bruchstückartige Teile der Materie, die Stellen, an denen sich die irdischen Anfälligkeiten der Materie bemerkbar machen. Die Dinge vergehen ständig und müssen immer aufs neue ersetzt werden. Für den irdischen Geist hört dieser Prozeß nie auf. Er erwartet oder wünscht auch gar nicht, daß er aufhört.

Solange der Ego-Geist die Herrschaft hat, wird der Mensch weiterhin immer um die Mauer herumlaufen, und es wird ihm unmöglich sein, das Zentrum zu erreichen. Der Mensch kann etwas über die Materie erfahren, indem er sie studiert, aber er wird auf diese Weise nie etwas über das innere Bewußtsein lernen, weil Materie und alle sich darauf beziehenden Kenntnisse an der Außenseite bleiben. Die Materie besitzt kein Zentrum. Viele Studenten der Theologie, aber auch anderer Fächer, versuchen, das Zentrum zu erreichen, indem sie Wissen sammeln. Aber alles gesammelte Wissen, alle gespeicherten Informationen gehören in den Bereich des Gehirns. Das Gehirn ist der Leuchtturm auf der Mauer. Es sucht, findet und speichert alle Informationen in seinen Millionen Zellen. Der Ego-Geist kann ein ausgezeichneter Schüler sein. Er kann jedes Wort der Bibel und jeder religiösen Schrift der ganzen Welt auswendig wissen. Er kann Sie zu einem religiösen Genie machen, aber Sie werden dennoch keine Ahnung von der Gegenwart des inneren Bewußtseins, vom Zentrum, haben. Denn alle diese Informationen, und darauf weise ich den Leser aufs neue hin, gehören zur Außenseite. Sie können alles *über* die Schriften wissen, aber das Problem ist, daß Sie nicht damit eins geworden sind. Wenn Sie behaupten, alles über die Wahrheit, über die heiligen Schriften oder über Gott zu wissen, dann bedeutet das, daß Sie überhaupt nichts wissen. Alle Wahrheit kommt nur aus dem Zentrum. Gott, die All-Wahrheit, *ist* das Zentrum. Wie kann daher das Ego, das die Existenz des Zentrums überhaupt nicht wahrnimmt, behaupten, etwas über Gott und über die Wahrheit zu wissen? Wie können Sie, wenn Sie stets rund um die Mauer herumlaufen, den Anspruch erheben, etwas über Gott zu wissen, wenn der Weg zu Gott auf einer vollkommen geraden Linie von der Mauer ins Zentrum hinein liegt?

Ein großer spiritueller Lehrer sagte: »Klopfet an, so wird euch aufgetan.« Das Problem der Gottsucher besteht darin, daß sie mit einem Buch, mit Worten, die sie von einem Lehrer übernommen haben, mit Informationen an die *Mauer* klopfen. Auch sie gehen von der Außenseite aus. Sie hoffen, durch Informationen die Tür zu finden, so wie Schatzgräber eine Landkarte und einen Kompaß benutzen. Das Geheimnis des Weges zu dieser Tür ist in einer einfachen Wahrheit verborgen: Werde selbst Jesus, werde Buddha, werde Krischna, werde selbst zu den heiligen Schriften. Vergeude nicht die Zeit, um Kenntnisse über die Meister der Wahrheit zu sammeln. Wenn du das begreifst, wirst du entdecken, daß die Tür immer dagewesen ist und immer offenstand. Beschäftige dich nicht damit, etwas *über* andere zu erfahren, die die Wahrheit gekannt haben. Ehe man selbst die Wahrheit erkennen kann, muß man der Mauer den Rücken kehren, nur dann ist Erleuchtung möglich. Was also ist Erleuchtung? Erleuchtung bedeutet, die Natur der Mauer zu erkennen, zu wissen, daß der Mensch nicht Teil dieser Mauer ist. Nur dann wird man das wahre Selbst, das spirituelle Selbst erkennen. Dann ist der Mensch erleuchtet. Diese Offenbarung findet nur statt, wenn der Mensch die äußere Welt vollkommen aus seinem Bewußtsein streicht, wenn er alles über die gesammelten Informationen, über die Bibel, über die Bhagavadgita, den Koran und die Gurus vergißt. Das alles ist Teil der Mauer. Diese von außen kommenden Kräfte können Ihnen nicht ihre eigene innere Welt zugänglich machen. Sie selbst sind ja bereits dort, Sie sind selbst dazu geworden. Bleiben Sie nicht länger Suchender, werden Sie zum Erleuchteten. Solange Sie ein Suchender sind, gehören Sie nicht zu den Erleuchteten.

Jeder Mensch hat tief in seinem Herzen den Ruf nach der Wahrheit, das Verlangen der Seele nach Freiheit. Es bleibt die eine Frage: Welchen Weg sollen wir gehen, in welcher Richtung sollen wir suchen? Die Suche nach Freiheit und Wahrheit hat große Ähnlichkeit mit dem Besteigen eines schwierigen Berges. Es gibt so viele Pfade. Mancher Bergsteiger entscheidet sich für den einen, andere nehmen einen ganz neuen Weg. Solange alle nach oben steigen, werden sie sich auf dem Gipfel treffen, wo alle Pfade zusammenlaufen.

Ich hoffe, daß meine Interpretation von der inneren Realität dem Leser eine Vorstellung vom Ziel vermittelt hat und daß er jetzt nur noch an dem Weg dahin interessiert ist. Ich habe über das Haupthindernis geschrieben, über die Ego-Mauer, die nur eine Ansammlung von Dingen und Gefühlen der Bindung ist, die zusammenwirken und die Mauer bilden. Die niedere geistige Ebene des Menschen ist nichts als eine Ansammlung von Emotionen, Gefühlen und Informationen. Wenn sich die Dinge der äußeren Welt und die niederen geistigen Ebenen vereinen, ergibt sich das, was Buddha als »Festhalten« bezeichnet: Festhalten am Sein ist Leiden.

Das praktische Problem, dem sich die erwachende Seele gegenübersieht, ist die Auflösung der Mauer, das Loslösen des menschlichen Geistes von der Begierde nach illusorischen sinnlichen Dingen der äußeren Welt. Wenn die Mystiker und Meister diesen Bereich als die Welt der Illusionen bezeichnen, dann meinen sie damit nur die Erfahrungen und Erlebnisse, nach denen wir uns sehnen und von denen wir leben. Es sind Erlebnisse, in denen wir unser Vergnügen suchen, ohne zu merken, daß sie nur wenige Augenblicke dauern und sich dann im absoluten Nichts auflösen. Der menschliche Geist verlangt nach sinnlichen Erfahrungen, und diese kann er nur durch irdische Dinge gewinnen. Ein Stück Schokolade, ein »Hamburger«, ein neuer Anzug, ein schnittiger Wagen, das alles verschafft den Sinnen ein Gefühl der Erregung. Aber das Gefühl vergeht rasch und hinterläßt nur die Erinnerung an die Sinneserfahrung. Sobald aber eine solche Erinnerungszelle ausgebildet ist, erinnern sich die Sinne von Zeit zu Zeit an das Erlebnis und fordern, daß es immer aufs neue wiederholt wird. So wie jede einzelne Erfahrung dieser Art dahinstirbt, ist der totale Tod, der einzige Tod, den der Mensch erleidet, vergleichbar mit den gespeicherten Kenntnissen und Informationen, die nur gesammelt wurden, um zu sterben. Die Dinge der Sinnenwelt sind die einzigen toten Dinge, die es im Leben gibt. Vollkommene anhaltende Befriedigung kann nicht durch Objekte der Sinnenwelt hervorgerufen werden, die einen augenblicklichen Tod erleiden. Ihr eigenes Dasein, Ihr inneres Bewußtsein *ist* Leben, es ist das einzige unvergängliche Leben. Es kann nicht sterben, es ist Realität, deshalb muß das Gegenteil davon, nämlich die flüchtige Erfahrung, Illusion sein.

Was muß der Ego-Geist tun, um seinen eigenen Tod und sein Vergehen herbeizuführen und auf diese Weise dem höchsten Selbst die volle Herrschaft zu übertragen? Trotz allem, was ich über den vergänglichen Ego-Geist und seine unaufhörliche Neigung zu den sinnlichen Dingen dieser Welt und über das innere Bewußtsein als dem höchsten Ziel aller Menschen gesagt habe, muß es doch einen Grund dafür geben, daß die beunruhigende Phase irdischen Daseins in die Existenz des Menschen einbezogen ist. Sie muß einen Gewinn für das höchste Selbst darstellen. Es ist wichtig, nicht zu vergessen, daß ein Teil oder ein bestimmter Aspekt des höchsten Selbst mit dem Ego verbunden ist und durch dieses lebt. Deshalb müssen wir annehmen, daß alles Suchen, Streben und Verlangen des Ego-Selbst auch Ausdruck der Eingebungen des damit verbundenen höchsten Selbst ist. Wie wir im Laufe unseres Lebens beobachten können, gibt es viele Seelen, die sich aufgrund ihres Temperaments und ihrer spirituellen Veranlagung überhaupt nicht dazu eignen, einen bestimmten Weg zur Erleuchtung zu gehen. Wenn das höchste Selbst in jedem einzelnen Ego-Wesen wirksam ist und es in seiner großen Weisheit offensichtlich auf einen bestimmten Weg drängt, der voller Enttäuschungen, Illusionen und Schmerzen sein kann, wird er dieses Wesen aber letztlich ganz gewiß ans ersehnte Ziel bringen.

Die Tragödie der meisten engstirnigen Sekten und Schulen, die keine mystische Einsicht erfahren und keine intuitive Weisheit empfangen haben, besteht darin, daß sie glauben, es gäbe nur einen richtigen Weg, der für jede Seele gilt, ohne Rücksicht auf deren spirituelle Veranlagung und Einsicht. Sie nehmen aufgrund ihres großen literarischen Wissens und ihrer intensiven Beschäftigung mit den Schriften an, daß sie den Gipfel der Wahrheit erreicht haben – obwohl sie in Wirklichkeit nur auf einem Maulwurfshügel stehen.

Welchen Gewinn mag das höhere Selbst durch sein zeitliches Eintauchen in die niederen Bewußtseinsebenen wohl erzielen? Ich hoffe, daß meine Erkenntnisse ausreichen, um mich im nächsten Kapitel mit diesem Thema näher zu beschäftigen.

Kapitel 3

Die Natur der Welt

Seit der Mensch ein Bewußtsein seiner selbst gewonnen hat, ist er auf der Suche. Er sucht etwas, von dem er instinktiv weiß, daß es sich nicht im Äußeren befindet. Ganz ohne Zweifel sucht er nach Glück, nach einer Art Frieden und Sicherheit in einer Welt, in der es nicht nur Krieg, Aufruhr und Auseinandersetzungen gibt. Er spürt auch eine tiefe innere Unruhe und Unzufriedenheit; alles läßt ihn unbefriedigt. Er sucht sein Unbehagen zu überwinden, indem er von einem Lehrer zum anderen, von einer religiösen Gruppe zur anderen, von einem Arbeitsplatz zum nächsten wechselt.

Obwohl er nach Glück sucht, findet er allzu oft nur *Befriedigung.* Aber ist es das, wonach er wirklich gesucht hat? Hält er das irrtümlicherweise für Glück? Bemerkt er, daß es einen großen Unterschied zwischen Glück und Befriedigung gibt? Ist es überhaupt möglich, nach Glück zu *suchen?* Wir können sicher in vielen Dingen Befriedigung finden, aber können wir auch wirkliches Glück finden? Wenn wir über das Glück nachdenken, dann erkennen wir, daß es nur derivativ entsteht, daß es sich also von irgend etwas herleiten muß. Glück ist die *Nachwirkung* von etwas anderem. Es ist mit dem Phänomen Liebe vergleichbar. Wir können Liebe nicht als Liebe an sich sehen oder spüren, sie erfordert stets ein Objekt. So ist auch Glück die Nachwirkung oder das Nebenprodukt einer anderen Aktivität. Bevor wir also unsere Suche fortsetzen, müssen wir gründlich und ernsthaft darüber nachdenken, was wir eigentlich wollen: Glück oder Befriedigung? Leider erwarten die meisten Menschen irgendeine Art von Belohnung oder Befriedigung. Nach all ihren Mühen und Anstrengungen wünschen sie sich ein Gefühl der Erfüllung und Befriedigung.

Wenn wir uns jahrelang in dieser Richtung bemüht und auch

wiederholt das Gefühl der Befriedigung erfahren haben, entdecken wir plötzlich, daß wir immer noch auf der Suche sind. Wir suchen etwas Dauerhaftes, einen Weg zum Erfolg; wir wollen bei einem bestimmten Unternehmen Erfolg haben. Dadurch entwickelt sich dann ein Gefühl der Erfüllung. Aber ob wir es wahrnehmen oder nicht, auch danach sind wir weiter auf der Suche. Befriedigung haben wir erfahren, aber nicht das Glück. Wir haben das wahre Problem nicht gelöst.

Auch wenn wir uns in die totale Isolation einer selbstgeschaffenen Welt des Erfolgs zurückziehen, wird die dadurch erreichbare Befriedigung niemals ausreichen, um uns aus den tieferen Ebenen der Ruhelosigkeit zu befreien. Wir müssen also zuerst herausfinden, was es überhaupt ist, was jeder von uns *innen* und *außen* sucht und so sehr braucht. Sobald dieser Gedankengang verstanden und abgeschlossen ist, werden wir erkennen, daß es nicht notwendig ist, irgendwohin zu gehen, zu irgendeinem Lehrer, zu einer kirchlichen Organisation oder in eine Bibliothek. Die eine große Schwierigkeit besteht darin, daß wir uns selbst absolut sicher sein müssen, *was* wir finden wollen und *wie* wir bei unserer Suche vorgehen müssen. Das sind die größten Probleme. Wie können wir sicher sein, und entsteht diese Sicherheit dadurch, daß wir im Äußeren suchen, indem wir uns damit beschäftigen, was andere sagen? Können wir diese Sicherheit durch die besten Lehrer im Land oder vom Pfarrer am Ort erhalten?

In unserer Ungeduld und im aufrichtigen Verlangen, eine Lösung zu finden, sprechen wir mit jedem Menschen, von dem wir uns eine Antwort erhoffen. Wir lesen unzählige Bücher, besuchen Vorträge, Tagungen und Seminare – immer auf der Suche nach Lösungen für unsere äußeren und inneren Konflikte, nach Erklärungen für die Schicksalsschläge und Enttäuschungen in unserem Leben. Doch bei all diesen Aktivitäten und unter den vielfältigen »Weisheiten«, die von wohlmeinenden Lehrern und religiösen Gruppen verkündet werden, finden wir nichts Dauerhaftes, nichts Beständiges. Dieses Etwas, das die Weisen als Wahrheit, als Gott, als das Unendliche bezeichnen, entzieht sich uns weiterhin. Es scheint, als ob alles, was wir bisher gesammelt haben, nichts als eine Menge von Informationen und Fakten sind. Sie vermitteln uns, was andere Menschen glauben, was sie tun und denken, aber wir haben es versäumt, Wissen in uns selbst zu entwickeln. Wir haben keine *direkte Erfahrung* gewonnen. Wir haben nicht selbst das gefunden, was man als das *Bleibende* bezeichnet. In Wahrheit haben wir also nicht gefunden, wonach wir suchen – das Etwas, das uns das Gefühl der Beständigkeit vermittelt, bleibende Befriedigung und Glück, das anhaltende Gefühl zu *sein,* auch wenn wir uns von all den Worten, den Lehrern, den Methoden, den Büchern und sogar vom Suchen selbst gelöst haben. Nur auf diese Weise werden wir in uns das Wissen von der Realität spüren. Es ist die Realität, die die Wahrheit ist, die Gott ist – die wir selbst sind.

Wir kommen nun zu dem entscheidenden Punkt, an dem wir uns intensiv mit der Frage beschäftigen müssen, ob uns wirklich ein anderer Mensch Wahrheit und bleibendes Glück schenken kann, während wir weiterhin unser wahres Selbst nicht erkennen. Der Leser muß begreifen, daß es keine Basis für die richtige Denkweise gibt, solange er kein Verständnis seiner selbst entwickelt hat. Wo soll die Suche beginnen? Solange sich der Mensch nicht selbst *ganz* kennt, gibt es keine Basis für seine Suche nach dem *Selbst.* Ohne diese gedankliche Grundlage wird er sich weiterhin in die falsche Richtung bewegen, weg von der Wahrheit, weg von der Realität. Ehe wir die richtige Basis herstellen, müssen wir darüber nachdenken, in welcher Weise wir uns verändern sollen. Bevor wir uns aber verändern können, müssen wir genau wissen, wer wir sind und was wir sind. Wenn wir eifersüchtig, eitel, habgierig, selbstsüchtig, mißtrauisch und ehrgeizig sind, so ist das die Gesellschaft, die wir uns selbst geschaffen haben und in der wir leben. Das bedeutet eine positive Einstellung zum Materialismus, ein Festhalten am äußeren Selbst. Eine solche Situation veranlaßte Buddha zu dem Ausspruch »Festhalten ist Leiden«. Buddha lehrte auch, in solcher Gesellschaft zu leben, bedeute drei Zustände zu erfahren: Wandel und Unbeständigkeit, die Unwirklichkeit des Ego-Selbst und Leiden.

Was bezeichnen wir als das Beständige? Was ist die wahre Natur des Gesuchten? Suchen wir beständiges Glück, dauerhafte Befriedigung, ständige Sicherheit oder unvergängliche Liebe? Wir müssen erst einmal genau erkennen, wonach wir suchen. Unser ganzes Leben lang haben wir mit Verfahren experimentiert, immer in der Hoffnung, daß sie uns die anhaltende Befriedigung oder das Glück bringen. Doch in jedem Fall sind Befriedigung oder Glück wieder verblaßt, und betrübt fanden wir uns schließlich in der Ausgangsposition wieder. Ich erinnere den Leser an dieser Stelle daran, daß wir erst voll und ganz erkennen müssen, nach welchem Gegenstand wir suchen und wovon wir uns dauernde Befriedigung erhoffen. Der Suchende muß erst einmal sich selbst verstehen. Warum ist er unglücklich, warum entzieht sich ihm die vollkommene Befriedigung? Vielleicht existiert die Art der Beständigkeit, nach der er sucht, überhaupt nicht. Nun ist Wahrheit etwas vollkommen anderes. In der Tat, Wahrheit unterscheidet sich völlig von dem, was man berühren, sehen, hören, schmecken und riechen kann. Bemüht sich der Suchende in dieser Richtung um Dauerhaftigkeit? Ehe er also dauerndes Glück oder Befriedigung finden kann, muß der Suchende den Gegenstand seines Suchens verstehen, er muß erkennen, warum und auf welcher geistigen Ebene er sucht, denn für den Ego-Geist oder den irdischen Geist gibt es so etwas wie dauerndes Glück, Sicherheit und Wahrheit überhaupt nicht. Solange wir also das ganze Selbst nicht kennen, besteht keine Basis für das richtige Denken, das uns bei der Suche auf den richtigen Weg führen könnte. Ohne unsere eigene Denkweise zu kennen, ohne zu wissen, warum wir an bestimmte Dinge glauben, warum wir an gewissen Vorstellungen, etwa von Religion oder Sozialpolitik, festhalten, warum wir bestimmte Ansichten über unsere Nachbarn und Freunde haben, ohne den wahren Gehalt, die Qualität unserer Gedanken und darüber hinaus die Bewußtseinsebene zu erkennen, der sie entstammen, wird die Suche vergeblich und jedes Handeln nutzlos sein.

Wir müssen *bei uns selbst anfangen,* das heißt beim *ganzen Selbst,* ehe wir den Sinn des Lebens, den Sinn von Schmerz,

Angst und Unsicherheit begreifen, ehe wir erkennen, warum es Kriege, Konflikte in uns selbst und in der Gesellschaft gibt. Das ist alles andere als ein leichtes Vorhaben. In Wirklichkeit ist es außerordentlich schwierig, nach sich selbst zu suchen. Wenn wir erkennen wollen, wie unser Denken arbeitet, wenn wir die Qualität dieser Gedanken erkennen wollen, müssen wir sehr wachsam und flink sein. Dann werden wir allmählich mehr und mehr sowohl die Komplexität unseres Denkens entdecken, als auch die Qualität unserer Reaktionen auf bestimmte Erfahrungen und gegenüber anderen wahrnehmen. Jesus befahl seinen Jüngern: »Wachet und betet.« Damit meinte er, daß sie ständig auf die Qualität ihrer Gedanken, Handlungen und Reaktionen achten sollten. Er sagte auch, daß der Mensch selbst durch seine Gedanken andere verletzten kann, allerdings längst nicht so sehr, wie er sich selbst damit zu schaden vermag. Nur auf diesem Wege ist es möglich, ein tieferes Bewußtsein seiner selbst und der Menschen, mit denen wir ständig in Verbindung stehen, zu entwickeln. Wenn Christus sagte, daß wir unaufhörlich beten sollen, dann meinte er damit nicht, daß wir den ganzen Tag auf den Knien liegen müssen, sondern vielmehr, daß wir uns ständig der geistig-spirituellen Natur unserer Gedanken und Handlungen bewußt sein sollten – oder aber des Mangels an dieser Qualität.

Sich selbst zu erkennen bedeutet, das eigene Verhalten zu erforschen, unser Verhältnis zu anderen zu überprüfen, unsere Reaktionen auf Verhältnisse und Gegebenheiten, auf verschiedene Erfahrungen und Menschen zu untersuchen. Die größte Schwierigkeit entsteht dadurch, daß wir uns selbst bereits zu zahlreichen Aktivitäten verpflichtet haben, etwa den Lebensunterhalt zu verdienen, den Haushalt zu organisieren, für eine Familie zu sorgen, Kinder zu erziehen oder Verantwortung in einer Organisation zu tragen. Wenn wir uns auf so vielfältige Weise festgelegt haben, bleibt uns zu wenig Zeit, über uns selbst nachzudenken, andere zu beobachten, uns selbst zu erforschen. Bei sensiblen Menschen entwickelt sich in solchen Fällen eine Art nervöser Unruhe, manchmal auch Gereiztheit, weil sie ängstlich bestrebt sind, vorwärtszukommen. Sie wollen ein Ziel erreichen, etwas fühlen. Sie spüren, daß sie etwas viel Wichtigeres tun sollten, etwas Befriedigenderes. Doch ihnen bleibt kaum Zeit zur Selbstbeobachtung. Die Frustration hält an und wird immer stärker. Solche Menschen versuchen dann, ihre Enttäuschung dadurch zu überwinden, daß sie nach einem bequemeren Weg suchen, indem sie Gurus oder Lehrern folgen, deren Philosophie nachgehen, ihre Bücher lesen, sich mit deren Methoden und Ideen beschäftigen. Das ist nicht der richtige Weg, denn die Verantwortung dafür, sich selbst zu erkennen, bleibt stets bei jedem einzelnen von uns.

Es ist gut, auf erfahrene Philosophen und Erleuchtete zu hören, aber nehmen Sie niemals etwas in sich auf, ohne Fragen zu stellen. Wenn ein solcher Lehrer die Wahrheit spricht, dann wird sie in Ihnen nie mehr erlöschen. Die Wahrheit wird sich in Ihrem Leben, in Ihrem Handeln und in Ihren Beziehungen zu anderen Menschen offenbaren. Andererseits können Sie tausend Gurus, Lehrern und ihren speziellen Systemen Gehör schenken und von einem Ende der Erde zum anderen reisen, zum Schluß kommen Sie doch auf sich selbst zurück. Zu sich selbst zurückkommen, sich selbst zu erkennen, *das* ist die Wahrheit. Die meisten Menschen kennen ihre eigene wahre Natur nicht, und deshalb ist es so schwierig für sie, festzustellen, wonach sie suchen.

Aber auch Selbsterkenntnis bietet keine endgültige Lösung für unsere Suche. Es gibt keine endgültige Lösung. Es kann niemals die totale Vollendung geben, weil Vollendung bedeutet, daß wir zu einem Abschluß gekommen sind. Wir sind auf der Suche nach dem *ganzen Selbst,* und das ganze Selbst ist nicht mit einem Stück Schokolade oder einem Schinkenbrötchen zu vergleichen. Solche Dinge haben ein eindeutiges Ende; sobald der Genuß daraus gewonnen ist, sind sie nicht mehr da, ihr Dasein ist vorbei. Das ganze Selbst aber ist ein endloser Strom. Während wir unser Selbststudium fortsetzen, während wir immer mehr über unser Selbst erfahren, kommen wir zu einem tieferen Verständnis, das von innen kommt. Ohne dieses Verständnis, ohne diese Selbst-Erfahrung, ist es nutzlos, Bücher zu lesen, die Ratschläge eines Lehrers zu befolgen. Das wären Aktivitäten ohne Sinn und Zweck. Wenn dagegen ein Mensch zu *erkennen* beginnt, dann bedeutet das, daß sich das Verständnis des ganzen Selbst entwickelt. Hier entsteht etwas, das nicht in den Bereich des alltäglichen menschlichen Geistes gehört. Hier findet eine subtile, ungewöhnliche Veränderung in den direkten Beziehungen zwischen Ihnen selbst, den Menschen und der unmittelbaren Umgebung, in der Sie leben, statt. Das ist der Anfang einer inneren Ruhe, die Ausdruck eines kreativen Glücks ist. Betrachten Sie einmal die Gesichter spiritueller Lehrer, Gurus und Mystiker, und Sie werden die Weisheit und Güte nicht nur sehen, sondern auch spüren. Dies sind Menschen, die zuerst sich selbst erforscht haben, die die einzelnen Bestandteile des Geistes erkannt haben und so zu einem Verständnis des ganzen Selbst gekommen sind. Das ganze Selbst ist Liebe und Weisheit.

Erleuchtung bedeutet Selbst-Erkenntnis, Erkenntnis des Ganzen, Selbst-Wahrnehmen. Erleuchtung ist kein langsam fortschreitender Prozeß, wie etwa das Studium der Mathematik, das Erlernen von Sprachen und die Aneignung kaufmännischen Wissens. Erleuchtung geschieht augenblicklich. Selbstverständlich geht diesem Augenblick eine lange, von vielen Enttäuschungen begleitete Vorbereitungszeit voran. Sie werden häufig Ungeduld spüren, und oft wird Ihnen der menschliche Geist einflüstern, daß Sie nur Ihre Zeit verschwenden. Aber die eigentliche Erfahrung der Erleuchtung geschieht dann so schnell wie ein plötzlicher Sprung vom Grund des Tales auf den Gipfel. Ganz genauso habe ich die Erleuchtung erlebt. Den einen Augenblick war ich traurig, niedergeschlagen und fühlte mich einsam, und im nächsten Moment erfolgte dieser Blitz der Erleuchtung. Das tiefe innere Wissen über das Selbst, über das Leben hat mich seither nicht mehr verlassen. Während der Meditation strömt das Verständnis für die Probleme des Lebens sofort in das Bewußtsein. Denken Sie daran, daß alle allmählich fortschreitenden Prozesse allein in den Bereich des logischen oder irdischen Geistes gehören, daß aber die Erleuchtung weit über den menschlichen Geist hinausgeht. Dieser menschliche Geist ist zwar fähig, Teile des Menschenwesens zu verstehen, aber der ganze Mensch wird sich ihm stets entziehen.

Wenn Sie sich allein auf den menschlichen Geist verlassen, der sich stets auf dem Marktplatz der irdischen Dinge herumtreibt, wird es Ihnen nie gelingen, das tiefe innere Selbst zu erreichen. Der menschliche Geist ist imstande, ein großartiger Schüler zu sein, er kann ein großartiger Lehrer werden, ein Genius in irdischen Dingen. Er kann die Erleuchtung erforschen, er kann Schriften und Bücher über Gott studieren, er kann sogar behaupten, alles über Erleuchtung, über Religion und über Gott zu wissen, aber dennoch ist Erleuchtung nichts, was man verstehen könnte – es gibt nur die direkte Erfahrung des ganzen Selbst. Etwas oder alles über das ganze Selbst zu wissen bedeutet, nichts über die Realität des ganzen Selbst zu wissen. Erworbene Kenntnisse jeglicher Art sind nicht unmittelbare Erfahrung, sind nicht Wahrheit. Sie können alles über die Materie und über all die Dinge wissen, die Materie hervorbringen kann, aber Sie können nichts über das Bewußtsein wissen. Bewußtsein ist das Unbekannte. Alles was Sie wissen und kennen, einschließlich Körper und Gehirn, gehört zur Außenseite. Das ganze Selbst einschließlich der höchsten Bewußtseinsebene ist das lebendige Zentrum des Menschen. Die moderne Wissenschaft ist bis in unglaubliche Tiefen vorgestoßen, aber sie hat noch immer nichts als Kenntnisse zutage gefördert, Kenntnisse über jeden nur möglichen Aspekt der Außenseite, über jeden Ort, der sich nicht auf das Zentrum bezieht. Worte, Bücher, Tatsachen, Informationen und Kenntnisse sind die Resultate wissenschaftlicher Arbeit, aber man kann sich dem Zentrum nicht durch wissenschaftliche Mittel nähern, man muß selbst zum Zentrum werden! Sie können nicht über die Wahrheit Bescheid wissen, sondern Sie müssen zur Wahrheit werden. Sie können nichts *über* die Erleuchtung wissen, Sie müssen *selbst* erleuchtet werden. Mit anderen Worten: Das Stadium des Seins ist seine Wahrnehmung.

Es besteht keine Notwendigkeit, zu irgend jemandem hinzugehen, weil Sie immer zum gleichen Punkt zurückkehren werden – *zu sich selbst!* Sie können die Werke der Meister und

Mystiker lesen, Sie können sich sogar wünschen, selbst einen der Meister aufzusuchen, aber auch er kann nichts anderes tun, als Ihnen Instruktionen oder Anleitungen zu geben, wie Sie *zu sich selbst* kommen können – und auch diese Ratschläge gehörten in den Bereich der gesammelten Kenntnisse. Kein Meister, kein Mystiker und kein Weiser kann Ihnen die direkte Erfahrung vermitteln, er kann Ihnen nur sagen, daß Sie in sich selbst hineinsehen müssen. Der Mensch verbringt viel Zeit damit, zu suchen, zu prüfen, Kenntnisse zu erwerben von dem, was bereits da ist, was immer dagewesen ist. Aber er nimmt sich keine Zeit dafür, über die Kraft nachzudenken, die das alles geschaffen und an diese Stelle gesetzt hat. Wissenschaft ist trotz der erreichten ungeheuren Fortschritte und der ihr zur Verfügung stehenden Kollektion hochentwickelter Instrumente nicht imstande, über die Dinge hinauszugehen, die schon immer dagewesen sind. Die Wissenschaft ist unfähig, irgend etwas Neues zu schaffen. Sie entdeckt nichts völlig Neues. Die Erkenntnisse, die sie gewinnt, sind alt. Wie kann etwas neu sein, wenn es schon immer dagewesen ist? Die Wissenschaftler entdecken es nur. Der menschliche Geist ist etwas Altes, genau wie die Wissenschaft. Er sammelt Kenntnisse über Dinge, die immer dagewesen sind. Menschlicher Geist und Wissenschaft gehören zusammen, sie sind untrennbar. Sie können nur Informationen über Dinge der Sinnenwelt sammeln. Der menschliche Geist kann nichts Neues schaffen, er kann keine neuen Vorstellungen entwickeln, denn er ist nur imstande, Dinge mit Hilfe des Erinnerungsvermögens zu wiederholen, Dinge, die immer bekannt waren und immer dagewesen sind. Der menschliche Geist ist vollkommen unfähig, das Ursprüngliche zu erschaffen. Das Neue, das Ursprüngliche, ist nur im tiefen inneren Bewußtsein zu finden, niemals im menschlichen Geist.

Machen Sie sich diesen Gedanken bewußt: Sie sind bereits die absolute Realität, Sie sind bereits die absolute Freiheit, die höchste Weisheit, Wahrheit und Liebe. Das alles ist immer in Ihnen vorhanden gewesen, das Wahre, das Ursprüngliche sind immer Sie selbst gewesen. Leider ist Ihnen das nicht bewußt, weil zwischen Ihnen und der bewußten Wahrnehmung der menschliche Geist liegt, eine feste Mauer aus Dingen, zu denen die Gegenstände sinnlicher Wahrnehmung, Begierden, Ambitionen, Bücher, Schriften, Worte der Lehrer und so weiter gehören. Sie sind wie ein Mensch, der nur ein paar Zentimeter vor einer Ziegelmauer steht. Sie werden immer wütender, Ihre Frustration und Ihre Angst wachsen, weil Sie unfähig sind, vorwärtszugehen und nicht bemerken, daß Sie ja nur in die falsche Richtung blicken. Der Weg der Freiheit liegt hinter Ihnen.

Alles, was neu und ursprünglich ist, wird aus dem inneren Bewußtsein heraus geboren. Die Reise, zu der Sie sich anschicken, wird etwas ganz Neues, Ursprüngliches sein. Der menschliche Geist ist nur eine Kollektion unzähliger früherer Reisen. Sie waren vergeblich, sie führten nirgendwohin, sondern trugen nur zur weiteren Ansammlung nutzloser Erinnerungen bei. Revolutionen entstehen immer durch den Versuch, alte Ideen, Methoden, Gedanken und Gewohnheiten zu zerstören. Aus diesem Grund ist keine Revolution für die Seele notwendiger als die geistige Revolution, als eine Veränderung des menschlichen Geistes. Es gibt jedoch keine Revolution ohne Meditation. Alle Meditationsmethoden sind nichts anderes als eine Möglichkeit, den menschlichen Geist zu revolutionieren, so daß das innerste Bewußtsein schließlich an die Oberfläche steigt und der alte Geist beiseite gedrängt und schließlich vergessen wird. Der neue Geist gibt die Realität wieder. Alles wird neu, das Leben bekommt eine neue Dimension. Eine ganz neue Wahrheit wird sichtbar in allem, was man vorher als unabänderlich hinnahm. Das Leben ist nicht länger erfüllt von Befürchtungen und Ängsten. Sie erkennen, daß es niemals den Tod in dieser Welt gegeben hat. Das Leben ist ohne Anfang und ohne Ende.

Kapitel 4

Die Natur des Menschen

In einem früheren Kapitel wurde bereits darauf hingewiesen, daß wir erst einmal uns selbst begreifen müssen, ehe wir zu der langen Reise aufbrechen können, auf der wir nach Wirklichkeit und Wahrheit suchen und das eigentliche Endziel dieses Lebens finden. Das bedeutet, daß wir die gesamte Natur des Menschen verstehen müssen, den *ganzen Menschen.* Sich selbst zu erkennen heißt, sich selbst in seinen Aktivitäten auf der mentalen und physischen Ebene zu prüfen und zu erforschen. Dazu gehört, daß wir jeden Aspekt all unserer Handlungen unter allen nur möglichen Umständen untersuchen, und das schließt notwendigerweise auch alle Beziehungen zu anderen Mitgliedern unserer Gesellschaft mit ein.

Welche Beziehungen bestehen zwischen dem Menschen und all den Leiden, Verwirrungen und vielfältigen Konflikten der Gesellschaft, die er so fürchtet? Solche Störungen entstehen nicht einfach aus sich selbst heraus. Sie werden vielmehr von den Menschen im Verlauf ihrer Beziehungen zueinander geschaffen. In Wahrheit projizieren die Menschen das, was sie in sich selbst sind, nach außen auf ihr soziales Umfeld. Tief innen liegen ihre Gefühle, Gedanken, Begierden, Ambitionen, ihre Eifersucht und ihre Mißgunst, und das alles wird unentwegt nach außen projiziert. Aus diesen Projektionen setzen sich nicht nur unsere familiären Beziehungen, unsere unmittelbaren gesellschaftlichen Bezüge und unsere Umgebung zusammen, sondern auch unsere Welt. Wenn wir Liebe, Verständnis, Mitgefühl und Toleranz nach außen projizieren, wird nicht nur unser unmittelbares soziales Umfeld von diesen Qualitäten bestimmt, sondern auch unsere Welt.

Wenn aber unsere Projektionen aus Egoismus, Unduldsamkeit, Arroganz und Habgier bestehen, dann übernehmen auch unsere Gesellschaft und unsere Welt diesen Charakter. Das heißt mit anderen Worten, so wie wir selbst sind, so wird diese Welt. Unsere Projektionen werden zu den Projektionen der Gesellschaft. Wir müssen uns also fragen: Welche Absicht steht hinter diesen Projektionen? Wollen wir bestimmte Veränderungen erreichen, verfolgen wir Motive, von denen wir glauben, daß sie der Gesellschaft, der Familie, der Welt oder einfach uns selbst nützen? Erinnern wir uns daran, daß jede gegenwärtige Gemeinschaft stets von einem einzelnen oder von einer Gruppe von Menschen geschaffen wurde, die ähnliche Ideen hatten. Eine unglückliche Gemeinschaft oder Familie entsteht durch die Unzufriedenheit und Verwirrung von Menschen, die in Sorge sind über die Art, in der sie leben, oder über die Art, wie sie zu leben *wünschen*. Natürlich nimmt jeder seine alltägliche Existenz wichtig. Unzufriedenheit, Verwirrung, Unsicherheit und all die Emotionen der niederen Ebenen wie Habgier, Neid, Eifersucht und Angst werden durch Situationen hervorgerufen, die sich auf den Arbeitsplatz, das Geldverdienen, das Verhältnis zu Familie und Nachbarn, auf Machtstreben, Glaubensinhalte und Begierden beziehen. Aus diesem Stoff entsteht dann die selbstgeschaffene Struktur der Gemeinschaft. Diese Art der Gesellschaft oder Gemeinschaft erhält ihre Form durch Gedanken, und wenn wir in dieser Beziehung ganz ehrlich sind, dann gründet sie sich auf unsere Egozentrik. Anstatt daß sich der Mensch darauf konzentriert, seinen Lebensunterhalt zu verdienen und ein vernünftiges Maß an Sicherheit zu schaffen, streben viele nur eine Stellung an, die der ihres Nachbarn überlegen ist. Sobald sie dann ein klein wenig mehr erreicht haben, verzehren sie sich in dem Verlangen, immer mehr zu erreichen, und kümmern sich nicht viel darum, wie ihre Nachbarn zurechtkommen. Die meisten Menschen wünschen sich Ansehen, eine gute Position und Macht, weil die meisten in Wahrheit egozentrisch sind. Diese Ichbezogenheit gehört zu den destruktiven Faktoren der Gesellschaft, denn sie spiegelt ein Verlangen nach Macht und Autorität, das wiederum einen Machtpolitik-Komplex erzeugt.

Der Mensch braucht die Beziehung zur Gesellschaft, aber er

muß die richtige Art dieser Beziehung finden. Worauf beruht eine solche Beziehung? Wenn die meisten nur daran interessiert sind, ihren gesellschaftlichen Status zu verbessern oder ihre finanzielle Sicherheit zu fördern, dann kann sie nicht auf Liebe zu den Menschen beruhen. Würde dieser Beziehung tatsächlich Liebe zur Gemeinschaft, gegenseitige Liebe, zugrunde liegen, dann müßte sich unwandelbares Glück, Frieden, Harmonie und eine soziale Ordnung auf hohem Niveau entwickeln. Wenn wir uns vorstellen, daß jedes Mitglied der Gemeinschaft von gleichem Denken, von gleich starker Liebe und Achtung erfüllt ist, müßte es dann nicht so sein, daß es keine Feindseligkeiten mehr gibt, daß kein Mensch mehr das Bedürfnis hat, zu dominieren, wodurch immer wieder Eifersucht, Wut und Zorn erregt werden? Es gäbe dann aber auch keinen Anreiz mehr für Initiative, für Wißbegierde und Forschungstrieb, also auch keine Schüler und Lehrer mehr, keine Führer, keine Menschen, die imstande sind, andere zu begeistern und zu inspirieren. Was würde unter diesen Umständen aus unserem natürlichen Selbstschutz-Instinkt und aus unseren persönlichen Ideen? Was würde aus den religiösen, den nicht ganz so gläubigen und den ungläubigen Menschen? Würde sich die Gemeinschaft nicht nach unten orientieren, sich ihren schwerfälligsten und phantasielosesten Mitgliedern angleichen?

Wenn wir also in einer Gemeinschaft zusammenleben, sei sie religiöser Art oder nicht, sei es auf kommerzieller Grundlage oder in einer Landwirtschaftskommune, dann werden die naturgemäß differierenden Ansichten der Mitglieder irgendwann einmal automatisch zum Konflikt führen und den Menschen früher oder später von seinem Nächsten trennen. Das ist in der Familie nicht anders als in einer Nation. Das große Problem ist also, ob wir überhaupt in einer statischen Gesellschaft leben könnten. Auch wenn es idealistisch erscheinen mag, so lautet die Wahrheit dennoch, daß keine Gesellschaft überleben kann, wenn sie aufhört, progressiv zu sein, denn wenn eine Gemeinschaft erfolgreich sein soll, dann muß sie ironischerweise erst einmal eine Revolution in jedem einzelnen bewirken. Überall in der Welt sind Kämpfe im Gange, die in der Hoffnung begonnen wurden, Sozialreformen und sogenannte Freiheiten durch kommunistische Bestrebungen und andere Methoden herbeizuführen, aber in jedem Fall wurde die Aktion ausschließlich im Hinblick auf die *äußeren* Strukturen, auf die äußere Lage und den äußeren Besitz des Menschen unternommen. Wie aufrichtig und radikal eine solche Revolution auch sein mag, schon aufgrund ihres Charakters sind ihre Errungenschaften (wenn es überhaupt dazu kommt) zum Scheitern verurteilt. Ihr Nutzen muß kurzlebig sein oder Ausnahme bleiben, weil man nicht die innere Revolution im einzelnen anstrebte, um eine psychologische Verwandlung herbeizuführen. Wenn man also eine Gesellschaft schaffen will, die nicht roboterhaft und nicht statisch ist oder einfach nach Verordnungen und Richtlinien lebt, dann ist es wichtig, daß jeder einzelne zur Veränderung seiner Ideale, Gedanken, Ambitionen und der allgemeinen Richtung seiner Weiterentwicklung bereit ist. Es wäre völlig sinnlos, ohne eine solche *innere* psychologische Revolution nur eine Änderung der äußeren Umstände anzustreben. Das aber ist typisch für eine statische Gesellschaft. Ganz gleich, wie weise und fortschrittlich ihre Gesetzgebung sein mag, die Gesellschaft bleibt im Stadium des Verfalls und der Unzulänglichkeit, weil Fortschritt und Revolution immer von innen ausgehen müssen und sich nicht nur im Äußeren abspielen dürfen.

Jede äußere Aktion, ganz gleich wie oft sie wiederholt oder wie perfekt sie ausgeführt wird, kommt mit der Zeit zu einem Ende, weil die äußere Welt statisch ist. Die äußeren Aktivitäten einer Gesellschaft mit ihrem Bedürfnis, etwas zu erzeugen und immer wieder aufs neue zu erzeugen, beansprucht den Menschen völlig und verurteilt ihn daher zum Stillstand und macht ihn zum Roboter. Dieser quälende und chaotische Zustand hält so lange an, bis der Mensch erkennt, daß eine bleibende schöpferische Revolution nur in ihm selbst beginnen kann, nicht in der Gesellschaft und niemals im Äußeren. Wir sind ständig Zeuge, wie unsere Gesellschaft verfällt und sich auflöst. Wir reagieren darauf, indem wir uns immer mehr auf die Hilfe von Architekten, Designern, Baumeistern, Politikern und religiösen Beratern verlassen. Dennoch setzt sich der Niedergang der Gesellschaft fort, und nach jeder revolutionären Bestrebung herrschen bald wieder die selben Verhältnisse wie davor. Wenn wir erkennen wollen, was da zugrunde geht, warum wir scheitern müssen, und wenn der Verfall verhindert werden soll, müssen wir in uns selbst die äußere Struktur sehr sorgfältig untersuchen. Wir müssen aufhören, uns auf die Architekten draußen zu verlassen und müssen anfangen, auf die inneren Baumeister zu achten.

Mit anderen Worten, wir müssen die wahre Natur der Welt draußen erforschen und erkennen, weil die Probleme, die den Verfall des äußeren Körpers hervorrufen, die gleichen Probleme sind, die auch die Außenwelt berühren. Jedes Land dieser Welt wird von einem Volk von Nachahmern bewohnt. Wir kopieren alles in unserer Außenwelt, das heißt, wir ahmen nach, was bereits existiert und schon immer existiert hat. Wir wissen nicht, wie man innerlich kreativ sein kann. Wir kopieren die Techniken anderer, wenn wir miteinander Kontakt aufnehmen, wir kopieren die Worte von Lehrern und Pfarrern. Unser gesamtes Erziehungssystem, unser Sozialverhalten und unsere Religionsausübung, das alles beruht auf Nachahmung. Wir haben aufgehört, unverfälscht wir selbst zu sein. Wir leben in einer roboterhaften Gesellschaft, weil wir uns immer auf konditionierte Reaktionen verlassen. Überall auf der Welt gibt es Gesellschaften und Religionen »nach Modell«. Dadurch kommt es zu sich stets wiederholenden Reaktionen, die ausschließlich davon geprägt sind, ob der Betreffende ein Katholik, Protestant, Hindu, Buddhist oder Tao-Anhänger, oder aber ein Schotte, Engländer, Deutscher oder Franzose ist. Alle Reaktionen dieser Art beziehen sich nur auf den Charakter bestimmter Teile der Welt und auf das entsprechende Gesellschaftsmodell. Die Probleme jedes einzelnen sind gewaltig und komplex. Will er sie verstehen und lösen, muß er zuerst erkennen, daß die Probleme der Welt ganz genau so komplex und gewaltig sind, ja daß es sich sogar um die selben Probleme handelt. Alle betreffen *scheinbar* die Außenseite. In Wahrheit gibt es keine Probleme in der äußeren Welt, die Probleme liegen immer nur im Menschen selbst.

Auch wenn es notwendig ist, daß der Mensch diese Welt durchläuft, braucht er nicht Teil davon zu sein. Die Außenseite, die Sinnenwelt, ist die Welt von Millionen Menschen, von denen jeder einzelne seine eigenen speziellen Probleme, Ängste, Emotionen und Wünsche hat, in jedem Fall sind sie ein wenig anders und ganz persönlich. Der Mensch besitzt keinerlei Kontrolle über die äußere Welt, aber er besitzt immer die volle Kontrolle über seine innere Welt. Nur wenn er die Kontrolle über diese innere Welt verliert, wenn er seinen eigenen Ängsten, Befürchtungen, Emotionen und Begierden freien Lauf läßt, wird ein Konflikt geschaffen. Die Welt ist nichts als eine Ansammlung von Gegenständen, von Sinnendingen, und der Mensch ist im wesentlichen eine Ansammlung von Gefühlen. Probleme und Disharmonien entstehen, wenn die Gefühle des Menschen sich mit den Dingen dieser Welt verbinden. Ich erinnere wieder an Buddha: »Festhalten ist Leiden«. Wenn der Mensch der Welt der Sinne verhaftet ist, durchläuft er drei Zustände:

1. unaufhörliche Veränderung,
2. die Unwirklichkeit des (materiellen) Ego-Geistes,
3. Leiden.

Die Sinne des Menschen, Sehen, Hören, Riechen, Fühlen und Schmecken verlangen nach den sinnlichen Erfahrungen, die den Dingen der Welt abzugewinnen sind. Rufen Sie sich den Gedanken zurück, daß das Leben einer »Sache« nur so lange dauert, bis die Erfahrung daraus gewonnen ist. Danach existiert das Ding, das Objekt, nicht mehr. Es ist in Wahrheit nichts als eine Illusion, aber das sich stets wiederholende Verlangen der Sinne nach der sinnlichen Erfahrung erfordert die täglich neue Anstrengung. Durch das unaufhörliche Verlangen wird auf unsere Mittel und auf unsere Fähigkeiten Druck ausgeübt, damit die Versorgung aufrechterhalten bleibt. Die Folge ist, daß zwei Grundängste sichtbar werden. Die eine ist die

Angst, daß unsere Vorräte nicht ausreichen könnten. Zeigt sich, daß das nicht zutrifft, dann erscheint die andere Angst, nämlich der weit verbreitete Gedanke an die Möglichkeit, Dinge und Mittel zu verlieren, die wir bereits besitzen.

Die Lösung für diese alltäglichen Ängste hat nichts damit zu tun, ob ein Defizit oder Überfluß an Dingen besteht, die wir für unsere Zufriedenheit und unser Wohlbefinden für wichtig halten oder ob wir Schwierigkeiten haben, unsere Versorgung zu sichern. Die Lösung liegt vielmehr beim Urheber dieser Probleme, und das sind wir selbst. Ehe wir nicht die Natur der Welt verstehen, das heißt, die Dinge, mit denen sie uns in Versuchung führt, und die Natur jenes Aspektes in uns selbst, der dieser Versuchung ausgesetzt ist, wird es sehr schwer sein, sich dem Zugriff der Sinnenwelt zu entziehen. Die Dinge der Welt und der momentane Genuß, den unsere Sinne daraus gewinnen, sind nicht real, nicht wesentlich. Dem Menschen bleibt am Ende immer nichts als eine Erinnerung an die sinnliche Erfahrung. Diese Dinge bestehen aus dem Stoff, aus dem die Träume sind. Sie sind nichts als eine kurze Wellenbewegung in unserem menschlichen Geist. Und ihre Bedeutung? Sie haben überhaupt keine Bedeutung. Und der Zweck? Es gibt keinen Zweck. Es gibt nichts als den kurzen Augenblick des Vergnügens, dann ist nichts mehr davon übrig. All die Sorge und Mühe, um die Dinge zu bekommen, bleibt in uns erhalten, denn es gibt ja keine Befriedigung, keine dauernde Erfüllung. So sind wir gezwungen, immer weiterzumachen, uns immer im Kreis zu bewegen, wie die Maus in ihrem Laufrad.

Das heißt jedoch nicht, daß wir die Trennung von der Welt anstreben sollen. Wir brauchen diese Welt, die Gesellschaft und die Beziehungen, die wir eingehen. Die Welt selbst ist nicht das Problem, ebensowenig die Dinge, die uns so verlockend erscheinen. Das Problem, ich wiederhole es, sind wir selbst. Es ist keine Lösung, wenn wir versuchen, uns von der Welt der Dinge zurückzuziehen, weil wir in der Isolation nicht leben können. Zur Wahrheit zu kommen heißt, eine Verbindung zu haben, die aber mit einem Verständnis für die Natur unseres Aufenthaltsortes und für unsere eigene Natur einhergeht. Während es also ein Leben in Isolation nicht geben kann, verursacht das Fehlen der *richtigen Beziehung* Elend, Angst und Konflikte, wozu auch Neid, Eifersucht, Habgier, Mißtrauen und Egoismus gehören. Unser Verhältnis zur Welt ist nur insofern von Bedeutung, als wir dadurch eine Veränderung, eine Revolution, bewirken können, um aktiv die richtige Beziehung zur Außenwelt zu gestalten. Die echte innere Revolution geschieht nicht in Übereinstimmung mit einer bestimmten Methode, nach dem Vorbild einer Schrift oder eines Lehrers. Es handelt sich dabei um eine Revolution von *Werten,* um einen Austausch sinnlicher Werte gegen solche, die nicht durch vergängliche Erfahrungen, durch Umweltreize oder -einflüsse erzeugt werden. Um diese wahren Werte zu finden, die eine radikale Veränderung oder Erneuerung herbeiführen, ist es unbedingt erforderlich, daß wir bei uns selbst beginnen. Alle Probleme dieser Welt, alle unsere Probleme, liegen in uns selbst. Selbsterkenntnis ist der Anfang der Wahrheit, der erste Schritt auf dem Pfad zum inneren Selbst. Um sich selbst zu kennen, muß man gewillt sein, *alles* über sich selbst zu akzeptieren.

Darin liegt die größte Schwierigkeit. Natürlich strebt jeder nach Veränderung, weil fast jeder unzufrieden und voller Angst und Unsicherheit ist. Unzufriedenheit und scheinbare Ungerechtigkeiten sind die Ursache, daß wir den Sinn des Lebens, die Existenz Gottes, die Maßstäbe anderer Menschen in Frage stellen. Unzufriedenheit kann uns eine Zeitlang den nötigen Antrieb geben, daß wir den Entschluß fassen, die Ursachen unserer Unzufriedenheit zu überwinden. Da wir uns aber für diese Unzufriedenheit Ventile geschaffen haben (wobei wir wieder die gleichen Motive und Methoden benutzen und hoffen, bessere Ergebnisse zu erzielen), geben wir schließlich die Hoffnung auf und verlieren den Schwung. Deshalb ist es so wichtig, daß wir beginnen, uns selbst zu entdecken. Selbst-Erkenntnis kann nie durch ein Buch, durch religiöse Schriften oder durch die Worte eines Freundes oder Lehrers übermittelt werden. Ohne zu wissen, was wir sind, ohne die wahre Natur unserer Motive zu kennen, ohne wahrzunehmen, welcher

Aspekt in uns die Suche aufgenommen hat, gibt es keine Basis für das richtige Suchen.

Die Schwierigkeit liegt darin, sich so zu sehen, wie man wirklich ist, und nicht, wie man sein möchte, denn das wäre nichts als Traum und Phantasie, unwirklich und eitel. Denken Sie daran, daß nur der Teil von Ihnen, der wirklich *ist,* der unangenehme Teil, verwandelt werden kann. Was Sie sein möchten, ist unwirklich. Machen Sie sich niemals ein Bild davon, wie Sie sein möchten. Das wäre nichts anderes als eitler Ehrgeiz. Versuchen Sie niemals, eine bestimmte Verhaltensweise zu befolgen oder ein Verhaltensmuster zu entwickeln, denn damit setzen Sie sich Grenzen und schaffen Beschränkungen. Wenn Sie wissen wollen, wer oder was Sie wirklich sind, dann dürfen Sie nicht zuerst ein Modell von dem entwerfen, was Sie nicht sind. Die Beweglichkeit des Geistes muß immer erhalten bleiben. Sie müssen immer den Mut aufbringen, den Dingen ins Auge zu sehen und zu erkennen und zu akzeptieren, was an Ihnen nicht in Ordnung ist. Setzen Sie sich ruhig hin und denken Sie nach über Ihre Handlungen und das Ihnen bekannte Verhalten. Es erfordert eine ungewöhnliche Vorstellungskraft, selbst zu erkennen, daß man habgierig, egoistisch, gewalttätig, von Begierden erfüllt, egoistisch, mißtrauisch, eifersüchtig, neidisch, autoritär oder boshaft ist. Es erfordert aber auch Aufrichtigkeit, Mut und Klarheit im Denken. Wachsamkeit ist notwendig, um zu erkennen, wann der äußere Geist des Menschen Ausflüchte für all das Häßliche sucht.

Zu akzeptieren, was Sie sind, ob das nun schlecht, böse und unehrlich oder gut und schön ist, bedeutet den Beginn der Verwandlung. Tugendhaftigkeit oder sittliches Bewußtsein beginnt sich zu entwickeln, und das ist die Voraussetzung für die richtige spirituelle Führung. Es weckt das Gewissen, das schnell jede falsche Einstellung und jedes unanständige Verhalten erkennt. Das sittliche Bewußtsein erkennt die Wahrheit und wird sofort auf dem Weg über das Gewissen eine Warnung aussenden, wenn die Wahrheit mißbraucht oder ignoriert wird. Wenn wir einen unmoralischen Menschen verstehen wollen, dann können wir ihn mit Hilfe unseres sittlichen Bewußtseins betrachten und prüfen, ohne ihn zu verurteilen. Jemanden zu verurteilen heißt, dessen Gedanken, Motive und Gründe für seine Handlungsweise nicht zu kennen. Das sittliche Bewußtsein erlaubt uns zu erkennen, daß jeder Mensch Gottes Sohn ist. Wir müssen lernen, diesen Aspekt wahrzunehmen und zu verstehen, daß er unvermeidlicher Bestandteil alles Lebendigen ist. Beobachten Sie die Handlungs- und Ausdrucksweise anderer Menschen, den Gebrauch der Worte, ihre Empfindlichkeiten, ihre Gefühle. Wenn man einen Menschen verurteilt, dann heißt das, daß man keinerlei Verständnis für ihn aufbringen kann, nicht einmal für einen Aspekt seines Handelns.

Die grundlegende Revolution in uns selbst entsteht nicht direkt durch Wissen oder durch die gesammelten Erfahrungen, sie kulminieren nur in Erinnerung. Selbsterkenntnis ist eine allmähliche, fast unmerkliche Entwicklung. Wenn wir uns entschließen, Wissen zu sammeln, dann entwickeln wir lediglich ein System oder Methoden, aus denen sich schließlich ein statisches Zentrum entwickelt, das verhindert, daß ein tiefergehendes Verständnis zustandekommt. Zu verstehen, was *ist,* was wir wirklich *sind,* setzt einen geistigen Zustand voraus, bei dem es keine Identifizierung mit bestimmten Merkmalen in uns gibt und keine Verurteilung dessen, was wir in anderen beobachten, sondern wir dürfen nur verurteilen, was in uns selbst eine solche Verurteilung rechtfertigt. Wenn ein echtes, tiefes Bedürfnis vorliegt, sich selbst zu begreifen, wenn unser Interesse daran ganz intensiv ist, dann entwickelt sich der richtige innere Zustand.

Priester, Lehrer, barmherzige Samariter und auch Philosophen können ohne Schwierigkeiten ein System oder eine Methode für Sie ausarbeiten, aber denken Sie daran, daß ein jedes System eine starre Schablone ist. Jedes System hat seinen eigenen Ausgangspunkt und muß deshalb zu einem vorhersehbaren Ergebnis führen, das diesem Modell angemessen ist. Wenn ich aber einem bereits festgelegten System oder Modell folge, um mich selbst kennenzulernen, dann müssen die Ergebnisse sich notwendigerweise auf die Grundzüge dieser Methode beschränken, und das bedeutet, daß ich mich nur *teil-*

weise kennenlernen werde. Das wäre die Folge, weil ich mein Denken, mein Handeln und meine Reaktionen streng nach der Methode ausrichten würde. Selbst wenn ich diese Methode gewissenhaft anwenden würde, wäre das Resultat nicht unbedingt ein größeres Selbstverständnis, sondern es würde damit lediglich bewiesen, daß ich imstande bin, einer Methode gewissenhaft zu folgen. Viele gute, aufrichtige Menschen richten sich unwissentlich nach einer Schablone. Sie gehen regelmäßig zur Kirche und lesen die Bibel, den Koran, den Talmud, die Bhagavadgita und so weiter. Sie hören die vorgeschriebenen Worte der Gebete und eine Predigt, die sie im Gedächtnis behalten und über die sie nachdenken können. Diese Menschen sind innerhalb der Grenzen oder der Schablone der Schriften gefangen. Sobald sie sich erst einmal im Zugriff der Schriften – der Worte – befinden, ist es für sie außerordentlich schwierig, die Freiheit wiederzuerlangen. Die Worte werden zu Gefängnismauern. Worte sind nichts als einzelne Bestandteile von Wissen, das die Hirnzellen füllt. Viele Menschen haben das Gefühl, sie müßten zur Kirche gehen, weil es nichts anderes gibt, wohin sie sich wenden könnten. Die Kirche ist voll von Statuen, Büchern, Schriften und Symbolen, zu denen sie beten. Das erinnert mich an die wahre Geschichte eines berühmten buddhistischen Mönches. Eines Morgens fand man ihn, als er am Straßenrand saß und Blumen um einen Meilenstein legte. Er begann den Meilenstein zu verehren und anzubeten. Ein anderer Mönch kam vorbei, blieb stehen und sagte: »Du Narr, was machst du da? Das ist keine Statue des Buddha.« Der erste Mönch antwortete ihm: »Wenn du das Bedürfnis hast zu beten, dann ist alles eine Buddha-Statue.« Damit ist gesagt, daß es keine bestimmte Methode gibt, Selbsterkenntnis herbeizuführen. Alle Methoden gehören zur Außenseite. Der Vorgang der Selbsterkenntnis hat viel Ähnlichkeit mit der Anwendung des spirituellen Heilens. Auf meinen Reisen um die Welt habe ich mit eigenen Augen viele merkwürdige und bizarre Heilungsmethoden gesehen. Ich erinnere mich an einen Heiler, der die Heilkraft mittels einer Trompete in den Patienten »blies«. Ein anderer legte eine Plastikpuppe auf den betroffenen Körperteil und betete, daß das Leiden auf die Puppe übergehen und dem Kranken dadurch Erleichterung zuteil werden sollte. Wieder ein anderer lief im Kreis im Zimmer umher, sprang dann plötzlich hoch, zog die Heilkraft aus der Luft herab und übertrug sie auf den Patienten. Ebenso seltsam erschien mir der Heiler, der jeden Teil des Körpers seiner Patienten »kämmte«, um die disharmonischen Einflüsse herauszuziehen. Andere hatten sich darauf spezialisiert, Risse und Löcher in der »beschädigten« Aura zu flicken, um zu verhindern, daß die Lebensenergie aus dem Körper des Kranken ausfloß. Diese Techniken mögen sonderbar, komisch oder fanatisch erscheinen, aber das Erstaunliche daran ist, daß den meisten der kranken Menschen tatsächlich geholfen wurde; viele fanden sogar vollkommene Heilung. Den verschiedenen Techniken lag nicht in erster Linie der Gedanke an Heilung und Nutzen zugrunde, sondern der aufrichtige Wunsch des Heilers, diesen Kranken zu helfen. Die Aufrichtigkeit ist ein spirituelles Motiv, ebenso das Mitleid. Spirituelle Motive wie Mitleid sind reiner Ausdruck der Seele im Innern. Deshalb ging die Heilung von innen aus und wurde nicht durch die äußerlich demonstrierten Techniken herbeigeführt. Es gibt keine Technik, um Selbsterkenntnis zu fördern.

Das Leben selbst, ein jedes Ding und jede Seele, ist göttlich. Wo immer es Liebe, Aufrichtigkeit und Mitleid gibt, wo Sie auch sitzen oder stehen, wird der Ort zu einer Kathedrale. Wenn wir Systemen und Methoden folgen, brauchen wir Lehrer, Führer, Autoritäten, Gurus und Erlöser, von denen wir *erwarten,* daß sie uns alles garantieren, was wir ersehnen. Das kann unmöglich der richtige Weg zur Selbsterkenntnis sein. Die größten Lehrer können zwar den richtigen Weg nach vorn beschreiben, aber sie können diesen Weg nicht für Sie gehen. Wir können unter dem Schutz des Glaubens an einen Führer, Lehrer, Guru oder Meister zeitweilig ein Gefühl der Sicherheit, ein Gefühl, daß alles gutgeht, entwickeln, aber das wird niemals dazu führen, daß wir uns selbst vollkommen begreifen. Führung dieser Art schließt schon ihrem Charakter nach die

Möglichkeit der Selbsterkenntnis aus, weil dafür immer die vollkommene Freiheit des Selbst erhalten bleiben muß. Die vollkommene Freiheit ist das Wesentliche bei der Selbstwahrnehmung.

Selbsterkenntnis kann man nicht von anderen lernen. Wie die Wahrheit kann man sie auch nicht bewußt verwirklichen. Selbsterkenntnis oder Wahrheit ist ein *Seins*-Zustand. Damit diese »Revolution« zustandekommen kann, müssen alle Gedanken an gespeichertes Wissen, an Glauben oder die bewußte Bemühung, etwas zu erreichen, vollkommen verbannt werden. Ein Mensch, der sich bewußt ist, tugendhaft und sittlich zu sein, hat die Selbsterkenntnis nicht erreicht. Er mag ein sehr aufrichtiger, anständiger und wohlmeinender Mensch sein, aber das ist etwas ganz anderes als einer, der die vollkommene Freiheit gefunden hat und zur Selbsterkenntnis gelangt ist. Ein tugendhafter Mensch mag rechtschaffen und redlich sein, aber er kann unmöglich die Wahrheit gefunden haben, weil Tugendhaftigkeit für ihn bedeutet, ganz bewußt ein bestimmtes Niveau seines Verhaltens zu bewahren. Er hält mit seinem irdisch-menschlichen Geist ein bestimmtes Niveau moralischer Normen aufrecht und sorgt für deren Schutz. Er bemüht sich ganz *bewußt* um Tugendhaftigkeit. Aus diesem Grund sagte Jesus: »Selig, die arm sind vor Gott« (Matth. 5,3). Das bezieht sich nicht nur auf die Dinge und Besitztümer dieser Welt, sondern auch auf Glaubensvorstellungen, Kenntnisse, Begierden und Ambitionen. Ein Mensch, der reich an irdischen Gütern oder reich an Wissen und Glaubensinhalten ist, dem Lehrer und Informationen durch die Schriften zur Verfügung stehen, ist weit von der Selbsterkenntnis entfernt. Er wird vielmehr Konflikte, Zweifel und Leiden anziehen.

Wer Selbsterkenntnis verwirklicht hat, versteht die Angst nicht mehr. Angst existiert nur für den Menschen, der noch bestimmte Glaubensvorstellungen, gespeichertes Wissen und Ambitionen hat. Angst kann nur in Verbindung mit anderen Dingen existieren. So kann man beispielsweise Angst vor dem Tod haben, der Gedanke daran erscheint schrecklich. Wie aber kann jemand Angst vor etwas haben, das ihm völlig unbekannt ist? Der Mensch weiß, daß der Tod etwas Unvermeidliches, aber ihm *Unbekanntes* ist. Also kann er doch vor dem Unbekannten gar keine Angst haben! Ist es nicht eher so, daß der Mensch davor Angst hat, alles ihm *Bekannte* zu verlieren? Oder, um es anders auszudrücken: Erschreckt ihn die Vorstellung, seine Verbindung zu den ihm bekannten Dingen zu verlieren, zu den Dingen, die er auf vielerlei Weise besessen hat? Die Dinge dieser Welt sind wiedererkennbare Faktoren, die uns aufregende, befriedigende und zeitweise auch tröstliche Erfahrungen vermitteln. Sie geben uns ein Gefühl von Macht und Sicherheit. Sie verleihen uns Ansehen, Rang und Würde und sorgen für unser Bankguthaben. Diese greifbare Welt wirkt auf uns ermutigend und beruhigend. Es ist eine Welt, für die wir vielleicht im Verlaufe vieler Leben konditioniert worden sind. Es ist eine Welt wiedererkennbarer Wissens- und Glaubensinhalte, eine Welt von Begierden, die mühelos befriedigt werden können, eine Welt der Religionen, Meinungen und Ideen, die uns ein Gefühl der Kontinuität der Beziehungen zu allen uns bekannten Dingen schenken. Daher hängt die Angst des Menschen im Grunde doch mit dem ihm *Bekannten* zusammen, und es schreckt ihn der Gedanke, Dinge zu verlieren, mit denen er verbunden ist. Zwei Hauptängste bestimmen das Leben eines solchen Menschen. Das eine ist die Angst, die Dinge zu verlieren, an denen er hängt, das andere ist die Angst, die Dinge nicht zu bekommen, die er sich wünscht. Wenn der Leser das Vorstehende ernsthaft betrachtet, wird er erkennen, daß das Unbekannte die Realität ist – das absolute Selbst. Der an die Materie gefesselte Mensch hat keineswegs Angst vor der vollkommenen Freiheit, die tief in ihm verborgen ist, ganz einfach, weil sie ihm völlig unbekannt ist.

Feste Glaubensinhalte können viele Ängste hervorrufen. Alle Religionen sind Ansammlungen von Glaubensvorstellungen. Priester vermitteln allen religiös gebundenen Menschen Glaubensvorstellungen über die rettende Gnade und Barmherzigkeit von Jesus, Buddha, Krischna oder anderer Meister. Die Menschen klammern sich an diese Vorstellungen, aus denen Bilder werden, und sie beten zu diesen Bildern, weil ihnen das ein Gefühl des Trostes und der Sicherheit vermittelt. Droht ein Fehlschlag, besteht die Gefahr, einen Menschen zu verlieren, der uns lieb geworden ist, oder haben wir das Bedürfnis nach Selbstschutz, dann wenden wir uns einem solchen Bild zu. Viele Menschen, die keine letzte Erkenntnis und keinen konkreten Beweis für die Realität ihrer Glaubensvorstellungen haben, fürchten sich dennoch davor, ihren Glauben zu verlieren. Sie haben deshalb Angst vor allem, das heißt, vor jedem, der ihr Vertrauen in diesen Glauben stören oder schwächen könnte. Angst existiert immer, wenn man Dinge und Glaubensinhalte sammelt. Verlangen nach etwas, Glauben an etwas, ist immer Teil eines Speicherungsprozesses, und deshalb entsteht auch während und nach solchen Vorgängen Angst. Wenn immer der Mensch Dinge im äußeren Bereich ansammelt, speichert er zugleich konflikterzeugende Emotionen wie Habgier, Zorn, Eifersucht, Neid, Egoismus und Mißtrauen. Wenn er aber auf der inneren Ebene, auf dem Weg über den irdisch-menschlichen Geist, etwas ansammelt, wenn er also Glaubensvorstellungen, Wissen, Methoden und Dogmen speichert, werden die gleichen Schmerzen und Zweifel erzeugt. Deshalb ist die Angst vor dem Unbekannten in Wirklichkeit Angst vor dem Verlust gespeicherten Wissens über Dinge, vor dem Verlust von Glaubensinhalten und anderen Bindungen. Angst entsteht auch, wenn wir uns streng an eine bestimmte Lebensweise halten. Ein solches Lebensmodell ist in Wahrheit eine Bindung an vorgefertigte Gedanken, an Dinge, an eine bestimmte Gottesdienstordnung, an einen Wohnstil oder an gewisse Annehmlichkeiten. Angst oder Konflikt entsteht auch, wenn es uns nicht gelingt, ein angestrebtes Niveau zu erreichen, das wir uns schon vorher im Kopf genau zurechtgelegt haben. Wenn ein Mensch bestimmte Ansprüche im Hinblick auf seine Lebenshaltung, auf Ansehen und Anerkennung stellt, dann läßt auch das Angst erkennen. Der erleuchtete Mensch, der mit der Natur der Welt und mit der Natur des Menschen vertraut ist, lebt ohne Angst, weil er sich durch keinen äußeren Weg verführen läßt. Er kennt nur einen Weg und weiß, daß alle anderen Wege illusionär, oberflächlich und endlich sind und deshalb in den Bereich des Ego-Geistes gehören.

Sollte der Leser sich an dieser Stelle plötzlich dazu entschließen, unter allen Umständen sein persönliches Lebensmodell zu ändern, weil er sich *wünscht,* frei von Angst zu sein, dann tauscht er lediglich seine bisherige Lebensweise gegen eine andere ein, die aber weiter Ängste erzeugen wird, diesmal eben nach dem neuen Modell. Der Leser sollte sich einprägen, daß jedes *Verlangen* nach *Veränderung* nur eine Veränderung der Verhältnisse bewirkt, daß es sich dabei aber nur um die Veränderung der äußeren Verhältnisse handelt. Wie also wird der Mensch frei von seinen Ängsten, wenn er die Verhältnisse nicht ändern kann? Denken Sie zuerst daran, daß jede Aktivität, die der Veränderung der äußeren Bedingungen dient, keine Änderung in bezug auf den Ursprung der Ängste schafft. Jede Handlung muß als ein physischer Versuch angesehen werden, weil auch Gedanken etwas Physisches sein können. Ich bitte den Leser, innezuhalten und nachzudenken oder auch zu meditieren, bis er erkennt, daß der menschliche Geist selbst das *Modell* ist. Jede Form des Begehrens ist eine Sucht, die vom menschlichen Geist erzeugt wird, und dieser irdisch-menschliche Geist ist selbst die Angst, die er hervorgebracht hat, deshalb erfährt er sich selbst. Versucht man also, *diese* Ebene des Geistes zu nutzen, dann erzeugt man immer aufs neue (vielleicht unter verschiedenen äußeren Bedingungen, aber immer gleich konfliktreich) mit demselben Material dieselben Begierden, dieselben Aktivitäten und Reaktionen und dieselben Ängste.

Kapitel 5

Die Natur des Geistes

Warum werden wir immer wieder in Probleme verstrickt? Alles in unserem Leben, ob Geld, Arbeit, Beziehungen, Religion und Geldverdienen, schafft uns immer wieder Probleme. Warum ist das Erdenleben (und nur dieses Leben) immer mit Schwierigkeiten und Ängsten verbunden? Trotz unglaublicher Fortschritte in der Technologie, die das Leben daheim, in den Betrieben, an den Freizeitorten und in den medizinischen Zentren verbessern sollen, bleibt immer das Gefühl eines *Mangels* zurück, ein Gefühl der Unzulänglichkeit. Es scheint, als ob wir niemals die vollkommene Befriedigung erreichen. Trotz der Fortschritte in der Medizin gibt es immer noch so viele Anzeichen für körperliche Gebrechen und Leiden, für Geisteskrankheit, Streß und Unglück. Krankheit oder die Gefahr einer Erkrankung beherrscht das Denken vieler Menschen. Könnte der Grund darin liegen, daß wir, die Bürger und die Wissenschaftler, vom gleichen festgelegten Gesichtspunkt aus denken und handeln, das heißt also, aufgrund des immer gleichen Standpunkts beobachten, handeln und reagieren? Wir gehen immer vom Intellekt oder vom irdisch-menschlichen Geist aus und zielen auf Aktivität im äußeren Bereich. Mit anderen Worten, wir verlassen uns auf die Peripherie, auf die Außenseite oder den Ego-Geist, wenn wir zu Ergebnissen kommen wollen.

Man bezeichnet die Peripherie oft als die flüchtige Welt. Alles in ihr ist vergänglich, ohne tiefen Gehalt. Deshalb sind auch alle Reaktionen oberflächlich. Der lebendige, beseelte Mensch ist keineswegs so oberflächlich. In sein Leben ist der »ganze Mensch« mit einbezogen: Körper, irdisch-menschlicher Geist und das tiefere innere Bewußtsein oder absolute Selbst. Die meisten Menschen leben nur durch ihren Körper und durch die Kräfte des menschlichen Geistes. Das bewirkt, daß sie an der Oberfläche bleiben, weil nur ein Teil von ihnen lebt, nämlich der Teil, der immer von der Peripherie aus und auf die Peripherie zu denkt. Alles, was von der Peripherie aus geschaffen wird, ist ein Problem, weil es im Oberflächlichen steckenbleibt. Probleme, Ängste und Begierden sind gleichbedeutend mit dem Oberflächlichen. Solange wir im Bereich des oberflächlichen menschlichen Geistes leben, werden wir es weiter mit Komplikationen, Problemen und Illusionen zu tun haben. Wenn wir aber vom Zentrum oder vom tiefen inneren Selbst aus leben und denken, sieht alles anders aus. Auch die Reaktionen sind anders, denn wenn man vom Zentrum aus lebt, dann ist der ganze Mensch in das Denken mit einbezogen. Vom Zentrum aus stirbt niemand, kann niemand sterben, weil hier der Tod nicht existiert. Wenn Sie aber in der Peripherie leben, dann sterben Sie, dann stirbt jeder. Der Tod ist die natürliche Reaktion auf jede Aktion, die an der Oberfläche der flüchtigen Welt stattfindet, weil es dort kein ewiges Leben gibt. Die flüchtige Welt ist etwa so dauerhaft wie ein »Hamburger«. Wie kann es etwas Ewiges in einer zeitlich begrenzten irdischen Welt geben? Das Oberflächliche oder der irdisch-menschliche Geist existiert als Ergebnis gespeicherter Empfindungen und Reaktionen. Er kann nie aufhören, sich an den Genuß des »Hamburgers« zu erinnern, doch diesem Genuß folgen immer Trübsal und Leere, weil ein solcher »Hamburger« (als Symbol für alle Dinge der Sinnenwelt) ein kurzes Leben hat und deshalb nur eine begrenzte Erfahrung bietet. Sinnesobjekte sind Teil der Peripherie, und jeder Aspekt der Peripherie muß früher oder später vergehen. Dieses Problem ist aber nicht in der Peripherie selbst zu suchen, sondern immer im menschlichen Geist, der es geschaffen hat. Dieser Geist arbeitet sklavisch Tag und Nacht für uns, aber er ist das oberflächlichste aller Dinge, der einzige Verursacher all unserer Probleme und Konflikte. Er erkennt nur die zeitlich-irdischen Dinge, und an diese klammert er sich. Daraus folgt unweigerlich, daß wir verletzt werden, daß wir Angst bekommen und enttäuscht sind, wenn sich herausstellt, daß die Dinge vergänglich sind. Konzentrieren Sie sich auf den Gedanken, daß der Mensch (und das heißt: Sie selbst) ein unvergängliches spirituelles Wesen ist. Der unvergängliche Mensch kann nicht sterben, es stirbt nur der Körper mit den im menschlichen Bewußtsein angehäuften Sinneseindrücken. Er ist schon viele Male gestorben, und er wird jedesmal wieder sterben, wenn er von der Sinnenwelt angezogen und Teil davon wird. Dieses Grundgesetz von der Anziehung ist der wesentliche Faktor, der das Gesetz der Wiederverkörperung in Gang setzt.

Einmal wird die Zeit kommen, da wir aufhören zu sterben. Diese Zeit wird da sein, wenn die sinnlichen Begierden überwunden sind, wenn wir nicht mehr das Bedürfnis verspüren, nach außen zu schauen, wenn wir beginnen, die Gedanken nach innen, auf das innere Wesen, zu richten. Nur dann stirbt der oberflächliche Geist. Merkwürdigerweise haben wir bisher ein ganzes Leben, viele Leben sogar, damit zugebracht, diesen Geist zu kultivieren. Dadurch ist er immer anspruchsvoller, stärker und raffinierter geworden. Schon von Natur aus ist der menschliche Geist dazu veranlagt, seine ganze List und Tücke und alle nur möglichen Täuschungsmanöver einzusetzen, weil er unfähig ist, der Wahrheit ins Auge zu sehen. Durch diese Tatsache werden unsere Probleme und Konflikte jedoch nicht hervorgerufen, sie *sind* vielmehr *selbst* das Problem.

Was ist eigentlich ein Problem, warum ist es ein Problem und was bewirkt es? Wie bereits erwähnt, kann ein Problem nur in Verbindung mit den Dingen der oberflächlichen Welt auftauchen. Nichts anderes kann eine Verbindung mit einem Problem eingehen. Wir wollen als Beispiel ein spezielles Problem betrachten, und zwar den Genuß von Alkohol. Stellt die *Handlung* des Trinkens das Problem dar, oder ist der *Gedanke,* der hinter dem Trinken steht, das Problem? Die Handlung kann gar nicht das Problem sein, weil sie erst *nach* dem Gedanken kommt. Wenn Sie den ganzen Tag an den Alkohol oder an irgend etwas anderes denken, weil Sie stets dieses Verlangen im Sinn haben, dann ist dies das Problem. Fragen Sie sich also selbst, ist die Handlung des Trinkens das Problem, oder ist es nicht vielmehr der Gedanke vor der Handlung? Warum können Sie diesen Gedanken nicht loswerden? Warum ist er das zentrale Thema in Ihrem Leben, wenn es doch so viele andere Dinge gibt, die Ihre Aufmerksamkeit erfordern? Der menschliche Geist zieht es vor, sich mit diesem speziellen Gedanken zu beschäftigen, weil er darin seine letzte Ausflucht sieht. Eine Möglichkeit ist, den Selbst-Geist mit seiner Anhäufung vielfältiger Verantwortlichkeiten und Pflichten den Dingen dieser Welt gegenüber zu vergessen.

Diese Dinge, eine Kombination aus Begierden und Ambitionen, können frustrierend wirken, sie entziehen sich unserem Zugriff und sind auf Dauer schwer festzuhalten. Um diese an sich unerreichbaren Dinge zu erreichen und zu sichern, kann der menschliche Geist unaufrichtig, hinterlistig und sogar aggressiv werden. Durch die erworbene Gewohnheit des Trinkens, durch Essen im Übermaß, durch Sex oder durch Drogen ist er imstande, für wenige Augenblicke die Last der Außenwelt zu vergessen. Der menschliche Geist kennt keine andere Möglichkeit, die angesammelte Belastung zu vergessen. Alle Aspekte unseres Lebens verleihen dieser aus äußeren Dingen zusammengesetzten Ebene scheinbare »Realität« und Gewicht. Unser Arbeitsplatz, das Bankkonto, die Verantwortung in der Familie, gesellschaftliche Verpflichtungen, nicht verwirklichte Ambitionen und Wünsche verschiedener Art, das alles gewinnt auf der Ebene des irdisch-menschlichen Geistes immer mehr Macht und Einfluß. Die einzelne Handlung des Trinkens, der sexuellen Betätigung oder des Drogenmißbrauchs erzeugt einen Augenblick der *Selbstvergessenheit.* Dieser eine Moment eröffnet einen bequemen Weg zum völligen Vergessen. Für einen Augenblick sind wir frei, sind wir glücklich. Alles, was außerhalb dieses einen Augenblicks liegt, ist ein Alptraum, eine Quelle der Angst und der Schmerzen. Deshalb klammern wir uns so lange wie möglich an diesen Augenblick oder wiederholen diesen Moment so oft wie möglich. Dieser Moment, den der menschliche Geist als Freude empfindet, wird irrtümlich für das Glück gehalten. Mit der Zeit entwickelt sich der Gedanke (ein sehr beunruhigender Gedanke), daß wir zum Sklaven einer Gewohnheit geworden sind. Das schafft einen zusätzlichen Konflikt, eine neue Angst, die zu den anderen Ängsten hinzukommt. Die tatsächliche Handlung des Trinkens, des übermäßigen Essens und so weiter ist nicht selbst das Problem. Sobald eine solche Handlung geschehen ist, könnte man sagen, daß einem einfach einmal »der Gaul durchgegangen« ist. Die danach folgenden quälenden Gedanken über die sich immer wiederholende Handlung werden jedoch zum Problem. Also beschließt der menschliche Geist, etwas dagegen zu unternehmen. Er wendet verschiedene Methoden an, die alle verhindern sollen, daß eine solche Handlung wieder geschieht. Er erreicht dadurch aber nur, daß die neue Methode in eine neue Abhängigkeit führt, weil Methoden dieser Art nichts anderes sind als Kunstgriffe des menschlichen Geistes, die auf genau derselben geistigen Ebene entstehen, die zuerst die Handlung veranlaßt hat. Alle Handlungen, die zur Gewohnheit geworden sind, ob es sich um Drogen, Trinken, Sex, Rauchen oder übermäßiges Essen handelt, stellen das gleiche Problem dar, und jede neue Methode, die man übernimmt, um die lästige Abhängigkeit zu überwinden, ist nur Teil des gleichen Problems. Der Grund dafür ist, daß das Problem im menschlichen Geist selbst liegt und nicht in der entsprechenden Handlung oder in der Methode, mit der man die Abhängigkeit verhindern will.

Zur Gewohnheit gewordenes Verhalten wird immer ein großes Problem bleiben, solange wir die Natur des menschlichen Geistes nicht erkennen, der genau dieses Problem gerade erst dadurch schafft, daß er sich damit beschäftigt oder Verlangen danach hat. Es kann gar nicht genug betont werden, daß der physische Akt selbst nicht das Problem ist, sondern nur der drängende Gedanke, der ihm vorausgegangen ist. Alle Handlungen sind nur physische Reaktionen auf die im menschlichen Geist entstandenen Anhäufungen äußerer Dinge. Natürlich ist es möglich, durch Konzentration und Denken eine bestimmte Sucht zu unterdrücken, aber dieser eine Erfolg beseitigt nicht die Quelle aller anderen Abhängigkeiten oder Bindungen, weil diese Quelle der gesamte Bereich des aus einer Akkumulation äußerer Dinge gebildeten irdisch-menschlichen Geistes ist. Diese Quelle kann nur ausgeschaltet und zum Versiegen gebracht werden, wenn wir die Natur des Ich oder die Geisteshaltung »Das ist mein« voll und ganz erkannt haben. So ist zum Beispiel die Überwindung der Trunksucht nur ein kleiner Sieg über den irdisch-menschlichen Geist, der die vollkommene Freiheit besaß, Informationen und Erfahrungen aus unzähligen oberflächlichen Ereignissen zu speichern. Man hat damit sozusagen einen einzigen Tropfen aus einem ganzen Ozean genommen. Solange der menschliche Geist weiter seinen Ambitionen, seinem Verlangen nach Macht, Reichtum und Autorität nachgehen kann und durch die irdischen Dinge immer neue Nahrung erhält, werden wir es weiterhin mit all den Problemen der oberflächlichen Welt zu tun haben, mit Angst, Mißtrauen, Zorn, Zweifel, Unsicherheit und Eifersucht. Im Gegenzug wird der menschliche Geist weiterhin stets Möglichkeiten zu Augenblicken der Selbstvergessenheit finden. Der Betroffene führt in Wirklichkeit ein Leben in Widersprüchen. Da ist einmal der Einfluß des Ego-Selbst, das die oberflächlichen Dinge speichert. Im Gegensatz dazu stehen die verschiedenen Methoden, ein paar Augenblicke des Selbstvergessens zu finden, um den Problemen des »Festhaltens an den Dingen« zu entkommen. Dieser widersprüchliche Zustand ist der Hauptgrund, weshalb das Leben so kompliziert ist, daß es fast unmöglich scheint, es je zu begreifen. Noch schwieriger ist es, befriedigende Mittel und Wege zu finden, die aus diesem Dilemma herausführen. Es gibt viele wohlmeinende Menschen, die sich ernstlich nach einem ruhigen, friedlichen Dasein sehnen, doch trotz ihrer vielen guten, ja sogar spirituellen Bemühungen wird ihr Leben allzu oft zu einem Alptraum. Sie geraten in Verwirrung, sind enttäuscht, oft verbittert über die scheinbaren Ungerechtigkeiten. Das Problem ist wieder das Leben in Widersprüchen: In gutem Glauben versucht der Mensch, Dinge zu erreichen, die er als Voraussetzung für ein bequemes Leben betrachtet, aber er versäumt es, die Art der Bindung an diese Dinge zu erkennen. Die Dualität des Widerspruchs kann nicht auf der Ebene des menschlichen Geistes gelöst werden, weil gerade dieser menschliche Geist selbst das Problem, den Zustand des Widerspruchs in sich, darstellt.

Dieses Stadium des Widerspruchs ist nur zu verstehen, wenn man den »ganzen Menschen« begreift. Dazu gehört auch der ganze Sinn des Lebens, die ganzheitliche Natur des Menschen und der Welt und die Beziehung des menschlichen Geistes zu den Dingen der Welt. Der Mensch hat sein bisheriges Leben lang (eigentlich sind es viele Leben) durch das falsche Ende eines feststehenden Teleskops geschaut. Er ist der Ansicht, daß alles, was er sieht, das Ganze, die Realität sei. Nur wenige Mystiker, Propheten, Gurus und Meister haben gelernt, das Fernrohr umzudrehen und tief in die innere Welt zu blicken. Dies sind die wenigen, die sich eines unwandelbar friedvollen Lebens erfreuen. Sie betrachten die Probleme, aber sie sind nicht Teil dieser Probleme. Sie gehören zu den wenigen, die nach nichts streben, sei es spiritueller oder anderer Art. Deshalb haben sie keine Probleme. Das kann nur geschehen, wenn der Mensch das Selbst vergißt, wenn die Einstellung »Das ist mein« verschwunden ist. Die Besitzgier existiert nur so lange, wie wir von Reaktionen abhängig sind. Trinken, Rauchen, Drogenkonsum und so weiter sind nur *Reaktionen* auf Forderungen, die sich auf der Geistesebene stellen, auf der alle äußeren Dinge gespeichert sind.

Erleuchtung und Selbsterkenntnis kann niemals als Reaktion auf irgendeine Methode, Technik oder Praktik erscheinen. Erleuchtung ist kein Akt des Willens und wird das auch niemals sein. Die Handlungen, die sich auf die im menschlichen Gehirn gespeicherten Inhalte beziehen, sind nur Reaktionen, die entstehen, wenn der menschliche Geist versucht, ein Problem oder einen inneren Konflikt zu überwinden. Wenn der irdisch-menschliche Geist versucht, ein Problem auf diese Weise zu lösen, dann kann dieses Problem nur noch größer werden, und weitere Verwirrung und Frustration werden entstehen. Ich kann nicht genug betonen, daß die tatsächliche Handlung nicht das Problem darstellt. Das Problem liegt im menschlichen Geist. Er ist nicht imstande, etwas anderes zu tun, als das Problem oder die Probleme zu unterdrücken.

Unterdrückung ist jedoch immer nur eine vorübergehende Lösung.

Es ist dem menschlichen Geist nicht möglich, im Charakter eines Menschen irgend etwas von spiritueller Natur zu entwickeln. Spiritualität kann ebensowenig entwickelt werden wie Intuition, Inspiration, Mitgefühl, Güte oder Liebe. Praktische Fertigkeiten kann man entwickeln, aber die Spiritualität ist keine solche Fertigkeit, sie ist nichts, was man lernen könnte. Wenn beispielsweise jemand versucht, Demut zu entwickeln, dann setzt das voraus, daß er nicht bereits demütig ist. Viele Probleme des Menschen werden dadurch hervorgerufen, daß er seinen Stolz, sein Ansehen und das Gefühl seiner Autorität zu schützen sucht. Alle diese Emotionen stehen in direktem Gegensatz zur Demut. Demut ist keine Angelegenheit des irdisch-menschlichen Geistes. Niemand kann beschließen, demütig zu werden. Sie können sich aber vornehmen, alles das zu werden, was bereits im menschlichen Geist vorhanden ist. Wenn Liebe in Ihrer Seele ist, werden Sie auch demütig und mitleidig sein. Wie die Demut gehört auch die Liebe nicht in den Bereich des menschlichen Geistes. Deshalb können alle Probleme, die sich auf die Aktivitäten des Selbst und die Versuche des menschlichen Geistes beziehen, den Konflikten auszuweichen, indem man Augenblicke der Selbstvergessenheit schafft, nur überwunden werden, wenn man die Natur des irdisch-menschlichen Geistes ganz begreift.

Natürlich können wir unser Denken nicht selbst verhindern, aber dennoch können Konflikte beendet werden, indem das Selbst (der Erden-Geist) aufhört, über sich selbst nachzudenken. Das Selbst entsteht nur durch die Anziehungskraft und die Reize der oberflächlichen Welt. Diese Reize erzeugen die Bindung (das Festhalten) und den Gedanken. Daß das Selbst aufgrund seiner Bindung an die oberflächliche Welt eine Identität oder einen Charakter entwickelt hat, bedeutet offensichtlich, das Identität und Charakter nur Illusion sind, weil die Dinge selbst illusorisch sind. Ist die Zeit reif und der Mensch erkennt die illusionäre Natur dieses Faktors, dann, und nur dann, wird der Gedanke zur Realität oder zur Tatsache. Dies muß geschehen, weil schließlich die alten Denkschablonen des irdisch-menschlichen Geistes einmal an ein Ende kommen. Erst dann bemerken die Menschen, die solche Wiederholungshandlungen in Gang gesetzt haben, weil sie sich nach Augenblicken des Selbstvergessens sehnten, daß diese alten Probleme gelöst werden können. Erst dann erkennen sie, daß nur der menschliche Geist dem Suchtverhalten die Vorherrschaft ermöglicht hat. Immer wenn im menschlichen Geist irgendein Gegenstand oder ein Thema die Vorherrschaft übernimmt, wird dieses Phänomen automatisch zum Problem oder führt zum Konflikt.

Man muß ganz klar erkennen, daß der irdisch-menschliche Geist seinen angemessenen Platz in unserem Leben hat. Wenn man ihm seinen richtigen Stellenwert gibt, dann ist er weder gut noch böse, weder rein noch unrein, und er erzeugt auch keine Süchtigkeit. Wenn es dem menschlichen Geist schwerfällt, ohne ein besonderes Gefühl des Glücks oder der Erregung auszukommen, dann ist das ein Problem. So sind beispielsweise Essen und Trinken unentbehrlich für die Existenz und das Wohlbefinden des Körpers. Werden Essen und Trinken aber zum Gegenstand sinnlicher Begierde, dann heißt das, daß der menschliche Geist falsche Maßstäbe setzt. Geld ist wichtig, wenn man es benutzt, um die notwendigen Dinge zu kaufen, die einen vernünftigen Lebensstandard aufrechterhalten. Wird es aber dazu gebraucht, riesige Imperien aufzubauen, Monopole zu schaffen, weil der menschliche Geist falsche Maßstäbe anlegt, dann werden durch das Geld beträchtliche Konflikte und Probleme erzeugt. Wenn also der menschliche Geist den ihm angemessenen Platz kennt, begreift und akzeptiert, wird der Konfliktprozeß beendet. Das ist keine bequeme Lösung für die Probleme im privaten wie im öffentlichen Leben, es ist aber die einzige Lösung, weil der menschliche Geist keine spirituelle Liebe kennt, sondern nur die sinnliche Liebe. Wenn es jedoch keine spirituelle Liebe gibt, dann entstehen im irdisch-menschlichen Geist Probleme.

Warum können wir so sicher sein, daß spirituelle Liebe vom irdisch-menschlichen Geist abgelehnt wird? Weil wir bereits wissen, daß die spirituelle Liebe das *Unbekannte* ist, das heißt, das dem menschlichen Geist Unbekannte. Spirituelle Liebe kann aber nur dadurch verwirklicht werden, daß man sich vom *Bekannten* trennt, und damit sind die Inhalte des irdisch-menschlichen Geistes gemeint. Ehe spirituelle Liebe realisiert werden kann, muß sie zuerst einmal erkannt werden. Der menschliche Geist jedoch, der sich stets auf das Bekannte stützt, kann natürlich das Unbekannte nicht wahrnehmen. Wir müssen also als erstes die Natur des uns Bekannten durch den Prozeß der Erfahrung untersuchen. Wir müssen dann unsere Erkenntnisse über das Bekannte betrachten und analysieren, ohne dieses zu verdammen, ohne ein Gefühl der Angst zu entwickeln und ohne ein wie auch immer geartetes Urteil zu fällen. Nur dann haben wir Schritte unternommen, um den menschlichen Geist von seiner Anhäufung von Fakten, Wissen, Informationen, Glaubensvorstellungen und Süchten zu befreien, weil wir auf diese Weise alles getan haben, damit er schließlich die wahre Natur seiner selbst ganz erkennen kann. Vorher befand sich der irdisch-menschliche Geist im Zustand völliger Unkenntnis über seine wahre Natur – nun ist er frei.

Kapitel 6

Selbstfindung in einem Raum der Ruhe

Was ist Erleuchtung? Man sagt, daß Mystiker und Meister erleuchtet sind, doch worin besteht der grundlegende Unterschied zwischen uns gewöhnlichen Menschen und den Mystikern? Fast jeder möchte gern ein Meister oder Mystiker sein; was also müssen wir tun oder lernen, um dieses Ziel zu erreichen? Die Wahrheit ist, daß wir Erleuchtung nicht »lernen« können, oder, um noch genauer zu sein, wir können Erleuchtung gar nicht *kennen.* Erleuchtung bedeutet eine unendliche Höhe spiritueller Wahrnehmung. Etwas zu kennen bedeutet, daß man zu einer Schlußfolgerung gekommen ist. Eine Schlußfolgerung zu ziehen bedeutet, ein begrenztes Stück Erkenntnis in sich aufzunehmen. In dem Moment, in dem man zu einem Schluß kommt, das heißt, in dem man über etwas Bescheid weiß, ist man an einem Endpunkt angelangt. Das ist ein Problem des Intellekts. Er absorbiert zahllose Einzelinformationen. Der Mensch kann alle religiösen Schriften der Welt lesen, doch das versetzt ihn nicht in die Lage, zur Erleuchtung zu kommen. Erleuchtung ist nicht Wissen, sie ist nicht abhängig von Informationen oder von Kenntnissen über Religion. Erleuchtung ist etwas äußerst Subtiles. Erleuchtung braucht keine Basis. Sie entsteht nur, wenn man ein bestimmtes Stadium der spirituellen Entwicklung erreicht hat. Erleuchtung entsteht, wenn der Mensch den Weg der ganzen Menschheit erfährt und begreift, wenn er ein vollkommenes Verständnis von sich und seinen Beziehungen zur Welt der Menschen, zur Natur der Welt und zur Natur des Menschen entwickelt.

Wer immer wieder die großen religiösen Schriften liest, bis er jedes Wort, jedes Kapitel und jeden Vers kennt, fördert keineswegs seine Spiritualität, sondern trainiert damit nur sein Gedächtnis. Wenn Sie völlig gesund sind, dann ist der Zustand der Gesundheit vorhanden, aber Sie nehmen Ihren Körper überhaupt nicht wahr. Wenn dagegen etwas nicht in Ordnung ist, kommt es zu Beschwerden und Schmerzen, und Sie sind sich sogleich ständig Ihres Körpers bewußt. Genauso ist es beim erleuchteten Menschen. Er ist sich niemals seiner Erleuchtung bewußt, ebensowenig wie ein Heiliger seiner Spiritualität. Angst, Zorn, Eifersucht, Ehrgeiz, Habgier und so weiter sind Krankheiten und sollten uns den Mangel an Erleuchtung zum Bewußtsein bringen. Wenn Sie frei von all diesen Eigenschaften sind, wenn Sie Dingen und Menschen keinen Widerstand mehr entgegensetzen, dann besteht auch das Bewußtsein der Freiheit nicht. Nur wenn es Konflikte, Beschränkungen und Frustration gibt, werden Sie sich all dieser Dinge vollkommen bewußt. Das sind die Momente, in denen sich die Seele nach Freiheit und Erlösung sehnt. Das gleiche geschieht, wenn Sie unglücklich sind; dann sehnen Sie sich nach Glück. Wenn Sie jedoch glücklich sind, dann *sind* Sie einfach glücklich, dann hören Sie auf, daran zu denken. Genauso ist es auch mit der Erleuchtung.

Erleuchtung ist also eine unendliche Höhe der Spiritualität, die wir mit unserem Denken nicht erreichen können, weil sie weit über unseren Intellekt, über jene Fähigkeit, die es uns erlaubt, Wissen über Dinge aufzunehmen, hinausgeht. Deshalb ist Erleuchtung das *Unbekannte.* Das bedeutet, daß alles Bekannte wie eine Mauer zwischen uns und der Erleuchtung steht. Wir müssen also erst einmal alles Bekannte entdecken und wahrnehmen. Der menschliche Geist ist voll von Bekanntem. Er bevorzugt alles, was ihm Freude bereitet, was ihm Macht, Autorität und Bedeutung verleiht. Da das alles Dinge irdisch-zeitlicher Natur sind (und das bedeutet, daß sie schließlich wieder ins Nichts versinken), muß man sich den menschlichen Geist als eine illusionäre Entität denken. Mit anderen Worten: Alles ist fiktiv, alles ist Schein. Wenn man soweit ist, daß man die Wahrheit dieser Vorstellung erkennt, dann kontrolliert der irdisch-menschliche Geist das Bewußtsein nicht mehr zu jeder Stunde. Als erstes müssen wir uns deshalb mit dem Bekannten beschäftigen. Wir untersuchen es analytisch, ehrlich und mit Mut. Wir beginnen mit einer Form der Meditation, die von Zen-Buddhisten als die Auslöschung des irdisch-menschlichen Geistes betrachtet wird.

Diese Übung ist nicht einfach. Sie erfordert ein großes Maß an Geduld. Versuchen Sie zuerst das folgende kleine Experiment. Nehmen Sie reichlich Schreibpapier und schließen Sie sich in einen Raum ein. Beginnen Sie, indem Sie an einen »Hamburger« denken. Schreiben Sie alles nieder, was Ihnen dazu einfällt: Warum Sie dieses Brötchen unbedingt wollen, welche Gefühle Sie damit verbinden, jede noch so kleine Mühe, die erforderlich ist, um diesen »Hamburger« zu bekommen. Dann rufen Sie sich ins Gedächtnis, wieviele Minuten lang der Genuß dauert. Nun betrachten Sie die Augenblicke unmittelbar nachdem Sie das letzte Stückchen verzehrt haben. Überlegen Sie, was dann weiter mit der Erfahrung geschieht. Schließlich das Wichtigste: Fragen Sie sich, was Sie durch diese Erfahrung gewonnen haben. Sie werden nun die Wahrheit erkennen, daß nämlich durch diese Erfahrung, durch die ganze aufgewandte Mühe um den »Hamburger« absolut nichts erreicht wurde. Die Erfahrung hat lediglich eine Erinnerung geschaffen, die zu einem weiteren Bestandteil der Ansammlung äußerer Dinge im menschlichen Geist wird, zu einer weiteren Bindung an den Zustand der Illusion. Die Erinnerung wird zum Diktator, der immer wieder nach der gleichen illusionären Erfahrung verlangt. Sie sind wieder einmal die kleine Maus, die immer rundherum in ihrem großen Rad läuft und dabei die Illusion hat, sich vorwärts zu bewegen.

Am nächsten Tag führen Sie ein neues Experiment durch. Denken Sie an einen Schokoladenriegel, und schreiben Sie wieder alle Ihre Gedanken nieder. Ein anderes Mal nehmen Sie sich irgend etwas vor, dem Ihr ehrgeiziges Streben gilt. Das kann eine dienstliche Beförderung sein, der Wunsch nach einem neuen Auto, die höchste Chef-Position in Ihrer Firma, der Gewinn einer großen Geldsumme, ein wichtiges Amt in Ihrer Gemeinde. Nun schreiben Sie nieder, warum Sie diesem Wunsch so hohen Wert beimessen. Wenn Sie die Aufzeichnungen abgeschlossen haben, denken Sie darüber nach, ob Sie die Welt, Ihre Sorgen, Ängste und Verantwortlichkeiten vergessen können, wenn Ihr Wunsch in Erfüllung geht.

Unbewußtes Nachdenken über die Dinge dieser Welt wirkt wie eine Droge, und wir können danach ebenso süchtig werden. Wir glauben aber nur, auf diese Weise die Welt und ihre Konflikte vergessen zu können. Die Wahrheit ist, daß wir uns lediglich innerhalb des irdisch-menschlichen Geistes eine Welt anderer Art schaffen. Diese Welt ist nicht real, sondern nichts als ein Traum. Wie real ist der »Hamburger«, sobald Sie ihn gegessen haben? Sie behalten ihn nicht lange bei sich. Sie müssen ihn immer aufs neue ersetzen. Alles in der sinnlichen Welt, und dazu gehören auch Ihre ehrgeizigen Ziele und Ihre Wünsche, ist einem solchen »Hamburger« vergleichbar. Die Droge Denken hat eine halluzinatorische Welt geschaffen, in der wir uns eingerichtet haben, die uns zur Heimat geworden ist. Wir leben schon so lange darin, daß wir uns daran gewöhnt haben. Diese illusionäre Welt des Denkens wurde zu einer Art Realität, die vergessen läßt, daß sie ein Gefängnis ist. Auch wenn wir eine gewisse Sicherheit spüren, immer im Glauben und in der Hoffnung, daß es einmal besser wird, so ist sie doch ein Gefängnis. Gefangene, die den größten Teil ihres Lebens im Gefängnis zugebracht haben, fürchten die Entlassung. Die vollkommene Freiheit liegt außerhalb der Mauern, doch man hat Angst vor der Freiheit, weil sie etwas völlig Neues darstellt, sie ist das *Unbekannte.* Was jenseits des irdisch-menschlichen Geistes liegt, ist unbekannt. Das Unbekannte ist die absolute Freiheit. Nur der menschliche Geist fürchtet sie, weil sie für ihn den totalen Tod bedeutet. Das Unendliche erscheint dem irdisch-menschlichen Geist immer als der totale Tod, weil er sich an das Endliche gewöhnt hat, an erkennbare Grenzen und Beschränkungen, die ihm durchaus verständlich erscheinen. Der menschliche Geist ist der oberste Herrscher in der Welt der Begrenzung. Leider gibt es keine Grenzen für die Entwicklung und Ausbreitung des irdisch-menschlichen Geistes. Je mehr Gedanken, Träume und Ambitionen man ihm anvertraut, desto mehr wird er wachsen. Der normale menschliche Geist kann alles im Gedächtnis speichern, den Inhalt ganzer Bibliotheken, jeden Traum, jeden Wunsch, jede Religion, aber jeder dieser Gegenstände ist für ihn nichts weiter als ein »Hamburger«. Die Lebensspanne all dieser Dinge ist kurz, und jedes einzelne ist ein Symbol des Todes. Selbst wenn Sie die ganze Welt in Ihren menschlichen Geist aufnehmen, wird er dem totalen Tod verfallen.

Shankara, ein Heiliger und Weiser des Hinduismus, sagte: »Alles, was du weißt, ist Illusion.« Was immer Sie auch sehen, ist eine Reflexion der Sinne. Was Sie berühren, hören, riechen oder schmecken ist ein Reflex der Sinne, die wiederum Sklaven des irdisch-menschlichen Geistes sind. Der menschliche Geist ist aber auch ein raffinierter Zerrspiegel. Er läßt in Ihnen die Überzeugung entstehen, daß alles unbedingt notwendig sei, was Sie je an Wissen erworben oder kennengelernt haben. So erscheint beispielsweise der »Hamburger« real, weil Ihr Geist Ihnen einflüstert, daß es noch Millionen davon gibt, auch wenn der eine in Ihrem Magen verschwunden ist. Der Nachschub braucht also nie zu versiegen, es warten noch Millionen sinnlicher Erfahrungen, millionenfacher Tod. Trotzdem bleibt es immer derselbe »Hamburger«, die gleiche kurzlebige Erfahrung wird immer aufs neue wiederholt. Jede dieser Erfahrungen vergeht und hinterläßt nichts als eine Erinnerung im irdisch-menschlichen Geist.

Während Ihrer Experimente in dem abgeschlossenen Zimmer tun Sie nichts weiter, als den Wert des *Bekannten* zu erforschen. Sie betrachten die Probleme, die Sie täglich stören und analysieren die kleinen Ärgernisse, denen Sie in der Gesellschaft, am Arbeitsplatz und daheim ausgesetzt sind. Untersuchen Sie sorgfältig jedes einzelne Problem und stellen Sie sich dann die Frage: »Stecken hinter diesem Problem nicht etwa in Wirklichkeit mein Egoismus, mein Stolz, mein Ego, die Angst um mein Ansehen, Habgier oder Aggressivität?« Erlauben Sie sich keine Ausflüchte, versuchen Sie nicht, die Schuld bei anderen oder an anderer Stelle zu suchen. Wenn man diese Probleme ganz unvoreingenommen und unerschrocken betrachtet, dann wird der menschliche Geist, das Bekannte oder eher die Natur des Bekannten, im Innern zuerst sichtbar und kann dann allmählich freigesetzt werden. Im Verlauf dieses Prozesses wird das Ausmaß dieser Freiheit immer größer.

Liebe, das heißt die Liebe zu einem Menschen, kann die Ursache vieler Konflikte und Probleme sein. Wir wollen deshalb die Liebe zum Gegenstand eines weiteren Experiments in unserem abgeschlossenen Raum machen. Analysieren Sie in gleicher Weise wie zuvor die Liebe zu einem bestimmten Menschen. Bedeutet Ihre Liebe, von diesem Menschen Besitz zu ergreifen, wodurch Eifersucht entstehen könnte? Weckt der Gedanke, diesen Menschen zu verlieren, in Ihnen Angst, Zorn oder Unmut, weil Sie sich möglicherweise von Einsamkeit bedroht fühlen? Betrachten Sie nun ernsthaft die Natur der genannten Gefühle. Nehmen Sie sich als erstes die Eifersucht vor. Eifersucht ist eine Angst, aber auch ein Mangel an Vertrauen, und zwar nicht nur Mangel an Vertrauen zu dem betreffenden Menschen, sondern auch Mangel an Vertrauen in die Liebe, die Sie für ihn empfinden. Eifersucht bedeutet Zorn, Mißtrauen und Zweifel. Können solche Gefühle überhaupt Teil einer Liebe sein? Handelt es sich da nicht eher um eine alles beherrschende Leidenschaft? Eifersucht wird durch Denken hervorgerufen, und bei der Liebe handelt es sich nicht um Gedanken. Liebe kann niemals durch einen Denkprozeß hervorgerufen werden. Liebe ist auch keine Emotion, keine sentimentale Gefühlsregung. Sentimentalität, Emotionen und Eifersucht sind nichts als Formen des Selbstausdrucks oder Ausdruck des irdisch-menschlichen Geistes. Wir wissen bereits, daß Eifersucht grausam sein kann, doch das gleiche gilt auch für die Sentimentalität, weil Gefühlsregungen immer eine Reaktion fordern, und wenn die richtige Reaktion ausbleibt, kann der sentimentale oder gefühlsbetonte Mensch zu Zorn, Haß und sogar zu Gewalttätigkeit gereizt werden. Ein Mensch, der liebt und zu Tränen gerührt oder in Angst versetzt werden kann, drückt damit keinesfalls Liebe, sondern nur die eigenen Ängste aus. Diese Ängste betreffen vor allem mögliche eigene Verluste. Ein Mensch, der aufrichtig und auf spiritueller Ebene liebt, wird nicht von Feindseligkeit, Eifersucht oder Verstimmung berührt. Nichts davon kann Teil der Liebe sein. In der Tat sind solche Gefühle Bestandteil des irdisch-menschlichen Geistes. Von der spirituellen Liebe aber wird kein Teil der irdisch-menschlichen Geistesebene berührt. Sie kann ebensowenig Liebe hervorbringen, wie sie Schönheit erzeugen kann. Es kann auch keine Liebe geben, wo nicht Vertrauen, Achtung und Rücksichtnahme herrschen. Eifersucht und besitzergreifende Leidenschaft treten nur auf, wenn Vertrauen und Achtung fehlen. Stellen Sie sich während des Experiments noch eine andere Frage. Bringen Sie denen, die unter Ihnen arbeiten, die gleiche Achtung entgegen wie denen, die über Ihnen stehen, also etwa Ihrem Chef, dem Pfarrer, einer prominenten Persönlichkeit, einem Millionär oder einem besonders attraktiven Menschen? Haben Sie eine Sprache für die Angehörigen der oberen Klasse und eine andere für die Menschen aus der Unterschicht?

Durch dieses Experiment können wir feststellen, was spirituelle Liebe *nicht* ist. Da Liebe das *Unbekannte* ist, werden wir schließlich das *Bekannte* aufgeben müssen, um die Liebe zu verwirklichen. Es ist nicht möglich, daß der menschliche Geist das Unbekannte entdeckt, denn er ist erfüllt vom Bekannten. Durch diese Experimente lernen Sie zu verhindern, daß die Inhalte des irdisch-menschlichen Geistes das Herz erfüllen. Wenn das gelingt, gibt es nur noch spirituelle Liebe. Nur dann werden Sie nicht mehr nach Besitz streben, Sie werden nicht neidisch oder habgierig sein, Sie werden jedermann, ungeachtet seiner Position oder seines Besitzstandes, mit Achtung begegnen, Sie werden sowohl auf Ihre Nachbarn als auch auf Ihre Ehefrau Rücksicht nehmen, auf Ihre Familie ebenso wie auf Ihr Personal. Denken Sie über folgendes nach: Liebe kann weder durch Gedanken oder Praktiken, noch durch bestimmte Methoden oder Systeme gefördert werden. Nichts kann Liebe sein, was dem Bereich des irdisch-menschlichen Geistes entspringt, weil es dann nicht spiritueller Natur ist. Nur Mystiker und Meister können behaupten »Ich liebe die Welt«, einfach deshalb, weil nur der, der die Fähigkeit besitzt, einen einzelnen zu lieben, auch das Ganze lieben kann.

Der Mystiker kennt nur Liebe. Die meisten Menschen lieben ein bestimmtes Objekt, was aber nichts anderes als Festhalten und Bindung ist. Das ist ein Fehler, den fast alle Menschen machen. Sie kennen keinen Unterschied zwischen spiritueller Liebe und der Liebe zu einem bestimmten Objekt. Krischna, der Christus Indiens, hat gelehrt, daß es weder eines noch viele gibt. Es gibt nur Liebe. In der *Bhagavadgita* wird diese Grundwahrheit in der Parabel deutlich, in der Krischna seinen Schüler auf das Schlachtfeld drängt und ihm befiehlt, ohne Rücksicht seine Blutsverwandten, Onkel, Schwäger, Enkel und so weiter zu erschlagen. Ardschuna ist von Sorge erfüllt und fragt Krischna, warum er töten muß. Krischna antwortet ihm, er könne nur das töten, was ohnehin zum Sterben verurteilt ist. Krischna erklärt Ardschuna, wenn er eine besondere Beziehung zu seinen Blutsverwandten entwickelte, die auch eine Form der irdisch-vergänglichen Liebe darstellt, würden Bindungen an das Stoffliche geschaffen, eine falsche Liebe zur Familie. Echte Liebe ist nur die Liebe zur Menschheit. Jesus lehrte: »Du sollst deinen Nächsten lieben wie dich selbst.« Er sagte auch: »Liebet einander.« Wenn wir nur Onkel und Tante lieben, dann lieben wir nur einen Teil. Wir entwickeln eine spezifische Anteilnahme, eine spezielle Form der Liebe.

Es gibt auch eine Sonderform von Achtung und Rücksichtnahme, die wir unseren Nachbarn nicht zuteil werden lassen. Hat dagegen einer unserer Verwandten ein ernsthaftes Problem, tun wir alles, um ihm zu helfen. Wir opfern Zeit und Geld und suchen nach Mitteln und Wegen, um ihn zu trösten und zu beruhigen. Handelt es sich aber um einen weniger bekannten Nachbarn, der ebenfalls in Not ist, dann fühlen wir uns nicht verantwortlich. Wir glauben, dafür seien andere zuständig, deshalb spüren wir nicht die Verpflichtung, allzu große Opfer zu bringen, sofern wir überhaupt etwas tun. Onkel, Tante, Vettern und Neffen gehören in den Bereich des irdisch-menschlichen Geistes. Zu ihnen haben wir ein besonderes Verhältnis, das sich nur auf der Ebene des irdisch-menschlichen Geistes abspielt. Das bedeutet Bindung. Wir erkennen an diesem Gleichnis, daß Jesus und Krischna dieselbe Wahrheit lehrten.

Wir wollen nun weitere Experimente in unserem abgeschlossenen Raum durchführen. Stellen Sie sich die Frage, warum es so viel Schmerz und Leid in der Welt gibt. Beginnen Sie bei sich selbst. Wenn Sie sich die Ursache für Ihre eigenen Schmerzen und Leiden ins Gedächtnis rufen, dann finden Sie auch den Grund für das Leiden in der Welt, denn es handelt sich stets um das gleiche Leid. Ihr Geist ist von gleicher Art wie der Ihrer Mitmenschen. Er besteht aus den gleichen *bekannten* Dingen. Hier herrschen die Ängste vor dem Tod, vor Armut und Krankheit, vor dem Altern, vor Hunger, vor Mißerfolg im Beruf und vor Schwierigkeiten im familiären Bereich. Sie sehnen sich verzweifelt nach etwas, aber Sie können es nicht bekommen. So entsteht Ihr Elend. Sie wollen mehr Geld, mehr Anerkennung, also kommt es zu mehr Elend und Frustration. Ein geliebter Mensch oder ein Freund stirbt, und es entsteht eine tiefe Traurigkeit. Es herrschen Elend, Schmerz und Frustration, weil es etwas gibt, was Sie wollen und nicht bekommen. Versuchen Sie, sich den Zustand der Welt vorzustellen, wenn jeder alles bekäme, was er sich wünscht.

Die meisten Menschen werden böse, weil sie ernsthaft der Meinung sind, daß es ihr Recht sei, Dinge zu besitzen, nur weil sie sich diese Dinge wünschen. Betrachten Sie nun einmal alle die Dinge, die Sie sich wünschen. Wenn Sie sich auf diese Dinge konzentriert haben, dann denken Sie an die Millionen, sagen wir in der Dritten Welt, die nicht einmal das Notwendigste für ihren Lebensunterhalt haben. Nun fragen Sie sich, wozu Sie alles das brauchen, was Sie sich wünschen. Natürlich brauchen wir Nahrung, Kleidung und Wohnung, aber sind Sie tatsächlich damit zufrieden oder wollen Sie mehr? Nun fragen Sie sich, warum Sie mehr wollen. Denken Sie gewissenhaft und gründlich über diesen Punkt nach. Wünschen Sie sich Erfolg, brauchen Sie mehr Autorität, mehr Macht? Wollen Sie berühmt sein, geachtet, soll man zu Ihnen aufsehen? Fragen Sie sich noch einmal: Warum wünsche ich mir das alles? Warum überhaupt dieses Verlangen nach immer mehr? Sind

Sie unbefriedigt, unzufrieden? Und wenn das zutrifft, womit? Sind Sie nicht zufrieden mit dem, was Sie sind? Glauben Sie, Sie wären zufriedener, wenn Sie teure Kleider hätten oder eine glänzende Limousine, wenn Sie der oberste Chef wären oder ein Filmstar? Nun stellen Sie sich die nächste Frage. Sind das tatsächlich so außerordentlich zufriedene und glückliche Menschen, der Millionär, der Chef, der Filmstar oder der Präsident? Überdecken sie vielleicht nur ihre Unzufriedenheit mit teurer Kleidung, mit Macht, Reichtum und dem Glanz ihrer Stellung? Sind das wirklich glückliche Menschen? In den meisten Fällen dauert die Unzufriedenheit, die Unruhe weiter an. Deshalb müssen wir erst einmal daran arbeiten, zu erkennen, wer wir wirklich sind.

Konzentrieren wir uns jetzt darauf, was wir tun müssen. Reicht es aus, uns mit Geld, Macht, schönen Kleidern und allem, was es im äußeren Bereich gibt, einzudecken? Viele von den mächtigsten Männern, die Reichtum und Autorität besitzen, sind nicht glücklich, und das beweist, daß der äußere »Deckmantel« zwecklos und ohnmächtig ist, wenn es um die Beseitigung unserer Traurigkeit geht. Es ist gleichermaßen nutzlos, wenn diese unglücklichen Menschen zu Gurus, Mystikern und Meistern laufen. Solche erhabenen Menschen können unseren irdisch-menschlichen Geist nicht verändern, sie können nicht all das längst Bekannte daraus entfernen. Das können nur wir selbst tun. Der Weise ist sich bewußt, daß ihm Besitz und Macht keine Erlösung bringen. Wenn es uns möglich wäre, in die Tiefe unseres eigenen irdisch-menschlichen Geistes einzudringen und nach draußen zu blicken, dann würden wir erkennen, daß in uns ein heftiger Kampf tobt, weil wir irgend etwas erreichen wollen, das in Wirklichkeit unbedeutend und von sehr begrenzter Dauer ist. Dennoch kämpfen wir immer weiter, um es zu bekommen. Wir werden es aber niemals erhalten, weil es in den Bereich des irdisch-menschlichen Geistes gehört. Dieser ist unwirklich und begrenzt, und deshalb ist es unser Los, immer sofort wieder zu verlieren, was wir erreicht haben. So geht der Kampf weiter. Dieser Kampf selbst, in dem es darum geht, etwas zu erreichen oder etwas zu werden, ist die Ursache unserer Unzufriedenheit. Es ist wichtig, daß wir erkennen, was wir sind. Es ist wichtig, daß wir tiefer in uns hineingehen. Wie können wir etwas über uns selbst erfahren? Können wir das aus Büchern lernen? Welcher Autor könnte unser Problem verstehen, wenn es so viele Autoren gibt, die alle ganz unterschiedliche Theorien und Vorstellungen vertreten? Jeder äußert andere Ideen und Ratschläge, wie Glück und Zufriedenheit zu erreichen seien. Der Hungrige jedoch will nichts als Nahrung, der Kranke wünscht sich Gesundheit, die junge Frau ein Kind, der Arme sehnt sich nach Reichtum, der Politiker will Präsident werden. Alle diese Menschen wünschen sich etwas, das ihnen Befriedigung, Hilfe und Sicherheit geben soll; aber das ist nur der Anfang. Es ist niemals der Fall, daß Menschen, die ihr erstes Ziel erreicht haben, sich danach nichts weiter wünschen. Was sie erreicht haben, ist nicht von Dauer, daher suchen sie weiter nach etwas Beständigem.

In jedem Menschen lebt das gleiche Ziel, die gleiche Begierde. Sie selbst wünschen sich Zuversicht, Sicherheit, Glück und Befriedigung. Genau das ist auch das Ziel der gesamten Welt. Es gibt keinen Unterschied in unseren Zielen, weil wir alle Teil des Ganzen sind. Wir müssen herausfinden, ob es hinter dem uns Bekannten noch etwas gibt, das über die Ebene des irdisch-menschlichen Geistes hinausgeht. Alle Illusionen des irdisch-menschlichen Geistes müssen als solche erkannt werden. Das heißt, Sie müssen sie verstehen, ihre Natur wahrnehmen. Nur dann können Sie das wahre Ziel entdecken und den Glauben bestätigen, daß es etwas gibt, das alle Mühe wert ist. Etwas Reales, das allein durch unseren irdisch-menschlichen Geist erreichbar ist, bedeutet nichts anderes als eine weitere Illusion. Beginnen Sie damit, alle Ihre Konflikte, Kämpfe, Schmerzen, Ängste, Frustrationen, Eitelkeiten, Hoffnungen und Ambitionen in Frage zu stellen. Konzentrieren Sie sich darauf, versuchen Sie sie zu verstehen und gehen Sie dann weiter. Nur auf diese Weise werden Sie erkennen, daß Sie darum kämpfen, etwas festzuhalten, das man nicht halten kann. Erkennen und akzeptieren Sie die illusionäre Natur der

Welt und der Gefühle und Sehnsüchte des Menschen. Sie sollten sich nicht einmal nach Gott sehnen, weil Sie bereits Gott *sind.*

Haben Sie sich jemals Fragen über die Seele gestellt? Haben Sie sich jemals gefragt, ob sie wirklich existiert, ob sie tatsächlich den physischen Tod überlebt? Wenn Sie älter werden, könnte daraus eine Angst entstehen. Das führt dazu, daß Sie sich gern von der Existenz der Seele überzeugen möchten. Wo und wie beginnen Sie? Indem Sie die Schriften lesen, mit dem Pfarrer sprechen? Sind diese Wege überzeugend genug? Weiß der Priester oder ein anderer religiöser Führer wirklich Bescheid oder könnte auch er sich irren? Das wäre dann Ihre nächste Frage. Was ist die Seele? Beschreiben die Schriften oder der Priester die Seele? Wenn die Seele existiert, dann ist sie offensichtlich etwas, das weit über die physische und die intellektuelle Ebene hinausgeht. Wir wollen also untersuchen, was sie ist. Wir besitzen etwas, das wir wahrnehmen. Da ist natürlich erst einmal der physische Körper, der sich auf verschiedene Weise auszudrücken vermag. Dann ist da unser Charakter, der sich bei jedem Menschen auf viele verschiedene Arten zeigt. Er hat eine bestimmte Qualität, die wir spüren und auf die wir reagieren. Wenn sich beispielsweise bei einem anderen Menschen eine schlechte Charaktereigenschaft äußert, dann fühlen wir uns verletzt, wir sind ärgerlich, peinlich berührt oder enttäuscht. Ein guter Charakter spiegelt Liebe, Mitleid, Güte und Weisheit. Denken Sie nur an die Weisheit eines Gurus, eines Mystikers oder Meisters! Nun betrachten Sie sich selbst und denken Sie über den Unterschied zwischen sich und dem Guru oder Meister nach. Worin besteht dieser Unterschied? Es kann nicht an Fleisch und Blut oder am Gehirn liegen. Das Gehirn ist nichts als eine Bibliothek. Man findet überall kluge und geistreiche Menschen, aber sind sie auch Mystiker oder Meister? Die Antwort ist ein klares Nein. Worin besteht dann der Unterschied zwischen dem Intellektuellen und dem Mystiker oder Guru? Wenn es nicht am Körper und seinen Organen liegt, dann muß es etwas sein, das weit darüber hinausgeht, etwas, das der irdisch-menschliche

Geist und das Gehirn nicht erreichen können. Wir alle besitzen Gehirn und Geist, selbst der Affe hat ein Gehirn und mentale Fähigkeiten, aber wir sind keine Meister. Manche Menschen besitzen eine hoch entwickelte Intuition oder Inspiration, manche haben mediale Kräfte, wieder andere besitzen die Gabe der spirituellen Heilung; die meisten verfügen über sehr wenig oder nichts dergleichen. Was also macht den Unterschied aus? Es muß etwas sein, das größer ist als alles Physische. Wir müssen offensichtlich eine ganz andere Dimension in Betracht ziehen. Wir wollen uns deshalb auf die Suche begeben und sehen, ob es tatsächlich eine solche andere Dimension des Lebens gibt, der sich der normale Mensch überhaupt nicht bewußt ist.

Lassen Sie uns mit dem Menschen selbst beginnen. Sein Körper besteht aus Hunderten von Millionen winziger Zellen. Jede Zelle ist eine vollständige winzige Welt. Das hochentwickelte Elektromikroskop zeigt jede Zelle als einen mikroskopisch kleinen, kugelförmigen Ballon, der eine gallertartige Substanz enthält. In seinem Mittelpunkt schwimmt ein Zellkern (Nukleus). Dieser Nukleus ist der wichtigste Teil, er ist das Gehirn, die Lebenskraft der Zelle. Entfernt man ihn, stirbt die Zelle. In der Zelle herrscht eine ständige Aktivität, es werden regelmäßig Sauerstoff und Nährstoffe aufgenommen und Abfallprodukte ausgeschieden. Verändert sich die Umgebung, paßt sich die Zelle von selbst dieser Veränderung an. Wenn die Zelle (nicht zu sehr) beschädigt ist, regeneriert sie sich automatisch. Der Mensch selbst weiß nichts davon, was sich abspielt. Alle Zellen reproduzieren sich selbst, um ihre Aufgaben, die Entwicklung des Körpers, die Regeneration und das Wachstum, zu erfüllen.

Wenn sich Wissenschaftler mit der Reproduktionstätigkeit der Zellen beschäftigen, also mit dem Prozeß der Entwicklung und des Wachstums, beobachten sie eine Reihe bemerkenswerter Ereignisse. Der Prozeß läuft in den zahllosen Millionen von Zellen in allen Lebewesen ab. Der Nukleus unterzieht sich innerhalb seiner kugelförmigen Kernmembran einer wunderbaren Verwandlung. Als erstes entwickelt sich innerhalb des

Ballons auf geheimnisvolle Weise ein zusammengerolltes fadenförmiges Gebilde, ähnlich einer Spirale. Zu einem bestimmten Zeitpunkt teilt sich diese Spirale in winzige Segmente (Chromosomen), wobei die Anzahl dieser Teilchen für alle Menschen und für jede Tierart jeweils genau festgelegt ist. Bei Pflanzen gibt es einen ähnlichen Prozeß; die Anzahl der Segmente unterscheidet sich, ist aber ebenfalls exakt festgelegt. Jedes einzelne dieser Teilchen ist Träger aller Erbinformationen, das heißt, aller vererbbaren Merkmale und Eigenschaften. Genau zu dem Zeitpunkt, zu dem sich die Spirale teilt, wird eine andere mikroskopische Struktur aktiv, das Centromer, das bisher innerhalb der Zelle geruht hat. Es bildet feine Fäden oder Fasern. Das Centromer spaltet sich und ordnet sich zu beiden Seiten des Nukleus an. Die fadenförmigen Fasern heften sich an jedes der winzigen Segmente (Chromosomen). Jedem Chromosom ist ein solches Fädchen zugeordnet, und sobald es am Segment befestigt ist, teilt sich diese Zelle sofort in zwei Hälften. Jetzt sind aus einer Zelle zwei Zellen entstanden. Dieser Prozeß setzt sich fort, wobei aus den zwei Zellen erst vier, dann acht und so weiter werden. Wissenschaftler können diesen bemerkenswert exakt ablaufenden Prozeß beobachten. Jedes Segment und jede mikroskopisch kleine Zelle weiß genau, was zu tun ist, wann sie es zu tun hat und wo ihr richtiger Platz ist. Das unglaublich Geheimnisvolle des Vorgangs besteht darin, daß die Zelle durch eine Art Intelligenz gesteuert wird, aber diese Intelligenz ist der des Menschen weit überlegen. Auch den besten Wissenschaftlern mit ihren hochentwickelten Instrumenten ist es bisher nicht gelungen, diesen Prozeß zu kopieren. Er bleibt ein Geheimnis. Das beweist, daß es ein Über-Bewußtsein gibt, dessen Obhut der Mensch und alle lebendigen Dinge anvertraut sind. Könnte dieses Über-Bewußtsein die Seele, kosmische Intelligenz, könnte es Gott sein? Die einzige unstrittige Tatsache ist, daß es diesen Prozeß gibt, daß er funktioniert und daß man ihn beobachten kann. Wie das alles aber geschieht, weiß niemand. Die Zelle und ihre noch kleineren Segmente sind die kleinste uns bekannte Einheit, in der sich Leben äußert.

Wir kommen nun zum Phänomen des Todes. Was ist Tod? Ihre nächste Frage dürfte sein: Überleben wir den Tod? Der Tod ist das Unbekannte. Uns kommt es darauf an, etwas über das Unbekannte zu erfahren, während wir noch am Leben sind. Erstaunlicherweise müssen wir uns an die Wissenschaftler wenden, wenn wir uns nach Hilfen bei der Beantwortung dieser Fragen umsehen. Es gibt kaum Zweifel daran, daß es den Naturwissenschaften, vor allem der Physik, gelungen ist, für die Menschen glaubwürdiger zu sein als die Religion. Andererseits hat es die Wissenschaft versäumt, im Menschen auch Hoffnung zu wecken und ihm Trost zu spenden, wenn jemand stirbt, den er geliebt hat oder der ihm nahestand. Alle atomaren Strukturen und chemischen Formeln dieser Welt können sich nicht mit dem Lächeln eines Kindes, mit der sanften Berührung eines Liebenden, mit dem Kuß des Partners, mit seiner Umarmung oder mit seiner beruhigenden Gegenwart messen.

Es überrascht dennoch außerordentlich, wenn wir entdecken, wie viele nüchterne, hartgesottene Wissenschaftler, Realisten und Denker der Meinung sind, daß Bewußtsein, Wahrnehmung, Erinnerungsvermögen, Persönlichkeit und Identität auch nach dem Tod des physischen Gehirns und Körpers erhalten bleiben. Manche gehen noch weiter und sind der Ansicht, daß die sogenannten Toten imstande sein könnten, Verbindung mit uns aufzunehmen, und zwar durch von der Wissenschaft bereitgestellte Kanäle, die, wie sie voraussagen, bald geschaffen sein werden.

Alfred North Whitehead, ein hervorragender Quantenphysiker, erklärte, daß die Wissenschaft vollkommen blind sei, weil sie sich nur mit einem kleinen Teil des Beweismaterials für ein Überleben nach dem Tod beschäftigt, nämlich mit den Beweisen, die unsere menschliche Erfahrung bietet. In der Welt der atomaren Strukturen gäbe es sehr viel mehr zu entdecken. Die Materie sei nur die Spitze des Eisbergs. Arthur Young, ein anderer bedeutender Physiker, der sich ebenfalls mit subatomaren Strukturen beschäftigt hat, stimmte völlig mit Whitehead überein. Er sagte, daß man niemals den »ganzen

Menschen« verstehen kann, wenn man sich nur auf die physische Form konzentriert. Der Mensch sei weitaus mehr als Materie.

Auch der deutsche Physiker Werner Heisenberg beschäftigte sich mit der Welt der Atome, der Welt der Materie, zu der auch der Mensch gehört. Er war der Meinung, daß Atome sehr viel mehr sind als Dinge oder Teilchen. Es gibt eine höhere Macht, eine Art von Intelligenz, was beweist, daß es keine klare Unterscheidung zwischen Materie und Energie gibt. Ein anderer deutscher Physiker und Nobelpreisträger, Max Planck, widmete sich viele Jahre lang der Erforschung subatomarer Prozesse und sah sich zu der Feststellung gezwungen, daß jenseits unserer gegenwärtigen Welt der Sinne noch eine andere Welt der Realität liegt.

Zweifellos wurde eine der aufregendsten Entdeckungen von den beiden Quantenphysikern Emilio Segré aus Italien und dem Amerikaner Dr. Owen Chamberlain gemacht. Ihnen gelang es, das Antiproton zu erzeugen. Für ihre bemerkenswerte Leistung erhielten sie 1959 in Stockholm den Nobelpreis. Unsere gegenwärtige Sinnenwelt, die Welt der Materie, besteht aus Protonen und Elektronen, die das Atom bilden. Die Entdeckung des Antiprotons bedeutet, daß das wissenschaftlich nachgewiesene Proton in zwei unterschiedlichen Formen existiert. Es gibt Protonen mit Masse (fühlbare Materie) und Antiprotonen (Antimasse). Mit anderen Worten heißt das: Es gibt eine Struktur, die jenseits der sinnlichen Wahrnehmung des Menschen liegt. Das bedeutet, daß Antimaterie heute als nachgewiesen gilt. Die Welt, die wir jetzt sehen, besteht aus der normalen atomaren Struktur, aber innerhalb dieser Sinnenwelt existiert noch eine subatomare Welt, eine nichtmaterielle Welt, wobei es zu einer gegenseitigen Durchdringung beider Welten kommt, Vor vielen Jahren machten zwei bekannte englische Wissenschaftler, Sir Oliver Lodge und Sir William Crookes, ähnliche Entdeckungen und kamen zu dem Schluß, daß der Beweis für das Fortleben der Seele im subatomaren Bereich gefunden werden wird – in der Welt der Antimaterie.

Arthur Young gelang es, im Verlauf seiner lebenslangen Forschungsarbeit noch weiter in die Welt der Antimaterie einzudringen. Young war ganz sicher, daß es eine deutliche Verbindung zwischen der subatomarem Welt der Antimaterie und dem *Bewußtsein* gibt. Das Phänomen des Lichts war bisher für alle Wissenschaftler ein Geheimnis geblieben. Man wußte wenig darüber. Arthur Young widmete sich deshalb viele Jahre lang diesem seltsamen, kaum ergründeten Phänomen. Licht, soviel war ihm klar, existiert nicht als Materie, es besitzt also nicht die normale atomare Struktur. Licht ist insofern der Farbe ähnlich, als diese ebenfalls ohne Masse ist. So kann sich zum Beispiel Farbe nur durch ein materielles Vehikel manifestieren, also in einer Blüte oder in einem festen oder flüssigen Farbstoff wie etwa einer Wand-, Lack- oder Aquarellfarbe. Es ist selbstverständlich, daß man sich Farbe ohne ein solches Vehikel nicht vorstellen kann. Farbe ist also an sich ohne Masse. Dennoch können wir nicht leugnen, daß es Farbe gibt, wir sehen sie ja. Auch Licht besitzt keine eigene Materie, keine Ladung oder Energie, und trotzdem, das beweist Young, kann es mit Energie geladene Protonen und Elektronen bilden. Young erkannte, daß er am Rande einer revolutionären Entdeckung stand. Er setzte die Experimente fort, weil er glaubte, daß noch etwas anderes, ein bisher unbekanntes Element, vorhanden sein müsse. Da entdeckte er das *Photon.* Er erkannte, daß es sich beim Photon um einen Impuls handelt, der ähnlich wie das Licht weder Masse noch Ladung besitzt. Das weist wieder darauf hin, daß zwei verschiedene Welten zugleich existieren, einerseits die Welt der Materie, andererseits die Welt der Antimaterie.

Albert Einstein bewies, daß Photonen tatsächlich existieren, daß sie jedoch *nicht in der Zeit existieren.* Das heißt, für sie gibt es keine Zeit, weil Zeit zu *unserer* Dimension gehört, zu der Dimension, deren Merkmal die Materie ist. Einstein bewies auch, daß sich alles Existierende, sowohl in der Welt der Materie als auch in der Welt der Antimaterie, auf die Photonen gründet. Das Photon ist unvergänglich, deshalb hat es eine unbegrenzte Lebensdauer. Beispielsweise setzt sich auch unser Körper aus Formen von Licht oder Photonen zusammen, er besteht aus einem ganzen Photonen-System. Diese Photonen können jede beliebige Form annehmen, als Masse und als Antimasse. Daraus zog Einstein den folgenden Schluß: Da die Photonen der Antimaterie in das Bewußtsein integriert sind, wird das Bewußtsein auf dieser Basis auch nach dem Tod des physischen Gehirns fortdauern. Wie unsere gespeicherten Erinnerungen sind auch unsere Wahrnehmung und unsere Identität Teil des Bewußtseins und müssen daher ebenfalls den physischen Tod überleben.

Das Antiproton oder das Photon, das keine Ruhemasse und keine elektrische Ladung, aber eine unbegrenzte Lebensdauer hat, wird nun als die entscheidende Brücke zwischen dem Zustand des Seins, dem Jetzt und dem Zustand des Nichtseins in der physischen Welt angesehen. Einstein ging noch weiter und sagte, wenn wir wissen, daß jedes Teilchen der DNS (Desoxyribonukleinsäure) das vollständige Programm für ein Menschenwesen enthält, dann stellt jedes einzelne Photon mit seiner unbegrenzten Lebensdauer das Modell für jedes Teilchen der gesamten Schöpfung dar, und zwar nicht nur im Universum, sondern auch in der Welt jenseits unserer Sinne.

Wenn wir den Entdeckungen der genannten herausragenden Wissenschaftler Glauben schenken (es gibt noch viele Namen, die hier nicht erwähnt wurden), dann müssen wir akzeptieren, daß es noch eine andere Existenz über die uns bekannte Welt hinaus gibt. Unser Bewußtsein, unsere Wahrnehmung, unsere gespeicherten Erinnerungen, unsere Persönlichkeit und unsere Identität sind die Faktoren, aus denen sich das zusammensetzt, was wir als Seele bezeichnen. Aufgrund der vorliegenden Beweise, die nicht durch eine Gruppe von speziell an diesem Thema interessierten Wissenschaftlern erbracht wurden, sondern an denen viele einzelne Wissenschaftler jeweils unabhängig arbeiteten, müssen wir akzeptieren, daß es keinen Tod gibt und daß das Vehikel, das unsere Identität auf eine Welt von anderer Frequenz überträgt und das eine unbegrenzte Lebens- und Funktionsdauer hat, die Seele ist.

Kapitel 7

Das Grundprinzip der Polarität

Ich habe in diesem Buch immer wieder betont, daß im wahren Zentrum des Menschen ein göttlicher Wesenskern liegt: grenzenlose, ewige Weisheit, Wahrheit, Liebe, Schönheit und Vollkommenheit. Wenn wir aber das Schauspiel des stets bewegten menschlichen Lebens betrachten, dann sehen wir Unzulänglichkeiten, die so merkwürdig und unerklärlich sind wie das Geheimnis des Lebens selbst. In Hunderttausenden von Jahren ist ein endloser Strom von Menschenwesen aus dem Unbekannten aufgetaucht, hat für kurze Zeit das uns bekannte Leben durchlaufen, nur um wieder in eine unbekannte Vergangenheit zu entschwinden. Jedes dieser vergänglichen Menschenwesen hatte seine eigenen Hoffnungen, Träume, Ängste und seine eigene Liebe.

Welcher Sinn und Plan steht hinter all dem? Wenn wir die individuelle Existenz betrachten, dann sehen wir, daß die meisten Menschen in einer festgefahrenen Lebensform gefangen sind, der sie nicht mehr entrinnen können. Alle suchen nach Glück, aber nur wenige wissen, wie man es finden kann oder wo man danach suchen muß. Für viele ist das Leben ein ewiger Kampf gegen Verzweiflung, Angst, Hunger, Benachteiligung und Leiden. Andere dagegen werden vom Schicksal in jeder Weise bevorzugt. Sie sind gesund an Leib und Seele, sie sind wohlhabend, sie leben in einer anregenden Umgebung, sie genießen die Freuden wahrer Freundschaft. Liegt dem allen ein Sinn, eine Absicht, ein Plan zugrunde? Es scheint, als ob für die Menschheit insgesamt das Leid bei weitem das Glück überwiege. Es scheint, als ob das Unglück blind zuschlage und weder Vorsicht noch Wachsamkeit tragische Folgen verhindern könnten. Ist es daher verwunderlich, daß sich viele die Frage stellen: »Sind wir nur ein Spielzeug des Schicksals, Spielball der Götter?« Andere fragen: »Gibt es eine kosmische Ordnung und ist sie jedem Menschen gegenüber grundsätzlich wohlgesonnen?«

Es gibt viele Menschen, die einen solchen kosmischen Plan (wenn er überhaupt existiert!) für bedeutungslos halten. Sie sagen: »Wenn Gott vollkommen ist, wenn Gott Alles ist, wenn Er die Mitte eines jeden menschlichen Wesens ist, und wenn wir in unserem innersten Kern Teil jenes zentralen Selbst sind, wenn die Herrlichkeit Gottes in jedem einzelnen göttlich und deshalb unendlich ist, was ist dann das Wesentliche, der Sinn und Zweck für uns Menschen, die wir in einer Alltagsroutine gefangen sind, der wir nicht mehr entfliehen können? Dabei haben wir uns diese Lebensumstände nicht einmal selbst ausgesucht, sondern wir bemühen uns vielmehr, ihnen auf jede nur mögliche Weise zu entkommen. Warum sind wir durch eine Umwelt geprägt, deren Charakter und Zweck wir nicht verstehen, deren harten Erfahrungen wir uns dennoch nicht entziehen können?« Je länger wir über dieses Leben nachdenken, desto bedrückender erscheinen die Beschränkungen durch die Dinge, desto enger empfinden wir die uns verbliebenen Freiräume. Man spricht viel über Fortschritt und Weiterentwicklung der Seele. Wenn diese Entwicklung einen wesentlichen Teil des Planes darstellt und wenn das absolute Zentrum des Menschen (also Gott) vollkommen ist, dann stellt sich die Frage, warum für das Absolute eine solche Weiterentwicklung überhaupt notwendig ist? Wir wollen uns mit diesem Punkt eingehender beschäftigen. Wenn das Absolute vollkommen ist, muß dann diese Vollkommenheit unbedingt ein statischer Zustand sein? Sollte man das Absolute nicht eher als dynamisches Leben betrachten?

Göttliche Vollkommenheit soll nicht als *unendliche* Vollkommenheit denkbar sein? Göttliche Vollkommenheit ist die Vollkommenheit des *Unendlichen.* Wenn wir der Existenz des Endlichen Vollkommenheit zugestehen, dann ist es auch möglich zu akzeptieren, daß unendliche Vollkommenheit alle endlichen Möglichkeiten mit einschließt.

Bei der Betrachtung des Spektrums unterschiedlicher

Bewußtseinsqualitäten, die innerhalb der menschlichen Rasse zu finden sind, gibt es einen Punkt, an dem sich eine Art Primitivbewußtsein zu manifestieren scheint. Hier fehlt tatsächlich das Gefühl des Selbst. Ein solches Wesen ist lediglich Ausgangspunkt fast automatisch ablaufender Reaktionen auf Aktionen und Impressionen, die von anderen ausgehen. Es ist kein ausreichend entwickeltes Bewußtsein vorhanden, das von sich aus geplante und koordinierte Bewegungen in Gang setzt. Diese Art von Reaktionen zeigt sich bei Säuglingen oder bei sehr kleinen Kindern. Schon Geräusche oder die einfachsten Handlungen üben einen Reiz auf das Baby aus, denn ihm steht nur ein begrenztes Handlungsrepertoire zur Verfügung. Das gehört zur normalen, natürlichen Entwicklung, denn die Fähigkeit des Kindes, Assoziationen zu seiner Umwelt und zu den Menschen zu knüpfen, ist noch sehr beschränkt. Das erklärt auch, warum primitive Eingeborenenstämme, die völlig von jeder Form der Zivilisation abgeschnitten waren und deren Lebensgewohnheiten sich auf ganz spezielle und genau festgelegte Bereiche beschränken, eine einfache Form des Bewußtseins aufweisen.

Die nächste Bewußtseinsqualität könnte man als Selbstwahrnehmung oder als »Sich-seiner-selbst-bewußt-werden« bezeichnen. Diese Fähigkeit entwickelt sich durch den natürlichen Zustand der Verbindung von Geist mit Materie, Umwelt und herrschenden Verhältnissen. Die erste Stufe der Entwicklung des Selbst, der Individualität ist von einem Gefühl der Unsicherheit begleitet, von einem unterschwelligen Gefühl der Angst, wodurch wiederum die Entwicklung des Selbsterhaltungstriebs angeregt wird. Durch Prozesse, die sich auf der Ebene des Verhaltens und der Reaktionen abspielen und die aufgrund des Selbsterhaltungstriebs völlig ichbezogen sind, entwickelt der Mensch sein Ego-Selbst. Das Ego entsteht durch das instinktive Bedürfnis nach Sicherheit, Geborgenheit, Bequemlichkeit und Autorität oder Macht. Die Welt der Dinge ist für das Ego nur dazu da, sie zu besitzen und als eine Art Rückversicherung gegen jede Beeinträchtigung des Lebens oder Verschlechterung der Lebensqualität zu nutzen.

Das Ego weiß instinktiv, daß alle menschlichen Wesen am gleichen Kampf ums Überleben beteiligt sind, und es ist auf Widerstand jeder Art gefaßt, gegen den gekämpft und der überwunden werden muß. Solche Emotionen sind die Basis für die physischen und geistigen Aktionen, aus denen unvermeidlich jene Konflikte entstehen, die wir als Selbstsucht, Habgier, Argwohn, Eifersucht und Machtstreben bezeichnen. Diese besondere Phase des Kampfes und Konfliktes ist ein wichtiges Stadium im großen Zyklus der Evolution der Seele. Dieses Stadium stellt den absteigenden Bogen dar. Hier erreicht die Seele ihren Tiefpunkt, wobei sie jeden Aspekt und jede Phase des »Gegensatzes« zur Realität und zu allem, was unendlich ist, als *real* erlebt und absorbiert. Mystiker und Meister betrachten diesen absteigenden Bogen der Aktivität als das wichtigste Stadium für die Individualisierung des Ich-Bewußtseins. An diesem tiefsten Punkt des Bewußtseins wird alles Negative (das später von den höheren Bewußtseinsebenen aus als das *Endliche* betrachtet wird) als real und wichtig für die Erhaltung des Körpers angesehen.

Es gibt kaum Zweifel darüber, daß die tief in einer Welt der Gegenstände verankerten unvermeidlichen Emotionen und Konflikte für die »Überlebenskräfte« sorgen, und daß gerade die Kämpfe und Konflikte, die unserem Egoismus zuzuschreiben sind, also Habgier und Besitzgier, von einem höher entwickelten Standpunkt aus wesentlicher Bestandteil des großen Planes zur letzten Erlösung der Seele sind. Ehe wir ein massives, sicheres Haus bauen, müssen wir ein festes Fundament legen. Die Entwicklung vom einfachen Bewußtsein zum Selbst-Bewußtsein hat zur Folge, daß das Ich-Bewußtsein entsteht. Dies ist die Grundlage, von der aus das Selbst über seine Existenz nachdenken und die Selbst-Identität weiterentwickeln kann. Das Ziel oder der Sinn unserer Inkarnation in diesem grobstofflichen Körper ist, daß wir durch Behinderung und Beschränkung, durch Übung und Bemühung schließlich zum *individuellen* Selbst-Bewußtsein kommen, so daß alle unsere Handlungen selbst-bestimmt sind.

Vielleicht ist eine noch bessere Erklärung des Evolutionsprozesses denkbar, daß nämlich der Plan Gottes auch embryonale spirituelle Wesen (oder unreife Embryonen) umfaßt, die zwar nur ein einfaches Basis-Bewußtsein besitzen, das aber dennoch unendlich und ewig ist. Der Plan gestattet die Reifung dieser Embryonen, so daß auch sie dahin gelangen, ihre Göttlichkeit zu erkennen, die sie schon immer besessen, aber nicht wahrgenommen haben. Ein ständiges Leben der Beschränkung, der Begrenztheit und des Kampfes verleiht dem Dasein allmählich Intensität und explosive Energie, Entschlossenheit und ein machtvolles Verlangen nach Individualität, ohne die der Evolutionsplan keinen Sinn hätte. Eduard Carpenter sagt in seinem Buch *The Drama of Love and Death* über die grobstoffliche Welt des Bewußtseins am unteren Ende des Bogens, über das Körpergefängnis der Seele mit seiner Beschränkung und Illusion:

»Der Teufel – Diabolos, der Verleumder und Spalter, das Prinzip der Trennung – regiert. Er baut die faszinierende, tragische, unentbehrliche Welt auf, die wir kennen. Egoismus und Ignoranz, die beiden gewaltigen Kräfte der Zwietracht und der Trennung, sind seine Diener. Die Erde ist der Schauplatz seiner konvulsivischen Haßausbrüche und seelenerschütternden Leidenschaft, aber dieser diabolische Prozeß ist nur ein Teil des Ganzen. Nach dem langen Abstieg, nach der Kondensation des Geistes und seiner Gefangenschaft in den beschränktesten, schwerfälligsten und selbstsüchtigsten Formen, nach seiner Sättigung in der Materie und nach seiner Verbannung in die Welt des Todes und des Leidens, beginnt die ansteigende Kurve seiner Befreiung und der lange Prozeß der Rückkehr. Dieser zweite Prozeß drückt sich vor allem in Liebe aus. Von Stufe zu Stufe manifestiert sich der spirituelle Geist immer deutlicher; durch Harmonie mit anderen, indem man etwas von deren Erfahrungen in sich aufnimmt, wird das eigene Leben bereichert ... Jede einzelne Seele macht einen allmählichen Aufstieg zum Bewußtsein der All-Seele durch, sie erlebt die allmähliche Befreiung und die Selbst-Entdeckung des göttlichen Keims im Innern ... Liebe ist ein Zeichen der Unsterblichkeit. Das menschliche Wesen stirbt und nimmt den göttlichen Kern nicht eher wahr, bevor es seine ewige Bestimmung erkannt hat. Hineingestoßen in die Materie und in den grobstofflichen Körper, hat der Mensch die Lektion von der Identität und Trennung gelernt. Alles, was der Teufel ihn lehren konnte, hat er gewissenhaft in sich aufgenommen. Nun muß er jene Identität in immer ausgedehntere Wirkungsbereiche hinein entfalten, um endlich ein vollständiger und vollendeter Aspekt des Einen zu werden.«

C.C. Massey beschreibt in seinem Buch *Thoughts of a Modern Mystic* den evolutionären Zyklus mit ähnlichen Worten: »Das Ziel der Verkörperung des Geistes in der Materie ist es vermutlich, durch Übung und Anstrengung zur individuellen bewußten Beherrschung des Selbst zu kommen, um im Handeln selbstbestimmt zu sein und nicht länger aufgrund automatischer oder unwillkürlicher Reaktionen auf vorangegangene Anregungen aus der Umgebung des spirituellen Geistes zu handeln ... Den spirituellen Geist unterscheidet von der Materie, daß das eine ein aktives, das andere ein passives Prinzip darstellt. Das aktive Prinzip entsteht und kommt zum Vorschein, indem es sich selbst vom passiven Prinzip freimacht, an das es zuerst gefesselt und dessen Gefangener es ist. Durch seine eigene Aktivität kann es sich allmählich befreien.«

Die Einheit mit dem Ganzen ist immer Realität gewesen, doch der Zustand der Individualität hat den Zustand des »Getrenntseins« von seinem Schöpfer geschaffen. Dieses Getrenntsein ist eine Illusion, die durch die vorübergehende Gefangenschaft in Zeit und Materie entstanden ist. Die Weiterentwicklung ist eine langsame, aber allmählich immer weiter fortschreitende Eliminierung der Illusionen (des Getrenntseins), so daß schließlich das Gefühl der Einheit mit dem Ganzen auf Dauer die Vorherrschaft gewinnt. Bevor es dazu kommen kann, muß der embryonale spirituelle Geist zahllose Erfahrungen sammeln, sie in immer neuen Formen ausdrükken und dabei unaufhörlich die entsprechenden Aktionen und Reaktionen durchmachen. Erst dann wird die vollkommene Weisheit und die ewige Realität erreicht. Sobald das geschehen ist, nimmt die Seele göttliches Bewußtsein an, indem sie Zutritt zu den höchsten Gedanken findet und zu einem untrennbaren Teil des Ganzen wird.

Sollten Sie etwas verwirrt sein über die Unvollkommenheit, mit der die Weiterentwicklung der Seele dargestellt ist, so möchte ich Sie einladen, einmal aus einer anderen Richtung nach der Wahrheit zu suchen. Wenn Sie immer noch der Meinung sind, daß der kosmische Prozeß sinnlos und unnötig ist, dann bitte ich Sie, eingehend und sorgfältig über das folgende imaginäre Bild nachzudenken. Lassen Sie in Ihrer Vorstellung das Bild eines Zimmers entstehen. Der Raum hat weder Türen noch Fenster, so daß es keinen Zugang zur Außenwelt gibt. Tatsächlich existiert in diesem Fall keine Außenwelt. Der Raum ist ungewöhnlich schön, alles darin spiegelt die Eleganz absoluter Vollkommenheit. Es steht alles zur Verfügung, um ein ruhiges, ungestörtes Leben zu führen, ohne daß physische oder geistige Anstrengungen erforderlich sind. Rufen Sie diese Szene in Ihrer Vorstellung ganz lebhaft wach. Betrachten Sie sie einige Augenblicke und ergänzen Sie diese Vollkommenheit dann durch das Wissen, daß allein die Kraft des Denkens ausreicht, um augenblicklich das Gefühl von Hunger und Durst zu beheben. Denken Sie daran, daß keine Handlung erforderlich ist. Es gibt nichts, was Sie erreichen wollen, weil die außerordentlich schöne Umgebung und die Vollkommenheit all dessen, was Sie umgibt, Sie automatisch mit allem versorgt, was Sie brauchen. Nun versenken Sie sich einige Augenblicke in diese Lebensweise. Stellen Sie sich dann die Frage, wie lange Sie ein solches Leben ertragen könnten. Bedenken Sie, daß Sie alles haben und daß alles von absoluter Vollkommenheit und Schönheit ist. Alles drückt vollkommene Sicherheit aus. Niemals entsteht das Gefühl eines Mangels oder ein Wunsch, deshalb gibt es auch kein Gefühl der Angst und keinen Anlaß für Konflikte. Würde Ihnen die stets gleichbleibende Betrachtung von Schönheit und Vollkommenheit ausreichen? Könnte Sie das Fehlen jeder Tätigkeit und Leistung auf die Dauer befriedigen? Eine gewisse Zeit würden Sie mit Ja antworten, aber überlegen Sie einmal, ob Ihre Antwort auf lange Sicht, für den Rest Ihres Lebens gleich bliebe. Offensichtlich wäre das nicht der Fall. Die Erklärung dafür ist einfach: All diese Schönheit und Vollkommenheit bleibt an der Außenseite, Sie nehmen aber weiterhin die göttliche Herrlichkeit, die Realität *in sich selbst* nicht wahr.

Wir wollen jetzt die Situation innerhalb dieses Zimmers verändern. Es bleibt der gleiche ausgesucht schöne Raum, der gleiche Zustand vollkommener Perfektion. Den einzigen Unterschied bildet ein neugeborenes Kind, das in den Raum gelegt wurde. Alles, was für sein Wohlbefinden, für seine Zufriedenheit und zur Erhaltung seiner Gesundheit notwendig ist, wird sofort und perfekt erledigt. Das Kind wächst heran, es wird zu einem vollkommenen Musterbeispiel eines Erwachsenen. Sie müssen sich ins Gedächtnis rufen, daß dieses Kind niemals außerhalb des Zimmers gewesen ist, weil es keinen Ausgang gibt. Fühlen Sie sich noch einmal tief in die Situation ein. Sie werden bald zu dem Schluß kommen, daß Schönheit und Vollkommenheit für das Kind kein Gewicht und keine Bedeutung haben. Immer noch verwirrt? Wie kommt es, daß Sie selbst die schönen und vollkommenen Dinge zu schätzen und zu genießen wissen? Könnte es daran liegen, daß Sie bereits die »Gegensätze« dieser Manifestationen erlebt haben und daß Sie dadurch traurig gestimmt wurden?

Viele Leser haben sich über die Unglaubwürdigkeit und Unbrauchbarkeit der Geschichte von Adam und Eva im Alten Testament geäußert. Die meisten fanden darin keinen tieferen Sinn und keine nützliche Unterweisung und taten sie ab mit dem Hinweis, es handle sich um ein Märchen. Wenn wir uns jedoch ein wenig tiefer mit dieser Geschichte beschäftigen, dann finden wir eine erschreckende Ähnlichkeit mit unserer vorstehenden Idee vom vollkommenen Zimmer und kommen zu den gleichen Wahrheiten. Die Handlung beginnt im Garten Eden, dem vollkommenen Garten mit vielen wunderbaren Obstbäumen. Jede einzelne Frucht war vollkommen und von köstlichem Geschmack. Es gab diese herrlichen Früchte im Überfluß, und man konnte sich davon nehmen, soviel man wollte. Dann bildete Gott aus Erde den Menschen und blies in seine Nase den Lebenshauch: »So wurde der Mensch ein lebendes Wesen« (Genesis 2,7). Der entscheidende Punkt ist, daß Gott durch seinen *Atem* den Adam – er ist auch der männliche Aspekt, das erste Prinzip – erschuf. Deshalb ist Adam der Atem Gottes – das Leben! Leben muß, ebenso wie das Phänomen der Farbe, ein Ausdrucksvehikel haben. Leben kann sich (wie die Farbe) nicht durch sich selbst manifestieren. Es braucht ein Mittel, um sich auszudrücken. Es heißt, daß Gott aus der unteren linken Rippe (dem Bereich des Herzens) Eva erschuf. Eva, das zweite Prinzip, der weibliche Aspekt, ist das Vehikel für den Ausdruck des Lebens. Mit anderen Worten heißt das, Eva ist die Seele.

Das Leben ist ein Konglomerat aus Handlungen, Äußerungen, Gefühlen, Emotionen und Begierden. Leben drückt alle diese Reflexionen durch sein Vehikel, die Seele, aus, ebenso wie Farbe sich durch das entsprechende Vehikel in Erscheinung bringt, also durch die Blüte und so weiter. Die Seele ist auch das Vehikel, durch das die verschiedenen Bewußtseinsebenen Ausdruck finden. Die Seele, die in den dichteren Ebenen wohnt, spiegelt jene Seiten des Bewußtseins, die sich äußerlich als Grausamkeit, Haß, Selbstsucht und all die anderen niedrigen Emotionen zeigen. Auf den höheren Ebenen drückt die Seele das Ideal von Liebe, Mitleid, Selbstlosigkeit, Freundlichkeit, Selbstaufopferung und Großmut aus. Mit der Erscheinung Evas besitzt Adam eine Identität, ein Ausdrucksmittel. Denken Sie an dieser Stelle daran, daß Adam und Eva im Garten der Vollkommenheit wohnten (im vollkommenen Raum). Das ist nicht die Welt der Gegensätze. Hier gibt es nur einen Zustand, das Stadium der Vollkommenheit. Es besteht jedoch ein bedeutender Unterschied zwischen dem vorher beschriebenen vollkommenen Raum und dem vollkommenen Garten Eden. Der vollkommene Raum hat keinen Zugang zur Außenwelt. Im Garten der Vollkommenheit hat Gott in seiner Weisheit für Zugang zur Außenwelt gesorgt. Hier gab es auch einen verbotenen Bezirk. In diesem Bereich stand der Baum der Erkenntnis, den die Menschen nicht berühren durften und dessen Früchte zu essen ihnen verboten war. Eva betrat den verbotenen Bereich und wurde von einer Schlange in Versuchung geführt, einen Apfel zu pflücken. Eva nahm den Apfel und bot ihn Adam an, und dieser aß einen Bissen davon. Sogleich wurden sie aus dem Garten der Vollkommenheit vertrieben.

Die Schlange hat hier eine besondere Bedeutung. Sie steht symbolisch für die Polarität des Guten und des Bösen. Sie hat auch noch einen anderen Namen und wird in der Zen-Philosophie als Kundalini bezeichnet. Wir werden uns mit dieser Lehre jedoch erst später beschäftigen und jetzt unsere Geschichte von Adam und Eva fortsetzen. Auch der Baum der Erkenntnis hat eine besondere Bedeutung. In einem früheren Kapitel haben wir festgestellt, daß Erkenntnis (gespeichertes Wissen) in den Bereich des irdisch-menschlichen Geistes gehört. Dieser stellt eine Ansammlung von Informationen über die *äußere* Welt dar. Der irdisch-menschliche Geist gehört in die Welt der Gegensätze. Behalten Sie im Gedächtnis, daß Adam und Eva an einem Ort der absoluten Vollkommenheit geboren wurden. Hier existiert kein Gesetz der Gegensätze. Das heißt mit anderen Worten, hier gibt es keine Wahrnehmung von Gut und Böse, kein Negativ und kein Positiv, weder Weisheit noch Unwissenheit. Adam und Eva konnten Gut und Böse nicht erkennen, weil es in ihnen nicht existierte. Indem sie in den verbotenen Bereich eindrangen, wurde das Gefühl der Neugier geschaffen. Indem sie dazu verführt wurden, von der verbotenen Frucht zu essen (obwohl der Garten voll von anderen wunderbaren Früchten war), wurde eine sinnliche Wahrnehmung oder Erfahrung geschaffen, die die Menschen sofort in die Welt der Gegensätze verwies, die außerhalb des vollkommenen Gartens liegt. Nachdem ihre Sinne geweckt waren, verlangten sie nach immer neuer Befriedigung; so wurde die Begierde geschaffen. Das bedeutet, daß damit auch die Bindung an die Dinge der Außenwelt entstanden ist. Bei der Betrachtung der Geschichte von Adam und Eva sollten Sie erkennen, daß dies auch unsere eigene Geschichte ist. Jeder von uns wurde im Zentrum (im Garten der Vollkommenheit) geschaffen, im Zustand der Vollkommenheit, in der er diese Vollkommenheit gar nicht wahrnimmt oder begreift. Wer sich nicht in der Welt der Gegensätze befindet, weiß nichts von Gut und Böse, vom Negativen und Positiven.

Dies ist eine Welt ohne äußere Manifestation, ohne die Notwendigkeit, etwas zu erreichen, weil alles bereits vollkommen ist. Es gibt nichts, was erreicht werden könnte. In unserer Welt der Probleme ist nicht die Welt selbst das Problem. Sie und ich, wir sind das Problem, weil diese Welt, unsere individuelle Welt, eine Projektion von uns selbst ist. Wir sind nicht losgelöst von dieser Welt, wir *sind* diese Welt, und unsere Probleme werden auf diese Welt übertragen. Probleme können nur durch den irdisch-menschlichen Geist erzeugt werden. Die Welt besitzt keinen solchen Geist. Adam und Eva wurden nicht durch Zufall aus dem Paradies vertrieben. Sie mußten die Natur ihres eigenen Geistes (sich selbst) entdecken, und die einzige Möglichkeit dazu bestand darin, daß sie erkannten, was alles ihr Geist *nicht* war. Vor der Vertreibung waren sie nichts als Vollkommenheit, alles um sie herum war nur Vollkommenheit, aber eine Vollkommenheit ohne Einsicht und Verständnis. Es gab keine Unvollkommenheit, woran also sollten sie die Vollkommenheit erkennen? Es gab keine Bindung, wie also konnten sie Trennung kennen?

Ironischerweise gab es in diesem Stadium der Vollkommenheit auch sehr viel Unwissenheit, so beispielsweise Unwissenheit über die Gegensätze. In ihrer Unkenntnis der Gegensätze nahmen Adam und Eva den Apfel und schufen so Begierde und Bindung. Wenn der Mensch im Laufe der Zeit Begierde und Bindung überwindet, dann geschieht das, weil er Begierde und Bindung *erkannt* hat. Begierde und Bindung bedeuten Kampf und Konflikt, aber schließlich wird aus diesen beiden Aspekten die Weisheit des Friedens, der Harmonie und der Liebe entstehen. So ist der Prozeß der Individualisierung zuerst von Kampf und Konflikt bestimmt, begonnen in Unkenntnis der Gegensätze. Dadurch entstehen Geltungsbedürfnis, Begierde und Egoismus. Das gilt als der absteigende Bogen im großen Zyklus der Entstehung des ganzen Selbst. Das ganze Selbst bedeutet das Zusammentreffen der *beiden* Aspekte der Weisheit, des *passiven* (Materie) und des *aktiven* (spiritueller

Geist). Die Weisheit Gottes ist nicht nur das Gute, Positive, nicht nur Weisheit und Liebe, zu ihr gehört auch das Böse, Negative, die Dummheit und das Übel. Daher werden Adam und Eva (als Symbol für uns selbst, für Geist und Seele) unerbittlich hinabgezogen in die tiefsten Tiefen des Bewußtseins, bis sich das individuelle Selbst-Bewußtsein entwickelt hat. Dann beginnt die langwierige, überaus langsame Aufwärtsbewegung des ansteigenden Bogens. Alles, was gesammelt, gehortet und als real angesehen wurde, muß allmählich und unter Schmerzen geopfert werden, sobald die Natur der Dinge als negativ, unwirklich und als Ursache der Bindung erkannt wird. Während des Aufstiegs werden die Begriffe Gut und Böse, Liebe und Haß, das Negative und das Positive als relative Bezeichnungen erkannt, die einzig und allein der Welt der Gegensätze angehören.

Unser Leben besteht aus einer Reihe von Aktionen auf unterschiedlichen Bewußtseinsebenen. Bewußtsein ist Herausforderung und Reaktion, und das heißt Erfahrung. Erfahrung besteht aus Lernen und Registrieren. Denken ist Aktion, und sobald wir auf der Ebene des Bewußtseins, nämlich auf der äußeren Ebene agieren, führt das immer und unvermeidlich zu Konflikt, Kampf und Frustration. Obwohl man sagt, daß der Weg des Handelns der Gegensatz zum kontemplativen Leben ist, gibt es einen bestimmten Punkt auf dem absteigenden Bogen, an dem uns keine Alternative zum bloßen Handeln bleibt. Wir können dem Handeln nicht völlig entgehen. Alle Aktionen, ob physisch oder mental, ziehen unvermeidlich eine Reihe von Konsequenzen nach sich, und dann werden von uns weitere Handlungen gefordert. Eine Aktion führt zur anderen, aber wie geschrieben steht, daß *alles* Handeln seinen Ursprung im höchsten Geist hat, der unzerstörbar ist, folgt ebenso unvermeidlich die Opfertat, wobei der alles durchdringende spirituelle Geist ständig in unserem Bewußtsein ist. Tatsache ist: Wenn alle Schwierigkeiten, die durch die Gegensätze entstehen, beseitigt würden, dann wäre schwer vorstellbar, auf welche Weise überhaupt Fortschritte im Seelen-Charakter zu erreichen wären. Ohne diese Widerstände in der Natur und im Leben würde überhaupt nichts geschehen. Im Garten der Vollkommenheit gibt es weder Bedeutung noch Sinn und Zweck, wir würden in einem Meer antriebsloser, unbeweglicher Stagnation versinken. Nach der buddhistischen Philosophie gibt es zwei Arten des Handelns. Eine bezieht den Verzicht auf die »Früchte des Handelns« mit ein. Das bedeutet, nicht zu arbeiten, um den Lohn für sich selbst zu beanspruchen. Ein solcher Weg führt zu Kampf und Konflikt, wie wir das an Adam gesehen haben, der den Apfel nahm und davon aß. Das andere ist der Weg der Erweiterung durch liebende Hingabe an die Menschheit und damit an Gott. Wir müssen aber zuerst in die Welt der Gegensätze eintreten, und zwar auf dem Weg über den Garten der Vollkommenheit (dem Zentrum), indem wir am Genuß seiner Früchte teilhaben. Dann kehren wir auf dem Pfad von Angst, Konflikte, Kampf und Begierde durch Liebe und Verständnis wieder in den Garten zurück. Dabei lernen wir die bittere Lektion von der Bindung an die Früchte unseres Handelns. Eine Seele, die diesen Weg gegangen ist, bleibt nicht länger in einer Welt der Begierde und des Handelns verstrickt.

Die Beziehung zwischen dem Menschen und dem, was er als die äußere Welt bezeichnet, ist im wesentlichen eine Beziehung des irdisch-menschlichen Geistes zu den Objekten, die dieser Geistesebene angehören. Man muß deshalb davon ausgehen, daß die ersehnten Gegenstände dieser Welt in einem geistigen Bereich ihren Ursprung haben, der vollständig vom göttlichen Geist getragen wird. Der göttliche Geist ist die Kraft, die hinter allen Dingen steht.

Auch der endliche Geist hat sein begrenztes Maß an Kreativität, aber im gegenwärtigen Entwicklungsstadium des Menschen ist sie natürlich auf die materielle Ebene beschränkt. Der Mensch kann Objekte schaffen, doch das erforderliche Material oder die Substanz dafür existieren bereits aufgrund der göttlichen Intelligenz. Obwohl der Mensch imstande ist, die »Gedanken-Form« durch den Gebrauch von Materie auszudrücken (gemäß der durch die Sinne gesammelten Werte), wäre es demselben Menschen unmöglich, allein durch den

Denkprozeß einen Gegenstand von Dauer oder unbegrenzter Substantialität hervorzubringen. Wir müssen also davon ausgehen, daß der Geist des Menschen nicht die höchste Ebene im großen Plan des Evolutionsprozesses ist.

Der Mensch entwickelt sein individuelles Bewußtsein oder Ego durch eine Folge von Verhaltensweisen, Aktionen, Reaktionen und Prozessen, die ausschließlich seiner eigenen Sicherheit, seinem Wohlbefinden oder seiner Autorität dienen und die völlig ichbezogen sind. Wenn er die geringsten Unannehmlichkeiten hat oder auf Widerstände gegen seine Ambitionen trifft, dann ist er der Meinung, daß diese nur dazu da sind, bekämpft und überwunden zu werden. Die Emotionen, die ihm den nötigen Antrieb geben, können Habgier, Machtstreben, Angst, Besitzgier, Eifersucht oder Egoismus sein.

Für die erste, aber unumgängliche Stufe bei der Entwicklung eines individuellen Egos hält man die *absteigende* Kurve im großen Zyklus der höchsten Erleuchtung. Der vollständige Kreislauf des »Werdens« schließt offensichtlich auch *embryonale* spirituelle Wesen mit ein, oder anders gesagt: göttliche Wesen, die sich jedoch in ihrer gegenwärtigen Entwicklungsstufe auf niedrigen Bewußtseinsebenen befinden. Der langwierige und scheinbar endlose Entwicklungsprozeß dieser Seelen ist ein wesentlicher Teil des ganzen Entwicklungsplanes.

Seinem Wesen nach ist der große göttliche Plan nicht weniger als die vollkommene Erfahrung und das Erleiden der *endlichen* Ebene, um dadurch das *Unendliche* zu erkennen, um durch den Schmerz der Sterblichkeit die Unsterblichkeit und durch die Beschränkung die Allgegenwart wahrzunehmen.

Der scheinbar endlose Abstieg des spirituellen Geistes in die Grenzen der Dunkelheit, der Ignoranz, der Bindung an die Illusion der Materie und danach der langsame Aufstieg, bei dem Wahrheit, Liebe, Allgegenwart und das göttliche Selbst erkennbar werden, besagt, daß Gedanken, die auf der absteigenden Kurve als gut und notwendig angesehen wurden, nun zu Aspekten der Ignoranz, der Illusion und des Bösen werden und aufzugeben sind. Deshalb ist jede Seele, ganz gleich, wie gering man sie auch schätzt, ein künftiger Meister auf dem Weg seiner Entwicklung.

Bei all meinen Geprächen über spirituelle Themen, über das Ziel des Menschen und über Sinn und Zweck seiner Existenz beziehe ich mich immer wieder auf die Bibel, die Bhagavadgita, die Veden und die Upanischaden. Jede religiöse Schrift überall auf der Welt vermittelt uns die gleiche Wahrheit. Die Namen mögen sich ändern, die Orte können geographisch weit verstreut sein und die chronologische Reihenfolge der Ereignisse kann um Jahrhunderte auseinander liegen, die *Wahrheit* jedoch kann nicht unterschiedlich sein, sie kann nicht verändert, verdreht oder zerstört werden. Nur der irdisch-menschliche Geist kann so etwas tun, aber er wird dann die Wahrheit nicht mehr erkennen. Wahrheit ist die »unbekannte« Bewußtseinsebene. Man sollte die Schriften nie als Berichte über rein historische Ereignisse ansehen, die lange vor unserer Zeit anderen Menschen zugestoßen sind. Die Schriften enthalten Wahrheiten, die den Lebensweg jeder Seele betreffen. Wahrheit ist unendlich und allgegenwärtig. Das heißt, sie kann nicht auf einen bestimmten Ort, eine bestimmte Zeit oder auf ein oder zwei Personen beschränkt sein. Die absolute Wahrheit lebt in jeder Seele. Die überlieferten Zeugnisse aus dem Leben von Jesus, Krischna, Buddha, Moses, Mohammed und anderer Meister unterscheiden sich nicht von dem, was sich allmählich in jeder einzelnen Seele entfaltet. Jede Erfahrung, die die Meister freud- oder leidvoll durchlebten, ist auch unsere eigene Erfahrung, die entweder noch auf uns zukommen wird oder die wir bereits hinter uns haben. Die Wahrheit, die Weisheit, die diese Meister gewonnen haben, werden auch wir erreichen. Jedes Wesen, ganz gleich wie hoch oder gering, ist ein künftiger Meister. Jede Seele durchläuft den großen Bogen des Abstiegs in die grobstofflichen Bewußtseinsebenen und wird einmal wieder die Rückkehr zum kosmischen Bewußtsein erleben. Wenn also die Schriften von den Erfahrungen und Leistungen der großen Lehrer, Meister und Schüler berichten, dann sollten Sie sie so lesen, als ob es Ihre eigenen Erfahrungen und Sie selbst die handelnde Person wären. Jesus erlebte beispielsweise Kampf, Schmerz, Zorn, Angst und Enttäuschung. Jeder ist ein Jesus, da jeder den Kampf auf Erden erlebt. Christus ist keine Person oder Persönlichkeit, sondern das Erreichte, er symbolisiert den großen Sieg über die Bindung an die Illusion und an das Leiden und die Konflikte, die sie mit sich brachte. Christus bedeutet »der Gesalbte«, die göttliche Bestimmung für den Bereich des absoluten Geistes. Die Bibel (das gleiche gilt für alle Schriften) kann vom irdisch-menschlichen Geist nicht in der Sprache der Wahrheit wiedergegeben werden.

Das führt zu Widersprüchen und Verwirrung. Die wichtige Lehre, die der Leser aus der Bibel ziehen und behalten muß (auch das gilt für alle Schriften), besteht darin, daß dieses Buch ein Zeugnis oder ein göttlicher Plan für sein eigenes Leben ist. Jede einzelne Seele muß und wird den gleichen zweifachen Pfad gehen, den absteigenden Bogen und den aufsteigenden Bogen. Da es für alle Seelen die gleichen Pfade sind, sind auch für alle die Erfahrungen gleich. Wenn es Unterschiede in den äußeren Verhältnissen der indviduellen Seele gibt, so ist der Grund dafür, daß jede einzelne Seele eine unterschiedliche Bewußtseinsebene erreicht hat oder daß sie an einem anderen Abschnitt ihres Weges angekommen ist. Die Geschichte von Adam und Eva ist deshalb die Geschichte der menschlichen Seele – der Seele eines jeden Menschen. Jeder Aspekt dieser Geschichte enthält einen tieferen Sinn und ist Symbol einer Seelenerfahrung.

Wir haben bereits die Schlange vom Baum der Erkenntnis erwähnt. Die Schlange oder die Schlangenkraft wird in den Schriften des Hinduismus, in den vedischen und tantrischen Schriften symbolisch als zusammengerollte Schlange dargestellt, die an der Basis der Wirbelsäule schläft. In diesen Texten wird sie als Kundalini-Kraft bezeichnet. Dieser Gedanke ist jedoch nicht auf die indischen Schriften beschränkt. Er wird auch in den alten Literaturen Tibets, Ägyptens, Chinas, Griechenlands, der Sumerer und vieler anderer Kulturen und Traditionen erwähnt, und dazu gehört auch das ganz frühe Christentum. Denken wir nur daran, daß im Alten Testament geschrieben steht, daß Moses in der Wüste eine »eherne«

Schlange an einer Fahnenstange aufhängte, und jeder, der von einer Giftschlange gebissen wurde und zu dieser Kupferschlange aufblickte, blieb am Leben. Auch die zum Kopfschmuck der Pharaonen gehörige Schlange und die gefiederte Schlange Südamerikas sind Hinweise auf die Kundalini oder Schlangenkraft. Das Wort Kundalini kommt aus dem Sanskrit, bedeutet soviel wie »zusammengerollt« (wie eine Schlange) und weckt die Vorstellung latent vorhandener Kraft oder starker Energie, die jederzeit zur plötzlichen Freisetzung bereit ist. Sie gilt als Ausgangspunkt, um einen höheren Bewußtseinszustand zu erreichen. Mystiker und Meister bezeichnen sie als die Lebensenergie. Obgleich die Kundalini-Kraft vor allem in den Geschlechtsorganen gespeichert ist (aus diesem Grund hat sie ihren Sitz am unteren Ende der Wirbelsäule), ist sie auch im gesamten Körper vertreten. Die Kundalini-Kraft ist nicht nur eine Energie oder Superintelligenz, wie sie bei Mystikern, Gurus und Meistern auftritt, sondern sie wirkt jederzeit in jedem Menschen. Bei den meisten ist sie nur als ein langsamer, stetiger Strom durch den Körper vorhanden. Es gibt jedoch eine beträchtliche Variationsbreite in der Kraft oder Gewalt dieses Fließens. Diese Unterschiede bestimmen die intellektuelle, psychische, schöpferische und ästhetische Entwicklung des Menschen. Beim Genie und dem hochsensiblen, kreativen Künstler strömt eine vergleichsweise größere Flut von Kundalini-Kraft durch Körper und Gehirn. Diese aktive Superintelligenz umgibt und durchdringt jede einzelne Zelle, jedes Molekül und steuert zielbewußt die Entwicklung eines jeden noch so winzigen Teilchens lebender Materie. Die Strömung trägt das entscheidende Lebensprinzip in jede Zelle und verleiht ihr Energie, sie reinigt und erneuert jeden aktiven Bereich des Körpers und des Gehirns.

Nach ihrem Erwachen durchläuft die Kundalini die sieben spirituellen Zentren (Chakras), die entlang der Wirbelsäule angeordnet sind. Viele Mystiker behaupten, daß sie die einzige Verbindung mit dem Universalbewußtsein darstellen. Das Erwachen der Kundalini, das nur nach vielen Jahren intensiver Meditation geschieht, ist die höchste Erfahrung und Errungenschaft des Menschen auf dem Weg seiner Weiterentwicklung. Wie zeigt sich der Kundalini-Prozeß? Als erstes wird sich der Mensch einer *neuen* Erkenntnis bewußt, er erkennt Sinn und Zweck des Lebens. Dies ist ein neuer, höherer Bewußtseinszustand, das kosmische Bewußtsein des Mystikers und die Erleuchtung des Sehers. Es entwickelt sich auch eine Wahrnehmung der Einheit mit einer höheren Ebene des »Wissens«. Dies ist das Geheimnis aller spirituellen Disziplinen, aller esoterischen Lehren und Psychologien. Es ist der Schlüssel zu den medialen und heilenden Kräften, zu den künstlerischen Talenten, zu intellektueller Kreativität. Alles das bewirkt Kundalini, wenn sie mit der richtigen spirituellen Führung und Hingabe an die Meditation geweckt wird. Bestimmte Schulen empfehlen, den Fluß der Kundalini zu beschleunigen. Das kann außerordentlich gefährlich, schmerzhaft, schädlich und sogar tödlich sein. Die Kundalini-Kraft steigert und verstärkt alles, was sie auf ihrem Weg berührt, und das kann bedeuten, daß die Gesundheit ernsthaft bedroht wird, daß aber auch Geisteskrankheit in vielerlei Formen die Folge sein kann.

Ich habe der Kundalini zwei Grundkräfte zugeschrieben. Es sind die Kräfte des Guten und des Bösen oder die spirituelle Kraft und ihr Gegensatz, wodurch sich selbst innerhalb der Kundalini das Prinzip der Polarität bemerkbar macht. Kundalini ist zugleich der Verführer und der spirituelle Führer. Eva (die Seele) wurde von der Schlange in Versuchung geführt, und weil sie das Gesetz der Gegensätze nicht kannte, war ihre Unwissenheit der Funke, der ihre Sinne entflammte oder weckte. Die Sinne schufen eine Bindung an die sinnliche Erfahrung. Bindung ist der Gegensatz zur Ungebundenheit. Ungebundenheit ist allumfassender Geist. Eva erlebte etwas, das nicht nur spiritueller Geist war. Sie befand sich deshalb außerhalb des alles umfassenden, vollkommenen Zustandes, wie er durch den Garten Eden symbolisiert wird. Das macht deutlich, daß *Wahrheit* die Wahrnehmung aller gegensätzlichen Zustände ist: Liebe – Haß, Weisheit – Unwissenheit, Schönheit – Häßlichkeit, Geistiges – Geistloses, Beschränkung – Unendliches, Realität – Illusion und so weiter.

Die große Intelligenz erkannte, daß Adam und Eva nicht als reife Erwachsene lebten. Sie konnten noch nicht zwischen wirklich und unwirklich unterscheiden. Deshalb waren für sie in jenem Stadium alle Dinge gleichermaßen real. Noch heute lebt so mancher Adam und so manche Eva unter uns. Sie sind die Unwissenden, die glauben, daß alles real und von Dauer ist. Der Unwissende hält alles für selbstverständlich. Er liebt das Leben und haßt den Tod. Er klammert sich nur an das Angenehme und jammert über das Schmerzliche. Der geistig reife Mensch akzeptiert alle gegensätzlichen Aspekte. Er hat alle Gegensätze kennengelernt. Er weiß, daß es das Gute nicht ohne das Böse geben kann, keine Lust ohne Schmerz, das Unendliche nicht ohne das Endliche, Realität nicht ohne Illusion. Er hat gelernt, leidenschaftslos zu sein. Leidenschaftslosigkeit ist weder Optimismus noch Pessimismus. Wer immer optimistisch ist, ist ein Träumer, aber wer immer pessimistisch ist, hat eine negative Einstellung und ist innerlich tot. Leben ist Bewegung, *Aktion,* und es kann keine Aktion ohne *Reaktion* geben. Alle unsere Handlungen sind Kanäle für unsere Gedanken, und das Leben verlangt nach *Selbst-Ausdruck.* Ohne diesen Selbstausdruck und die darauf folgenden Reaktionen gibt es keine innere Erkenntnis und infolgedessen keinen Sinn des Lebens.

Die meisten Menschen können nur reagieren. Was sie tun, sagen oder denken, geschieht entweder zwanghaft oder impulsiv. Wie können sie sich auf diese Weise selbst kennenlernen? Die *Bhagavadgita* erwähnt drei Arten des Egos. Das unentwickelte Ego hat keine Vorstellung von sich selbst, keine Persönlichkeit, es ist unreif, handelt immer impulsiv und defensiv. Ein solcher Mensch beschäftigt sich nur damit, was andere von ihm denken. Des weiteren gibt es das sinnliche Ego. Ein Mensch dieser Art besitzt sehr viel Stolz, er ist fasziniert von seinem eigenen Erscheinungsbild. Dabei ist er unsicher, versucht ständig, sich anderen gegenüber zu beweisen. Er kann auch aggressiv werden, weil er sich immer in der Defensive befindet. Er lebt nie in Frieden mit sich selbst, deshalb kann er auch nicht in Frieden mit anderen leben. Seine Welt ist feindselig und stellt eine ständige Beunruhigung für ihn dar. Im Gegensatz zu diesen ersten beiden Formen des Egos steht das reife Ego. Ein Mensch, der dieses Stadium erreicht hat, ist gewöhnlich ruhig, zurückhaltend und bescheiden, er lebt deshalb ganz unauffällig.

Das Leben des geistig reifen Menschen verläuft in einem harmonischen Rhythmus von Tätigkeit und Zurückgezogenheit. Die Kontemplation geht der Aktion voraus, der Bindung folgt die Lösung. Ein solcher Rhythmus wird im Zen-Buddhismus als kosmischer Rhythmus bezeichnet. Ohne das Bewußtsein des kosmischen Rhythmus gibt es nur Konflikt, Verwirrung und Angst. Der kosmische Rhythmus ist die erste Stufe, ihm folgt die Erkenntnis und dann die Akzeptanz, daß es keine Erfahrungsebene gibt, auf der nicht Polarität existiert. Wir müssen uns bewußt sein, daß Freude und Trauer, Lust und Schmerz unsere besten Lehrer sind, und daß wir den inneren Weg genauso sicher durch die Übel dieser Welt wie durch das Gute finden können. Viele denken vielleicht, daß es leichter sei, vom Zustand spiritueller Erhabenheit aus, durch Meditation zur Wahrnehmung Gottes zu gelangen, aber es ist eine weitaus größere Leistung, die vollkommene Erleuchtung auf der Ebene der Sinne zu erlangen.

Mystiker haben schon immer diesen Weg gezeigt und gelehrt. Sie bezeichnen ihn als den mittleren Weg, weil sie erkannten, daß man niemals vollkommene Erleuchtung finden kann, wenn sie nicht auf *jeder Bewußtseinsebene* erlebt wird. Der mittlere Weg der Erleuchtung bildet einen Gegensatz zum Leben der spirituellen Kontemplation, aber wir wollen uns in diesem Zusammenhang auch daran erinnern, daß es bestimmte Denkschulen gibt, die so sehr mit dem inneren Weg beschäftigt sind, daß sie dazu neigen, das Hier und Jetzt zu vernachlässigen. Obwohl unsere Sinnenwelt im wesentlichen nichts als eine Welt der Erscheinungen ist und wir nur für eine gewisse Zeit darin gefangen sind, können wir keineswegs auf die Frage verzichten, warum es diese Welt gibt. Die Sinnenwelt kann nichts anderes als göttlichen Ursprungs sein, und deshalb muß uns damit etwas von großem Wert zur Verfügung stehen.

Es ist unweigerlich ein Teil des göttlichen Planes, daß wir herausfinden, worum es sich dabei handelt. Wenn im Leben und in der Natur keine Gegensätze existierten, dann gäbe es keinen Anstoß für die Weiterentwicklung des Menschen. Offensichtlich ist das, was auf der physischen Ebene an Erfolgen erzielt oder erlebt wird, für die Seele nicht besonders bedeutsam. Der wahre Wert solcher Erfolge wird nur danach beurteilt, was damit im Charakter oder in der Persönlichkeit des Handelnden bewirkt wurde. Viele Männer und Frauen haben in ihrem Leben legendäre Leistungen vollbracht, sie haben großartige Institutionen gegründet, prächtige Gebäude errichtet und ehrfurchtgebietende Kunstwerke geschaffen, aber alle diese Schöpfungen sind vergänglich. Sie werden zwar zunächst von aller Welt gewürdigt, man registriert sie in den entsprechenden Gremien und Archiven als bedeutende Beiträge, doch im Grunde stellen ganz andere Dinge die unvergänglichen Werte dar, weil sie zu einem untrennbaren Bestandteil von Seele, Charakter und Persönlichkeit werden. Gemeint ist damit einmal der *Geist* des Menschen, der zuerst den Entschluß faßte, dieses Meisterwerk zu schaffen, und zum anderen die durch ihn angeregte physische Leistung, der Mut und die Entschlossenheit, die der Mensch dabei entwickelte.

Es ist sehr bedauerlich, daß ausschließlich die Aktion zu dem von der Sinnenwelt akzeptierten Weg geworden ist. Die physische Ausführung der Idee ist das eine Ziel. Die Ausführung befriedigt natürlich die Forderung der Sinne, doch sobald ein bestimmtes Programm abgeschlossen ist, haben wir sozusagen »reinen Tisch gemacht«, und der Weg ist frei für das nächste Programm, das wird dann wiederum von einem anderen abgelöst und so weiter. Ein solches Leben hat nicht nur den spirituellen Weg völlig aus den Augen verloren, es hat sich zu einer ununterbrochenen Serie von Projekten entwickelt. Mit seinem Erfolg findet jedes einzelne Projekt in sich selbst ein Ende. Natürlich befriedigt jedes Projekt ein Bedürfnis, vielleicht das eines einzelnen Menschen, möglicherweise aber auch das von Millionen. Jedes Projekt jedoch ist einmal abgeschlossen. Mit anderen Worten heißt das: Jeder Plan, jedes

Projekt oder Programm, ganz gleich, wie gigantisch und großartig es auch sein mag, besteht aus dem gleichen Material wie der schon häufig zitierte »Hamburger« und erfüllt auch den gleichen Zweck, nämlich ein Bedürfnis zu befriedigen.

A. C. Benson kam in seinem Buch *Escape and other Essays* offensichtlich zu dem gleichen Schluß. Er schrieb: »Das befriedigte Bedürfnis schafft die am wenigsten zufriedene Stimmung ... Dieses seltsame Gefühl der Unrast, das uns zu Aktivität und Energie antreibt, scheint uns nicht gegeben zu sein, damit wir unsere Ziele verwirklichen, die sich als hohl und schal erweisen, sobald sie verwirklicht sind, sondern damit wir die Erfahrung um ihrer wohltuenden Wirkung willen tief in uns aufnehmen.«

Er sagt weiter, daß die Arbeit, die wir tun, die Seele wenig berührt, aber die Tatsache, daß wir uns mit einer Arbeit beschäftigen, verschafft den Sinnen Befriedigung. Diese Erkenntnis ist wenig befriedigend für alle, die sich für eine bessere Gesellschaft, bessere Lebensbedingungen, grundlegende Sozialreformen oder den Weltfrieden einsetzen. Natürlich geschieht das alles aus spirituellen Motiven, aber vor allem kommt es auf die *Lösungen* für diese Probleme an, und zwar auf *dauerhafte* Lösungen. Wenn wir mit Programmen und Plänen beginnen, werden wir zu keinen dauerhaften Lösungen kommen, weil alle Programme und Pläne Ziel und Ende haben. Nach Lösungen muß man auf der Ebene des *spirituellen Geistes* suchen. Das materielle Bewußtsein ist nur das Mittel, durch das die Programme zu Lösungen werden. Lösungen gehen immer vom Bereich des spirituellen Bewußtseins aus und nicht von Programmen.

Viele werden mit einer solchen Handlungsweise nicht einverstanden sein, aber lassen Sie uns einmal innehalten und darüber nachdenken. Wenn Sie einem hungrigen Menschen ein paar »Hamburger« geben, einen neuen Anzug, einen warmen, gemütlichen Platz, um sich auszuruhen, genügend Arbeit, damit er beschäftigt ist und Geld verdient, was erreichen Sie damit? Für den Augenblick hat der Betreffende keinen Hunger mehr, er besitzt warme Kleidung und findet einen

Platz zum Schlafen, aber ist das wirklich genug? Sie haben vielleicht ausreichend für sein materielles Wohlbefinden gesorgt, aber ist das auf Dauer die Lösung? Das einzig Gute daran ist mit Gewißheit nur das, was *Sie* getan haben. Ihre Handlungsweise kann ein Gefühl der Dankbarkeit, ja sogar der Zuneigung im Empfänger hervorrufen, aber ist das genug? Wie lange können Sie geben? Wie lange können Befriedigung und Dankbarkeit aufrechterhalten werden? Auch wenn Sie Ihr ganzes Leben der Hilfe für diesen Menschen widmen, wieviel helfen Sie ihm wirklich? Was geschieht, wenn Sie plötzlich sterben sollten? Es ist natürlich immer möglich, daß Ihr Beispiel die Einstellung des Empfängers verändert. Vielleicht bringt ihn Ihre Güte sogar auf den Weg zur spirituellen Einsicht, aber geschieht das in jedem Fall? Das ist äußerst unwahrscheinlich. Wo liegt also die dauerhafte Lösung? Glück ist niemals im Überfluß an Dingen zu finden, sondern nur im Bewußtsein. Niemand kann einem anderen befehlen, glücklich zu sein. Niemand kann bei einem anderen Glück hervorrufen, indem er dessen Wünsche und Forderungen erfüllt. Daher ist eine tiefere Analyse der Sozialreformen und der entsprechenden Planungen in aller Welt erforderlich. Es ist klar, daß wir im inneren Bereich, mit dem Bewußtsein, dem menschlichen Geist, anfangen müssen, wenn wir mit unseren Plänen nicht im Äußeren ansetzen können. Wir haben bereits bemerkt, daß alle Konflikte vom irdisch-menschlichen Geist ausgehen, weil die Gedanken und Ideale des Menschen sich auf die sinnlich wahrnehmbaren Früchte seines Handelns konzentrieren. Dauerndes Glück ist niemals im Dschungel sinnlicher Forderungen zu finden.

Tatsache ist offensichtlich: Wenn man all die Probleme, Konflikte und disharmonischen Elemente des Lebens vollständig aus dem Wege räumte und wenn nichts als die Seele des Menschen übrigbliebe, dann wäre schwer vorstellbar, wie sich die Seele überhaupt weiterentwickeln könnte. In welche Richtung sollte sie sich entwickeln, auf welchem Gebiet könnte sie Fortschritte machen? Es ist ebenso offensichtlich, daß sich Seelen auf unterschiedlichen Bewußtseinsebenen manifestieren. Wir leben mitten unter Heiligen und unter Sündern, und wenn der innerste spirituelle Kern der Seele bei allen denselben unendlichen, allumfassenden Charakter hat, dann ist klar, daß sich manche Seelen bereits weiterentwickelt haben, während andere noch ein ganzes Stück auf ihrem Weg zurücklegen müssen. Mit anderen Worten, bei manchen sind einige der niedrigeren Elemente des Lebens ausgeschaltet worden. Auf dem Weg des Handelns in unserer Sinnenwelt ist also etwas sehr Wertvolles potentiell erreichbar. Jede Handlung ist eine Auswirkung unseres inneren Selbst auf der materiellen Ebene. Unsere Handlungsweise wird durch Begierden bestimmt. Da jede Aktion eine Reaktion hervorruft, die sich zu unserem Nutzen oder zu unserem Schaden auswirken kann, lernen wir aus jeder Reaktion etwas über die Qualität des jeweiligen Verlangens. So erlaubt uns also auch der Weg des Handelns, ein Aufeinanderprallen von Gegensätzen zu erleben, ohne das jede Seele im Zustand der Antriebslosigkeit, der Bewegungslosigkeit und der Stagnation verharren würde.

Es ist daher von großer Bedeutung, daß jede Seele mit aller Kraft danach strebt, die niedrigeren Elemente des Bewußtseins auszuschalten, sobald sie durch entsprechende Reaktionen erkannt worden sind. Der Mensch kann aus Habgier, Egoismus und Grausamkeit handeln und wird dadurch viele Konflikte und Disharmonien erleben. Wer aber aus Liebe, Toleranz und Verständnis handelt, ist nicht in der Welt egoistischer Aktionen gefangen. Buddha weist darauf hin, daß die meisten Menschen handeln, weil sie sinnlichen Genuß für sich anstreben. Er sagt auch, daß die »Früchte« des Handelns die Hauptanziehungskraft darstellen. Solche Menschen machen alles und jeden für ihr Unglück verantwortlich und bemerken nie, daß die Gründe dafür in ihnen selbst liegen. Dagegen akzeptiert der erleuchtete Mensch all die paarweise auftretenden Gegensätze, weil er erkennt, daß er niemals das Gute erleben kann, ohne auch das Böse zu erfahren; Lust erfordert Schmerz, Leben bedingt den Tod.

Wie wir gesehen haben, erfordert der spirituelle Weg der Weiterentwicklung durch die Tat ständige Disziplin auf der materiellen Ebene. Nach Buddhas Worten gehört dazu auch der Verzicht auf die Früchte des Handelns. Des weiteren ist eine leidenschaftslose Einstellung gegenüber Erfolg und Mißerfolg erforderlich. Leidenschaftslosigkeit ist weder optimistisch noch pessimistisch. Stets optimistisch zu sein heißt, ein Träumer zu sein. Unentwegter Pessimismus dagegen ist etwas Negatives und Krankhaftes. Leidenschaftslosigkeit ist der mittlere Weg zwischen dem Negativen und dem Positiven. Das bedeutet, an der Aktion beteiligt zu sein, sich jedoch nicht von der Reaktion fesseln zu lassen. Leidenschaftslosigkeit ist der natürliche Rhythmus der Natur. Leidenschaftslosigkeit ist nur durch normales alltägliches aktives Handeln zu erleben und zu erreichen. Alles Leben ist Aktion, und es gibt keine Aktion ohne Spannung. Spannung gibt es nur, weil der irdisch-menschliche Geist vom mittleren Weg abgelenkt wird und sich ins Negative verstrickt. Alle unsere Handlungen sind nichts anderes als Kanäle für den Selbst-Ausdruck, und jeder Augenblick unseres bewußten Lebens verlangt nach Selbst-Ausdruck. Wenn es möglich wäre, den Selbst-Ausdruck auszuschalten, dann könnte die Seele keine Erfahrungen machen, sie bekäme also auch keine »Nahrung«, und infolgedessen hätte überhaupt nichts Sinn und Bedeutung, nicht einmal das Leben. Unser Selbst-Ausdruck sollte als eine Art Richtschnur genutzt werden, die anzeigt, wenn wir zu stark dem Negativen zuneigen oder zu sehr ins Optimistische, in das Reich der Träumer kommen. Der leidenschaftslose Mensch übt die vollständige Kontrolle über das innere Selbst aus. Die meisten Menschen können nur reagieren. Ihr Selbst-Ausdruck geschieht entweder zwanghaft oder impulsiv, defensiv oder aggressiv. Sie sind nicht zum natürlichen Rhythmus des inneren Selbst gekommen, sie haben den Mittelweg nicht gefunden. Ihre Aktionen oder Reaktionen sind vom Ego-Geist beherrscht. Sie sind nicht frei, um schöpferisch oder ausdrucksvoll zu wirken. Alle kreativen oder expressiven Reaktionen sind frei von inneren Beschränkungen.

Das Schlüsselwort für ein kreatives, ausgeglichenes Leben heißt »Mittelweg«. Uns geschieht nichts durch Zufall oder Schicksal. Was uns geschieht, schaffen wir selbst. Wir erleben nur das, was wir selbst hervorrufen. Wir gestalten unser Geschick durch unsere eigenen Handlungen, wir genießen oder leiden je nach der Qualität unserer Reaktionen. Wir sorgen selbst für unseren Frieden oder unseren Schmerz. Niemand hat die Macht, uns Ruhe und Frieden zu schenken oder Schmerz zuzufügen, wenn wir ihm diese Macht über uns nicht geben. Für Menschen, die vor der Realität zu fliehen versuchen oder für Opportunisten gibt es keinen Frieden. Zen lehrt, daß der Friede nur auf dem mittleren Weg zu finden ist. MacNeile Dixon hat in seinem anregenden Buch *The Human Situation* diesen Gedanken besonders einfach und klar ausgedrückt, als er schrieb: »Das Aufeinanderprallen von Gegensätzen könnte dazu geführt haben, daß es überhaupt ein Universum gibt, daß wir selbst, seine Kinder, existieren und daß diesem dunklen Boden des Konflikts (der Erde) die Schöpfung entsprang. Ohne Gegensätze in der Natur und im menschlichen Leben (ohne den weltweiten Kampf der ewigen Zwei) wäre überhaupt niemals etwas geschehen, ohne Motivation wäre alles in bewegungsloser Stagnation versunken.«

Kapitel 8

Das Gesetz des Karma. Das Leben des Menschen wird durch sein Handeln bestimmt.

Karma ist das höchste Gesetz des Universums, Quelle, Ursprung und Anfang aller anderen Gesetze, die überall in der Natur herrschen. Es ist das unfehlbare Gesetz, das auf der physischen, der mentalen und spirituellen Ebene Wirkung und Ursache einander zuordnet. Da keine Ursache ohne entsprechende Wirkung bleibt, von der gewaltigsten bis zur geringsten, von der kosmischen Störung bis zur Bewegung unserer Hand, und da Gleiches wiederum Gleiches hervorbringt, ist Karma das unsichtbare und unerkannte Gesetz, das weise, intelligent und gerecht jede Wirkung der Ursache anpaßt und letztere bis zum Verursacher zurückverfolgt.

(Nach H. P. Blavatsky)

Es gibt kaum einen Teil unseres Universums, der nicht von Krieg, Unglück, Revolution, Terrorismus, Hunger oder Seuchen heimgesucht wird. Überall in der Welt beten Millionen von Menschen für den Frieden. Sie hoffen, daß die vielen bedrückenden Probleme gelöst werden. Ebenso viele Menschen stellen sich die Frage, warum Gott das alles zuläßt, warum er diesen Problemen kein Ende setzt. Andere, die ein wenig von den esoterischen Wahrheiten wissen, gehen über diese Tragödien einfach hinweg: »Das ist eben Karma.« Für die meisten Menschen ist Karma etwas Mechanisches, Seelenloses, eine Strafaktion, die sie irgendeiner geheimnisvollen Ursache zuschreiben und von der sehr oft unschuldige Seelen betroffen sind. Andere halten Karma für nichts als eine Art Soll- und Haben-Konto, das von einem kosmischen Oberaufseher mißgünstig überwacht wird. Die fundamentalen Wahrheiten, die der Absicht und dem Verlauf des Karmas zugrundeliegen, sind auf intellektueller Ebene überhaupt nicht zu erklären. Der Intellekt beschäftigt sich ausschließlich mit Tatsachen, die aus unserer Welt der Sinne oder Phänomene stammen. Wenn es auf der Erde auch noch so viele weite Sandstrände und ausgedehnte Wüsten gibt, so ist die Anzahl der einzelnen Sandkörnchen und Kieselsteine, aus denen sie bestehen, doch nicht unbegrenzt. Sie sind zu zählen, weil diese Gebiete und die darin enthaltenen Teilchen nicht unendlich sind. Die spirituellen Gesetze dagegen, deren höchstes das Karma ist, stellen eine unendliche Kraft dar; dennoch handelt es sich beim Karma um ein lebendiges und teilnahmsvolles Gesetz.

Im vorigen Kapitel haben wir uns eingehend mit dem sogenannten mittleren Weg beschäftigt. Das Leben eines jeden Menschen, ob Bettler oder König, Narr oder Weiser, ist eine Pilgerreise zur allmählichen Erleuchtung. Der mittlere Weg des Lernens bezieht die Erfahrung von Gegensätzen mit ein. Jede Erfahrung, jede Emotion, ruft immer auch ihr Gegenteil hervor. Kriege und Konflikte, sowohl auf der universellen als auch auf der individuellen Ebene, wird es geben, solange der Mensch die Lehre vom Karma und die Natur des Prinzips der Polarität nicht erkennt.

Nur durch stets neue Erfahrungen und durch ständiges Beobachten können wir hoffen, zumindest ein wenig Einblick in diese Prinzipien, die höchsten und allesumfassenden Gesetze, zu erhalten. Daß das Karma in der westlichen Welt die am wenigsten verstandene und am meisten vernachlässigte Wahrheit ist, stellt ein schwerwiegendes Versäumnis dar, das sich der Mensch ganz entschieden selbst zuzuschreiben hat.

Viele Jahre lang, sogar viele Leben lang, hat der Mensch eine völlig falsche Vorstellung seiner wahren Identität aufgebaut. Für den Menschen des Westens ist es das Schwierigste, zu glauben, daß die Persönlichkeit, die er ist oder die er zu sein glaubt, also das Ego-Selbst, in Wirklichkeit Illusion ist. Es wäre für ihn sogar noch schwerer zu akzeptieren, daß diese Persönlichkeit, die er allein geschaffen hat, die einzige Ursache all seiner Ängste und Leiden ist. Daraus folgt, daß nur der, der den Weg des Karmas beachtet und erforscht, der ohne Frage und Ausflucht die Wirkung und Reaktion des Karmas annimmt, mit Gewißheit vom niederen Selbst und seinem unstillbaren Verlangen nach den Sinnendingen der Welt frei wird.

Karma ist ein Wort aus dem Sanskrit (eine altindische Schriftsprache) und bedeutet nichts anderes als *Handlung.* Jede Seele ist tagtäglich zu aktivem Handeln in irgendeiner Form gezwungen, um eine bestimmte Absicht zu verwirklichen. Das heißt mit anderen Worten: Hinter jeder Aktivität steht ein positives Motiv, und dieses Motiv besteht darin, eine Wirkung erzielen zu wollen, von der wir uns in irgendeiner Weise Nutzen versprechen. Deshalb ist ein *vernünftiges Motiv* die *Ursache,* und der erhoffte *Nutzen* ist die *Wirkung.* Karma ist also das Gesetz von Ursache und Wirkung. Wie wir aber aus Erfahrung gelernt haben, sind nicht alle Ursachen nützlich oder zuträglich, sie können auch überaus schmerzlich sein. Wer also eine Ursache in Gang setzt, wird unter deren Auswirkung zu leiden haben oder sich daran erfreuen können.

Karma, das höchste unsichtbare Gesetz, wird in jeder religiösen Schrift überall in der Welt gelehrt und gehörte auch zu den Grundüberzeugungen der Kirchenväter. Schon der heilige Paulus verkündete: »Täuschet euch nicht; Gott läßt seiner nicht spotten, denn was ein Mensch sät, das wird er auch ernten« (Galater 6,7). Das weist deutlich darauf hin, daß dieses Gesetz eine jede Ursache bewußt und unfehlbar bis zum Urheber zurückverfolgt. Das Karma selbst ist nicht imstande, etwas zu erschaffen. Es kann keine glückliche oder schmerzliche Erfahrung hervorbringen. Es ist vielmehr der Mensch oder, genauer gesagt, der irdisch-menschliche Aspekt seines Geistes, der die Ursachen und das Karma ins Leben ruft. Das Gesetz steigert die Harmonie, wenn eine Ursache einem harmonischen Geist entstammt, und es sorgt im anderen Fall unbarmherzig für die entsprechenden Auswirkungen, um die innere (also die universelle) Harmonie wiederherzustellen. Der Vorgang der Wiederanpassung setzt sich solange fort, bis der menschliche Geist die Natur einer Ursache oder den Zustand der Disharmonie erkennt.

Karma ist stets das Ergebnis des eigenen Denkens der Menschen, und die unweigerlich folgenden Auswirkungen sind nur das Spiegelbild der Qualität der Gedanken, die dem Handeln zugrunde lagen. Der berühmteste Vers im *Dhammapada* macht diesen Punkt ganz deutlich: »Alles, was wir sind, ist Folge des Gedachten. Es gründet sich auf unsere Gedanken, es setzt sich zusammen aus unseren Gedanken.«

Wie weit wir auch in der Geschichte zurückgehen, wir werden sehen, daß der Mensch stets für seine Freiheit oder für die Wiederherstellung irgendeines »Rechtes« gekämpft hat. Ganz gleich jedoch, wie oft oder wie lange er seine Schlachten ausgetragen hat, um irgendeine Veränderung seiner Umwelt zu erreichen, die sein »Recht« wiederherstellen oder ihm Genugtuung verschaffen sollte, das wesentliche Element, der Kern, ist ihm immer entgangen. Das liegt daran, daß die Ursachen für seine Freiheit und für sein Verlangen nach einem vermeintlichen »Recht« nur in seinem Kopf, im irdisch-menschlichen Geist vorhanden sind. Mit anderen Worten, die Lösungen sind ebenfalls im Bereich des menschlichen Geistes und nicht außerhalb davon zu finden. Bevor also die Natur dieser Ursachen nicht untersucht und erkannt und in die Sprache der Realität übertragen wird, ehe der menschliche Geist das Bedürfnis nicht aufgibt, irgend etwas erreichen zu wollen, werden die äußeren Auswirkungen immer bestehen bleiben. Deshalb gehen diese Denkmuster, diese Begierden und die unweigerlich dadurch hervorgerufenen Aktionen eine Art zwanghafter Bindung ein. Die daraus folgenden Störungen sind natürliche Versuche, die verlorene Harmonie durch das karmische Gesetz wiederherzustellen. Leider erkennt der Mensch diese Konsequenzen nie als spirituelle Bemühungen des Karmas, sondern sieht sie nur als entgangene Gelegenheiten, als Mißgeschick oder Zufall. Daraus folgt, daß jeder Gedanke, jedes Verlangen, jede Handlung unvermeidlich Konsequenzen nach sich ziehen, die angenehm, betrüblich oder außerordentlich schmerzhaft sein können. Diese Konsequenzen können rasch eintreten, aber ebensogut mit einer Verzögerung um Stunden, Tage, Monate oder sogar Jahre. Lassen Sie uns ein Beispiel betrachten. Jemand trinkt ein Glas Alkohol, um sich in einem Augenblick der Spannung oder Angst

Erleichterung zu verschaffen. Dadurch entflieht er seinem Problem jedoch nur für Augenblicke. Die schreckliche Folge ist, daß von nun an jedesmal, wenn der gleiche Zustand der Bedrängnis wieder auftritt, ein Teil des irdisch-menschlichen Geistes den Betreffenden daran erinnert, daß er durch Alkohol Entspannung finden kann. Da er in immer wiederkehrenden schwierigen Situationen vom Alkohol abhängig ist, könnte er innerhalb von Monaten oder Jahren zum Alkoholiker werden. Alkoholiker zu sein, bedeutet, sich in einem gefährlichen und entwürdigenden geistigen Zustand zu befinden, der schließlich einen tödlichen Ausgang nehmen kann. Es dauert in einem solchen Fall also einige Monate oder Jahre, bis sich die karmischen Konsequenzen falscher Handlungen zeigen.

Das, was wir sind, schafft also die Bedingungen und Umstände für unsere Existenz. Was wir sind, bestimmt die Qualität oder Struktur unseres menschlichen Geistes. Um diese Wahrheit vereinfacht zu illustrieren, wollen wir uns vorstellen, daß der menschliche Geist sich aus einer Aneinanderreihung unzähliger komplizierter Strukturen zusammensetzt, wobei jeder einzelne Bestandteil eine Handlung darstellt, die sowohl gut als auch böse ist. Jedes einzelne Teilchen haben wir irgendwann in der Vergangenheit geschaffen. Das bedeutet, daß es in Wirklichkeit kein Schicksal, kein Verhängnis und kein Ereignis gibt, das wir nicht selbst ins Leben gerufen haben oder für das wir nicht selbst verantwortlich sind. Auch in der *Bhagavadgita* heißt es, daß wir heute das Produkt unserer langen Vergangenheit sind und morgen das sein werden, was wir heute aus uns machen. Mit anderen Worten: Wir sind Sklave dessen, was wir gestern geschaffen haben, aber wir bleiben Herr über unsere Zukunft.

Vielen Menschen ist die Idee vom Karma zuwider, weil sie glauben, daß es ein grausames und unversöhnliches Gesetz ist. Sie halten es für eine Art unbarmherziger Maschine, die den Menschen für etwas leiden läßt, das er völlig unwissentlich getan hat, an das er sich nicht einmal mehr erinnern kann. Der Leser sei noch einmal darauf hingewiesen, daß das Karma selbst nicht imstande ist, irgend etwas hervorzubringen oder zu schaffen. Unsere Leiden sind Folgen unseres karmischen Handelns, das nur deshalb in die Bereiche der Unwissenheit und des Bösen gezogen wird, um das kosmische Gleichgewicht wiederherzustellen. Das Karma hat diese Bereiche der Unwissenheit oder das Böse nicht geschaffen, das hat vielmehr der Mensch selbst getan. Betrachten wir noch einmal das Beispiel des Feuers. Wenn der Mensch die Natur des Feuers überhaupt nicht kennt, wenn er nie zuvor in seinem Leben Feuer gesehen oder gespürt hat und wenn er dann aufgrund seiner Unwissenheit die Hand ins Feuer hält, dann wird der unmittelbar einsetzende Schmerz sofort die richtige Wirkung haben. Er wird nicht nur lernen, daß es gefährlich ist, ins Feuer zu fassen, sondern dieser Bereich der Unwissenheit wird auch augenblicklich in Wissen oder Erkenntnis verwandelt.

In der Seelenstruktur eines jeden Menschen gibt es viele Bereiche der Ignoranz oder der Unwissenheit, und das karmische Gesetz, die spirituelle dynamische Auswirkung der Ursache, zielt darauf, Bereiche des »Nichtwissens« in Bereiche des »Wissens« oder der Weisheit zu verwandeln. Mit diesem Mittel will das Universalgesetz dem Menschen zum »Erkenne dich selbst« verhelfen. Das bedeutet, nicht nur Gott, sondern auch (und das ist noch wichtiger) das Böse und die Unwissenheit im Innern zu erkennen. Es ist der einzige Weg zur vollkommenen Befreiung von allen Leiden, der Weg zum Frieden der Seele – zum Nirvana.

Dieses grundlegende Gesetz, die einzige und unverzichtbare Basis, um zum unendlichen, unvergänglichen Selbst zu kommen, muß sowohl in seinen negativen als auch in seinen positiven Aspekten ganz erfaßt und akzeptiert werden, bevor wir das Gesetz des Karmas vollkommen verstehen und seine Absicht erkennen können. Während die Liebe die höchste im Universum herrschende Kraft bleibt und ihre Gegenwart auf jeder Bewußtseinsebene zu spüren ist, muß auf jeder Ebene auch ein beherrschendes Gesetz existieren. Da auch das Karma dieser höchsten Kraft der Liebe unterworfen ist, kann man es nicht als einen kalten, unpersönlichen Faktor im Universum ansehen. Es gibt im Leben viele scheinbar sinnlose und außerordentlich tragische Ereignisse. Wir erfahren, daß ein hochbegabter junger Künstler plötzlich das Augenlicht verlor, kleine Kinder werden Opfer schwerer Unfälle mit tödlichem Ausgang, außergewöhnlich talentierte Menschen werden in der Blüte des Lebens zur Hilflosigkeit verdammt, sei es infolge einer Krankheit, sei es durch Geschehnisse, die wir leichtfertig als unglücklichen Zufall, als »Pech« eines unglückseligen Augenblicks bezeichnen. Für manchen ist es schwer, diese bitteren Ereignisse als einen wichtigen Teil der Lebensphilosophie hinzunehmen. Angesichts der Herausforderung solcher Fälle ist es kein Wunder, daß so viele von Argwohn erfüllt sind oder von ihren Zweifeln überwältigt werden.

Ist das richtig oder falsch? Herrscht im Universum Ordnung oder Chaos? Wie immer die Antwort auch lautet, eines ist sicher: Dieser Planet kann nicht zum einen Teil von einem unwandelbaren Gesetz und zum anderen Teil vom Zufall regiert werden. Entweder existiert das Gesetz oder es existiert nicht. Wenn es existiert, dann ist jeder ein Narr, der es nicht mit großem Beifall begrüßt und es stets berücksichtigt, ob es um die kleinste Einzelheit des Alltags geht oder um die Anerkennung als höchste schöpferische Intelligenz, aus der sich das ganze Universum herleitet. Es gibt überhaupt keinen Beweis für die Annahme, daß der Geist des Menschen die höchste Stufe im Evolutionsprozeß dieses Planeten darstellt. Betrachten Sie beispielsweise die unzähligen Millionen von Tier- und Insektenarten, die eine sinnreiche Erfindung der höchstmöglichen Ordnung darstellen. Kann man hier auch nur im entferntesten *manchmal* von einer kosmischen Ordnung und *manchmal* von Chaos sprechen? Es gibt nur eine Antwort, nämlich die, die Edward Carpenter in seinem Buch *The Art of Creation* auf brillante Weise liefert:

> »Schöpfung ist ein gewaltiges und sich unaufhörlich erneuerndes Kunstwerk, eine immerwährende Evolution und Expression innerer Bedeutungen durch äußere Formen, und das nicht nur im großen ganzen, sondern auch in jedem noch so winzigen Teil.«

Man muß also annehmen, daß die geistigen Gesetze der schöpferischen Intelligenz, die das Universum bilden, von unendlicher Vielfalt sind und unendlich viele Abstufungen in der Entwicklung aufweisen. Dennoch müssen sie alle einen gemeinsamen Daseinszweck haben, eine gemeinsame, koordinierende Intelligenz. Ein solches Gesetz oder eine solche Intelligenz ist mit dem logischen Verstand des Menschen nicht zu begreifen, Zugang findet man nur durch ein tiefes spirituelles Verständnis.

Lassen Sie uns aber noch einmal auf die sogenannten unverdienten Leiden *Unschuldiger* zurückkommen. Geschieht ihnen alles zu Recht, oder sind sie nur Opfer zufälliger Ereignisse, unter denen sie ohne Schuld zu leiden haben? Man sollte sich zuerst einmal daran erinnern und eingehend darüber nachdenken, daß viele solcher zufälliger Ereignisse auf unvorhersehbare und nicht immer angenehme Weise in unser Leben treten. Zu diesen Ereignissen gehören Erfahrungen aller Art, von solchen, die wir genießen, bis zu denen, die wir fürchten. Wir wollen uns jetzt mit einigen solchen Möglichkeiten beschäftigen.

1. Kann man sich eine Welt denken, wie sie von MacNeile Dixon in seinem Buch *The Human Situation* vorgestellt wird: »Ohne Gegensätze in der Natur und im menschlichen Leben … wäre überhaupt niemals etwas geschehen, ohne Motivation wäre alles in bewegungsloser Stagnation versunken.« Oder denken Sie an eine Welt, die Keats als »ein Tal des Seelen-Werdens« bezeichnet. Ist eine Welt denkbar, in der es nur Möglichkeiten zum Guten gibt, ohne jede Gelegenheit zum Schlechten oder Bösen? Wo hätten wir ohne Not und Unglück überhaupt Gelegenheit, weiterzukomen und etwas Besseres zu erreichen? Das alles dürfen wir nicht aus den Augen verlieren, wenn wir tragischen Geschehnissen gegenüberstehen.
2. Gibt es Ereignisse, deren Ursache die Intelligenz des Menschen übersteigt oder deren Ursache so fern liegt, daß es unmöglich ist, sie zum Ursprung zurückzuverfolgen?

3. Wenn wir genau und unfehlbar alle Einzelheiten der Naturgesetze und die vollständige Gesetzmäßigkeit aller Umstände auf der materiellen Seite in jedem beliebigen Augenblick erkennen könnten, dann und nur dann wäre es möglich, daß wir jede Situation im Universum berechnen und so die Dinge im voraus zurechtrücken oder ordnen könnten.

Wenn das alles möglich wäre, dann stünde es auch in unserer Macht, die entscheidenden Auswirkungen des Aufeinanderprallens von Gegensätzen zu verhindern, die nach Aussage der großen Meister das Universum entstehen ließen und denen auch wir selbst unser Dasein verdanken. Das »Tal des Seelen-Werdens« würde nicht existieren, und es wäre möglich, daß alles in unbeweglicher Stagnation verharrte. Der Leser sollte ernsthaft über die Bedeutung der Weiterentwicklung oder Manifestation der Seele nachdenken. Ist das nicht die Überwindung all dessen, was darunter liegt, und der Gewinn von allem, was sich darüber befindet?

Zum Glück für die menschliche Rasse ist es keinem Sterblichen möglich, alle Gesetze bis in die Einzelheiten zu kennen, so daß uns als »Rettung« das Unvorhersehbare bleibt. Wenn wir die unendliche Zahl der sich ständig ereignenden Geschehnisse und Handlungen betrachten, die Einfluß auf eine bestimmte Seele ausüben, dann müssen wir annehmen, daß eine völlige Voraussagbarkeit unmöglich ist. Obwohl diese Analyse vollkommen unzureichend ist, sollte sie uns zu der Erkenntnis verhelfen, daß für den unendlichen göttlichen oder kosmischen Geist, von dem alle Handlungen ausgehen, die Möglichkeit des Zufalls oder Unfalls nicht besteht. Wir müssen vielmehr die Fehlbarkeit des unentwickelten irdisch-menschlichen Geistes erkennen und die Existenz von glücklichen oder unglücklichen Zufällen innerhalb seiner Grenzen akzeptieren.

Der endliche menschliche Geist ist ein Sammelbecken aller vergangenen Erfahrungen, die im Laufe seiner anhaltenden Verbindung mit der Materie gesammelt wurden. Man kann deshalb nicht erwarten, daß der endliche menschliche Geist, der unaufhörlich mit seiner alltäglichen Existenz beschäftigt ist (ausgenommen ist nur der gelegentliche Blitz der Intuition, den nur wenige Menschen kennen), auf der Grundlage seiner eigenen früheren Erfahrungen etwas voraussehen oder vorhersagen kann. Die tragischen Unfälle, von denen wir betroffen werden, sind nicht allein Auswirkungen materieller oder physischer Ursachen, sie entstehen auch als Folge emotionaler und mentaler Faktoren. Dahinter stehen oft Vergeßlichkeit, Sorglosigkeit, Mangel an Aufmerksamkeit, Unfähigkeit und sehr oft auch Habgier. Wenn man den Einfluß des irdisch-menschlichen Geistes, des Emotionalen und den Austausch von Gedanken und Ideen berücksichtigt, dann kommt man zu dem Schluß, daß offensichtlich zu jedem unglücklichen Ereignis eine ganze Reihe von Menschen beiträgt.

Ich hoffe, daß wir nun einzusehen beginnen, daß eine einzelne Seele oder eine Gruppe miteinander verbundener Seelen kaum in der Lage ist, sich der unkalkulierbaren Ursachen bewußt zu werden, die nicht nur vom einzelnen heraufbeschworen werden, sondern an denen viele andere Seelen beteiligt waren. Jede karmische Handlung störender Art hat ihren Wirkungsmechanismus auf der Ebene des irdisch-menschlichen Geistes, und das, was wir auf dieser mentalen Ebene *sind,* zieht nicht nur automatisch und unbeirrbar die Umstände an, sondern bestimmt auch unsere Reaktionen auf diese Umstände. Der Philosoph Loftus Hare schreibt deshalb in *Mysticism of East and West:* »Der Mensch wird zu dem, was er tut.« Auf dieser Basis kann es so etwas wie Zufall oder Unfall überhaupt nicht geben, sondern nur das unwandelbare Gesetz von Ursache und Wirkung, das durch den individuellen menschlichen Geist und durch den Gruppengeist zum Ausdruck kommt.

Wie in dem Traum Jakobs viele Seelen auf einer Leiter, die von der Erde bis zum Himmel reicht, auf- und niedersteigen, so bewegt sich der Mensch auf vielen Erkenntnisebenen. Jede Stufe der Leiter ist eine höhere Ebene spiritueller Wahrnehmung. Über jede einzelne dieser Ebenen muß der Mensch im Laufe seiner Entwicklung hochsteigen, bis er die Ebene des unendlichen Bewußtseins erreicht hat und selbst zu dieser

Bewußtseinsebene wird. Nur dann erkennt er, daß er dieses unendliche Bewußtsein schon immer gewesen ist.

In der Zwischenzeit kann er das karmische Gesetz auf den niedrigeren Ebenen des Intellekts, wo sich unablässig Zweifel erheben, die die Wahrheit über die Bestimmung des Menschen trüben, nur als ein *gerechtes* Gesetz betrachten, das mit Geduld, Weisheit und Intelligenz jede Wirkung auf ihre Ursache zurückführt, so daß der Denker oder Urheber sich richtig auf die physische, die mentale und spirituelle Daseinsebene einstellen kann. So wird er ganz allmählich, Handlung für Handlung, zu seiner wahren Bestimmung zurückgeführt.

Karma ist kein blindes, lebloses Gesetz. Es dominiert nicht nur über alle anderen Naturgesetze, sondern ist auch ein lebendiges und intelligentes Gesetz, wie alle anderen bestimmenden Gesetze des Universums. Wie die großen Meister, die vom Zentrum nach außen wirken, so wirkt das Karma vom unendlichen Zentrum aus durch alle Ebenen bis ins Physische hinein. Ein anderes fundamentales Gesetz, das ebenfalls daran beteiligt ist, die stetige Weiterentwicklung der Seele des Menschen zu fördern, ist das Gesetz vom »Paar der Gegensätzlichkeiten«, also von Geist und Materie, von Subjekt und Objekt. Aus der ständigen Wechselwirkung dieser ursprünglichen Dualität entstehen die Motive, Handlungen und Reaktionen und deshalb auch das Karma, das wir selbst schaffen und erleiden, bis wir die Natur des Motivs als Illusion erkennen.

Ein weiteres wichtiges Prinzip ist der »Zyklus des Werdens«. Es betrifft die notwendige Pilgerreise jeder Seele, die im reinen Geist ihren Ursprung hat, dann durch die dichteste Materie geht und schließlich wieder den Weg zurück zum reinen Geist nimmt. Dieser ungeheure Zyklus der Verwandlung beschränkt sich nicht allein auf die Seele des Menschen, sondern er besteht innerhalb eines jeden lebenden Elements auf der Erde. Dieser unendliche Zyklus von Geburt, Tod und Wiedergeburt ist beim Atom ebenso wie in der Pflanzen- und Tierwelt zu beobachten.

Warum ist der Mensch in dieses furchteinflößende System der Dinge eingebunden und welche Stelle nimmt er dort ein?

Ich muß daran erinnern, daß der Mensch seinem Wesen nach reiner Geist ist. Sein absoluter Zustand liegt jenseits des Bereichs und der Erforschung durch das Denken. Der Einfachheit halber können wir sagen, daß der Mensch in viele Schichten von Schleiern »gekleidet« ist. Je weiter außen die einzelne Schicht liegt, um so dichter ist sie. Jede dieser Schichten könnte man als ein Vehikel bezeichnen, das es dem Menschen ermöglicht, zumindest für eine gewisse Zeit selbst zu den absteigenden Bewußtseinsebenen zu »werden« und damit zu kommunizieren. Jedes einzelne Vehikel ist eine Art feinstes Gewebe oder ein Stoff. Das niedrigste besteht aus unserem irdischen Material, das höchste ist von einer solchen Feinheit, daß es faktisch überhaupt nicht mehr existiert. Dennoch ist jede einzelne Schicht, von der dichtesten bis zur feinsten, nicht von dauernder Natur. Da das Karma unerbittlich und unbeirrbar für die entsprechenden ausgleichenden Wirkungen sorgt und dadurch die universelle Harmonie fördert, verändern sich die niederen Bewußtseinsebenen, während sich der äußere »Schleier« auflöst.

Manche Meditationsschulen bezeichnen diese »Schleier« als Häute, wie man sie etwa von der Zwiebel kennt. Bei den Meditationsübungen wird der Schüler zuerst angewiesen, immer wieder zu wiederholen, was er *nicht* ist, also zum Beispiel »Ich bin nicht dieser irdisch-menschliche Geist. Ich bin nicht dieser Körper. Ich bin nicht das, was stirbt ...« Wenn er die Wahrnehmung tief verinnerlicht hat, daß er das alles nicht ist, dann lösen sich die äußeren Schichten der Häute auf.

H. P. Blavatsky schrieb in ihrer *Geheimlehre:* »Denn das einzige Gesetz des Karma – ein ewiges und unveränderliches Gesetz – ist unbedingte Harmonie in der Welt des Stoffes, so wie sie es ist in der Welt des Geistes. Nicht Karma ist es daher, welches belohnt oder bestraft, sondern wir belohnen oder bestrafen uns selbst, je nachdem wir entweder mit, mittels und gemäß der Natur wirken, indem wir den Gesetzen, von denen diese Harmonie abhängt, gehorchen oder sie brechen.« (Kosmogenesis, Seite 704 f.)

Der Mensch als spiritueller Geist oder als höchste Form des

Sich-Selbst-Bewußten beherrscht das Universum mit Hilfe des Karmas, seines wohltätigen Gefährten. Sobald er aber einmal sein Karma geschaffen hat, muß er vor diesem Ungeheuer, das er selbst hervorgebracht hat, das Knie beugen und darf nicht darüber klagen, daß sein Schicksal oder Los seine Handlungen entgegen seinem Willen vereitelt oder daß es ihn ungerechten Reaktionen aussetzt. Mit anderen Worten: Das Gesetz des Karmas ist vollkommen unpersönlich. Es ist der hilfreiche und gehorsame Diener seines Schöpfers – des *Menschen.* Es ist *nicht* der Sklave eines Rache übenden Gottes. Daher scheint die Annahme logisch, daß es keinen Zweck hat, wenn wir versuchen, das Karma versöhnlich zu stimmen, wenn wir es anflehen, verfluchen und mit ihm hadern, weil nämlich das Karma ein Produkt unseres eigenen Denkens ist.

Gewiß gibt es im Leben große Ungleichheiten. Viele Menschen sind von Beginn durch einen mißgestalteten Körper, durch Blindheit oder andere Behinderungen schwer vorbelastet. Bei anderen ist die äußere Umgebung häßlich und voller Schmutz, oder das Leben erscheint unerträglich grausam, weil schon die Eltern gleichgültig und wenig liebevoll waren. Wenn solche Voraussetzungen nicht durch Zufall entstehen und nicht von Gott vorherbestimmt sind, welche Erklärung gibt es dann, die auch in ausreichendem Maße unsere Zuversicht berücksichtigt, daß alle Menschen gleich geboren werden und daß wir in einer gerechten Welt leben? Wenn wir uns den Menschen anschließen, die davon überzeugt sind, daß jede Seele, die in diese Welt hineingeboren wird, eine *neue* Schöpfung ist, dann haben wir keine andere Möglichkeit als zu akzeptieren, daß der Mensch nicht mehr als eine Figur auf dem Schachbrett des Lebens ist, die von einer unsichtbaren Hand ohne Mitgefühl und völlig planlos hin- und hergeschoben wird.

Bei unserem Versuch, eine annehmbare Lebensphilosophie aufzustellen, die *beweist,* daß Gott gerecht und gut und jeder Seele in allumfassender Liebe zugetan ist, und um zu zeigen, daß das Leben trotz der tiefen Ungleichheiten einen Sinn hat, dürfen wir die zeitlosen Glaubensvorstellungen nicht außer acht lassen, die von den Weisen des Ostens aufgezeichnet wurden. Unser erster Schritt besteht darin, von der Vorstellung abzurücken, daß jede Seele, die auf der Erde geboren wird, auf unerklärliche Weise eine neue Schöpfung Gottes sei. Platon war der Überzeugung, daß »die Seele etwas Unsterbliches sein muß«, und das setzt offensichtlich eine unendliche, unbegrenzte Zukunft voraus. Platon stellt im *Phaidon* außerdem fest, »daß unser Lernen nichts anderes ist als Wiedererinnerung und daß wir deshalb notwendig in einer früheren Zeit gelernt haben müßten, wessen wir uns wiedererinnern, und daß dies unmöglich wäre, wenn unsere Seele nicht schon war, ehe sie in diese menschliche Gestalt kam …«

Der Glaube an die Präexistenz der Seele wird von den Reinkarnationslehren gestützt, die bei den Weisen im alten Indien ihren Ursprung haben. Diese Anschauung wird vor allem in den Lehren des Buddhismus und des Hinduismus vertreten. Bei den frühen Griechen wurde sie von den Schulen des Empedokles, des Pythagoras und Platons gelehrt. Sie erscheint auch bei Philon von Alexandria. In früher römischer Zeit wurde sie dann von Cicero und Seneca aufgegriffen. Auch die Druiden der Gallier übernahmen den Glauben an die Präexistenz. In neuerer Zeit waren es Giordano Bruno, Swedenborg, Goethe, Lichtenberg, Hume, Schopenhauer und andere große Geister der älteren und modernen Philosophie. Die genannten Namen dürften ausreichend beweisen, daß die Lehren der Präexistenz von vielen der größten Gelehrten der Geschichte vertreten wurden.

Lassen Sie uns an dieser Stelle einmal eigene Überlegungen anstellen. Wir wollen dabei unseren Sinn für Logik und unseren Verstand einsetzen. Betrachten wir zunächst die ungeheuere Kluft zwischen den spirituell am höchsten entwickelten und weisesten Menschen, die wir kennen, und einem rohen, heruntergekommenen Kerl. Nun denken wir an die Meister, die Heiligen, die Mystiker und Weisen, und vergleichen deren Geist mit den primitiven, geistlosen Ungeheuern, von denen die Geschichte uns etwas überliefert hat oder denen wir selbst begegnet sind. Die durchschnittliche Lebensspanne des Menschen beträgt ungefähr sechzig Jahre. Ist es möglich, daß ein so gewaltiger Unterschied zwischen Vollendung und Versagen in einem so kurzen Zeitraum entsteht? Nun betrachten wir das hohe Niveau der legendären Musiker, Dichter, Schriftsteller und Philosophen und ziehen den Vergleich zum gewöhnlichen Mann von der Straße. Sicher ist die unglaubliche Differenz zwischen diesen nicht durch ein paar Jahre zu erklären. Es wäre klüger zu akzeptieren, daß solche Unterschiede die Folge vorhergegangener Lebenserfahrungen sind.

Wenn wir die obige Betrachtung weiterführen, dürfen wir die sogenannten Wunderkinder nicht vergessen, die von Zeit zu Zeit auf die Welt kommen. So beherrschte zum Beispiel Sir William Hamilton im Alter von drei Jahren meisterhaft die hebräische Sprache. Mit dreizehn Jahren hatte er sich beträchtliche Kenntnisse in zumindest dreizehn Sprachen angeeignet. Darunter waren außer den klassischen und modernen europäischen Sprachen auch Persisch, Arabisch, Sanskrit, Hindustani und Malaiisch. Mit vierzehn Jahren schrieb er einen Brief an den persischen Botschafter. Dieser antwortete, er könne nicht glauben, daß es in England einen Menschen gäbe, der ein solches Schriftstück in Persisch verfaßt hätte. Dr. Brinkley, Präsident der *Astronomer Royal of Ireland,* sagte über den achtzehnjährigen Hamilton: »Dieser Knabe ist der erste Mathematiker unserer Zeit.« Im Laufe der Zeiten gab es viele bemerkenswerte Genies, die seltene Talente zeigten, noch ehe sie zur Schule gingen. Das kindliche Genie kann man nicht einfach ignorieren, weil wir keine Erklärung für dieses Phänomen haben. Es muß eine Erklärung, eine Ursache geben. Nach Platon ist Wissen, das früh und leicht erworben wird, »altes« Wissen und stellt ein Herüberströmen großer Errungenschaften und Leistungen aus dem vergangenen Leben in das gegenwärtige Leben dar. – Mozart und Chopin haben bereits in ganz jungen Jahren vollendete Musik komponiert und mit hervorragender Kunstfertigkeit ein Instrument gespielt.

Wenn wir für die Präexistenz der Seele gute Beweise haben, und wenn viele der hervorragendsten Philosophen und Mystiker daran glaubten, dann stellt die Frage der Ungerechtigkeit oder Ungleichheit und des glücklichen und unglücklichen

Zufalls kein Problem mehr dar. Es gibt keinen Grund, warum eine Seele das, was sie zuvor geleistet hat, nicht immer aufs neue wiederholen könnte.

Tausende großer Denker und Dichter haben mit absoluter Gewißheit die Wahrheit des karmischen Gesetzes erkannt, das von der orthodoxen Religion zugunsten bestimmter starrer Glaubenssätze und Dogmen, von denen die ursprünglichen Religionsstifter nichts wußten, verworfen wurde. In seinem bemerkenswerten Buch *Reincarnation* schreibt E. D. Walker, ein Anhänger der Präexistenz: »Einst übernahm die ganze zivilisierte Welt den Gedanken der Reinkarnation und fand darin die vollständige Lösung für das Rätsel der Herkunft und der Bestimmung des Menschen. Der westliche Zweig der Rasse hat jedoch im Laufe der materiellen Eroberung der Welt zum Ausgleich auch die Unzufriedenheit einer materiellen Philosophie übernommen. Er hat seinen alten Glauben verloren und treibt in einem schattenhaften Bereich, in dem die Begierde nach ›praktischen‹ Dingen alles ablehnt, was nicht physikalisch beweisbar ist.«

Im Osten gilt das Gesetz des Karmas seit unvordenklichen Zeiten. Im Westen akzeptierte man es noch lange Zeit nach der Entstehung des Christentums; Griechen, Römer, Ägypter und Juden kannten es. Die Bibel beweist, daß zur Zeit Jesu dieses Gesetz durchaus bekannt war. Der Meister sagte darüber: »An ihren Früchten werdet ihr sie erkennen ... Jeder gute Baum bringt gute Früchte hervor, ein schlechter Baum aber schlechte. Ein guter Baum kann keine schlechten Früchte hervorbringen und ein schlechter keine guten« (Matthäus 7,16). Vergeltung übt also kein *Wesen,* wie groß es auch sein mag, sondern der *Vater* im Innern, der *Buddha* im Innern, das *Selbst* im Innern, von dem sowohl der Mensch als auch das allesumfassende Gesetz ausgegangen ist.

Als Jesus über die Präexistenz befragt wurde, sagte er vom Blindgeborenen: »Es hat weder dieser gesündigt noch seine Eltern, sondern daß die Werke Gottes offenbar würden an ihm« (Johannes 9; 1,2). Das weist deutlich auf ein früheres Leben hin.

Den Menschen und das Gesetz des Karmas kann man sich von gleicher Realität denken, wobei der Mensch der Vollstrekker des Gesetzes ist, und das trifft in einem gewissen Sinne ja auch tatsächlich zu. Das Leben ist die Pilgerreise einer allmählichen Entwicklung, der mittlere Weg von einer Geburt zur anderen, wobei der Mensch durch jede Erfahrung etwas mehr lernt, bis das Selbst, der Gott im Innern, wieder die vollkommene Herrschaft erlangt.

Kapitel 9

Was ist das Selbst?

Man wird Nachsicht üben, wenn der Neuling am Anfang seines Weges zu esoterischer Weisheit durch die Vielzahl unterschiedlicher Ausdrücke in Verwirrung gerät, die Lehrer, Philosophen und Eingeweihte in den verschiedenen religiösen Schriften gebrauchen. Der Leser bemüht sich, die Bedeutung der schwierigen metaphysischen Bezeichnungen zu erfassen und hofft aufrichtig, dadurch auch etwas von der echten Struktur des wahren Selbst zu begreifen.

Manchmal wird von »Schleiern« gesprochen, die zwischen dem weniger Realen und der absoluten Realität liegen. Andere sagen, daß die Struktur den »Häuten« einer Zwiebel ähnelt. Indische Philosophen bezeichnen als »Maya«, was das Licht dämpft, so daß wir in einer Welt des Zwielichts und der Dämmerung leben. Diese Welt ist zwar nicht völlig unwirklich, aber sie stellt doch die am weitesten von der absoluten Realität entfernte Welt dar. Die Lehrer und Meister des Westens beschreiben die Struktur als »die vielen Ebenen unseres Bewußtseins«. Jesus drückte den gleichen Aspekt mit den Worten aus: »Im Hause meines Vaters sind viele Wohnungen«. Damit meinte er natürlich, daß die Struktur des Selbst aus vielen Bewußtseinsebenen besteht. Es ist klar, daß alle diese Lehrer versuchen, komplizierte metaphysische Auffassungen auszudrücken, um eine bestimmte Idee von der Struktur des wahren Selbst zu vermitteln.

Was sind diese Schleier oder Häute, die das wahre Selbst vom niederen Selbst oder dem Erdenbewußtsein (dem irdisch-menschlichen Geist) trennen? Warum gibt es sie, was ist ihr wahrer Zweck und wo haben sie ihren Ursprung? Warum ist es notwendig, daß der spirituelle Geist von Schleier um Schleier immer dichter eingehüllt wird, bis sich alles Denken und alles

Bewußtsein auf eine Welt konzentriert, in der (wie es bei den Mystikern heißt) im Vergleich zum hellen Glanz des spirituellen Geistes nur ein trübes Zwielicht herrscht?

Nach Auffassung der Hindus existiert die Welt der Dinge ganz real. Sie ist keine Illusion, aber sie ist doch das von der absoluten Realität am weitesten Entfernte. Im Hinduismus finden wir den Gedanken, daß die Welt der Phänomene, die Erscheinungswelt, zwar nicht als die höchste Realität angesehen werden kann, da sie aber eine Form des Lebens darstellt, ist sie ein Ausdruck der höchsten Realität und gilt deshalb als göttlich.

Radhakrishnan sagt, daß eine der ersten Ebenen des realen oder mystischen Bewußtseins das intuitive Selbst ist, doch jenseits dieser Ebene gibt es noch unendliche Tiefen des absoluten Selbst, die auch als ganz feine, dünne Schleier zwischen dem intuitiven Selbst und dem Unendlichen, dem absoluten Zentrum, dem innersten Wesen, liegen. Die großen Mystiker des Ostens behaupten, daß dieses innerste Wesen die wahre Existenz des Menschen darstellt, das wahre »Ich«, das unsterblich und göttlich ist. Der Ego-Geist oder das niedere Selbst kann, soviel wir wissen, als der dichteste aller Schleier angesehen werden, weil er stets fest an Materie gebunden ist. Es ist der irdisch-menschliche Geist, für den sich gewöhnlich die unerweckten, unerleuchteten Wesen halten und an den sie sich binden.

Es ist dem Ego möglich, nach langer Meditationsübung einen Blick auf das höhere Selbst zu werfen. Dieser Vorgang stellt eine mystische oder mediale Erfahrung dar, die als so überwältigend empfunden wird, daß Worte nicht ausreichen, um sie zu beschreiben. Zur weiteren Erklärung dieses Geschehens verweise ich den Leser noch einmal auf die Einführung zu diesem Buch. Das göttliche Ziel und der eigentliche Sinn des Lebens besteht darin, daß das Ego schließlich vollkommen vom höchsten Selbst absorbiert wird. Das kann nur geschehen, wenn der letzte Schleier verschwunden oder die letzte »Schale« beziehungsweise »Haut« abgefallen ist. Buddha sagte über diese Tatsache: »Im Nichts wirst du die Wahrheit finden.« Er wußte wie alle Meister und Mystiker, daß nur die Bindung an die Dinge der Welt die vielen Schichten von Schleiern geschaffen hat und aufrechterhält. Die vollkommene Auflösung aller Schleier wird von den Weisen Indiens als *Samadhi* bezeichnet. Wer *Samadhi* erlebt, wird ein völlig veränderter Mensch, weil sein Ego-Selbst nicht mehr existiert. Sollte der Leser an dieser Stelle ängstlich werden oder um seine persönliche Identität fürchten, weil er glaubt, er sei dazu verurteilt, von einem grenzenlosen Bewußtsein aufgesaugt zu werden und das Gefühl des »Seins« zu verlieren, so kann er ganz ruhig sein. Das ist nicht der Fall. Es kommt bei diesem Vorgang vielmehr zu einer heiter-gelassenen vollständigen Einheit mit dem *Einen.*

Obgleich das Gefühl des absoluten Ego erhalten bleibt, gibt es dann keinen »Egoismus« mehr, weil das Ego ganz zum Diener des höheren Selbst wird, während das Ego-Selbst in der Vergangenheit nur Meister aller Sinne war. Die Sinne sind die Zentren der Begierden und der Ursprung unserer Bindung an die Sinnesobjekte. Radhakrishnan beschreibt diese Situation folgendermaßen: »Die bewußte Trennung oder Abspaltung vom göttlichen Wesen (die Trennung des Objekts vom Subjekt), der Normalzustand der nicht wiedergeborenen oder nicht erleuchteten Menschheit, wird aufgehoben. Der Mensch wird zu dem, was er erblickt (vollkommene Freiheit). Die Unterscheidung zwischen Objekt und Subjekt wird davon (vom göttlichen Wesen) absorbiert, und die Seele, die im Nichtsein (in der Nicht-Bindung) fortdauert, erkennt, daß sie *alles* besitzt. Eine unbekannte Ruhe kehrt in die Seele ein, ein großer Frieden entsteht, die Vision, der Funke (die Erleuchtung), die höchste Bewegung des Einswerdens oder die bewußte Wahrnehmung entfacht im ganzen Wesen die Flamme des Zieles der Vollkommenheit. Die höchste Wahrnehmung, die höchste wahrgenommene Gegenwart, bringt eine Verzückung mit sich, die über die Freude hinausgeht, ein Wissen über den Verstand hinaus, eine Empfindung, intensiver als die des Lebens selbst, unendlichen Frieden und Harmonie.«

Diese Erfahrung erwartet den Menschen, der aus seiner bis dahin akzeptierten Lebensweise erwacht. Diese Erfahrung ist mit der eines Menschen zu vergleichen, der lange Alpträume erlebt hat, ein kaum bestimmbares Traumgeschehen, niemals befriedigend, immer erschreckend. Plötzlich erwacht er an einem wunderbaren, hellen Frühlingsmorgen und ist frei von allen Ängsten und Nöten. Jeder Träumer hält seine Traumerlebnisse während des Träumens für wahr. Sobald er erwacht, erkennt er den Traum als Illusion, und der Wachzustand wird für ihn zur Realität. Die Welt der Objekte und der Dinge scheint eine Zeitlang die reale Welt zu sein. Der Grund dafür sind die zahlreichen Schleier, die mit Erfolg den realen oder absoluten Zustand verhüllen. Was wir nicht sehen, berühren oder bewußt wahrnehmen, erzeugt in uns den Zustand völligen Nichtwissens. Die Folge davon ist, daß das, was wir sehen, berühren und erfahren, zur Realität wird. Wir können uns nicht die Frage stellen: »Was sind das für Schleier, die den Rest von mir verdecken?« Wir können nicht nach diesen Schleiern suchen, weil sie für unseren normalen Bewußtseinszustand überhaupt nicht existieren. Dieser Zustand des Nichtwissens, unsere Bindung an das Irdische, bringt uns dazu, daß wir immer mehr auf unseren Ego-Geist vertrauen. Er ist das einzig Erkennbare, auf das wir uns scheinbar verlassen können. Genau wie der Träumende im Schlaf das »Selbst« des normalen Wachzustandes vergißt, so erkennt der Mensch, der dem Ego-Zustand verhaftet ist (der Welt der aufeinanderprallenden Gegensätze von Gut und Böse, von Weisheit und Dummheit, von Freude und Schmerz) seinen wahren »Wachzustand« nicht.

Obwohl so viele dichte Schleier die unendlichen Bewußtseinsebenen umgeben, wird jeder einzelne dieser Schleier, vom dichtesten bis zum feinsten, durch die höchste Ebene des Über-Bewußtseins aufrechterhalten. Das bedeutet natürlich, daß sich das göttliche Selbst an keinem Ort und zu keiner Zeit vom »ganzheitlichen Wesen« physisch, mental oder spirituell entfernen oder trennen kann. Wenn wir die Handlungsweise des Menschen gründlich genug betrachten, intuitiv, medial und esoterisch, dann können wir nicht umhin, festzustellen, daß *alle* Handlungen des Menschen durch seine unaufhörliche

Suche nach Glück, Befriedigung, Sicherheit und Befreiung von Angst und Mangel motiviert sind. Der Mensch hat in der Tat wenig Ahnung davon, wo das wahre Glück zu suchen ist, daher verfällt er immer wieder der einzigen Welt, die er wahrnimmt, der Welt der Gegensätze. Er findet Glück, aber es gelingt ihm nicht, dauerhaftes Glück zu finden. Immer wieder kehrt er zurück zu der von ihm akzeptierten Welt der Bindung. Der grundlegende Unterschied zwischen unvollständigem Glück und dauerndem Glück besteht darin, daß das erstere außen und das letztere innen zu finden ist.

Natürlich ist die nächste Frage, wie wir den Weg nach innen finden und wie wir lernen, die vielen verdunkelnden Schleier aufzulösen. Zuerst einmal müssen wir uns darüber klar werden, daß das Ego, mit dem wir uns immer ganz selbstverständlich identifiziert haben, nicht das wahre Selbst ist. Mit anderen Worten, wir müssen wissen, daß es noch ein anderes, ein höheres Selbst, gibt und daß dieses ein untrennbarer Teil von uns ist. Zweitens müssen wir voll und ganz erkennen, daß das Ego-Selbst das höchste Selbst überhaupt nicht verstehen oder wahrnehmen kann. Das Ego-Selbst kann sich nur mit Wissen und mit Erfahrungen aus dem äußeren Bereich befassen. Das höchste Bewußtsein kann überhaupt nicht zum Gegenstand unseres Wissens werden. Wie finden wir also den Weg ins Innere? Wenn wir alles berücksichtigen, was bereits darüber gesagt wurde, dann ist klar, daß das Ego den Weg ins Innere niemals finden kann. Tatsache ist, daß das Ego überhaupt nichts tun kann. Wir müssen erkennen, daß das Ego zwar existiert, daß es aber nicht im ewigen Sinn existiert. Das heißt, daß es seiner Natur nach dazu bestimmt ist, als etwas Zeitliches, etwas Vorübergehendes, zu existieren, anders ausgedrückt: es ist nicht *real*. Das göttliche Selbst ist unendlich und ewig, während das Ego nur *zeitweise* in das Leben der Seele mit einbezogen ist und sich nur für eine gewisse Zeit als real betrachtet. Trotz seiner vergänglichen Erscheinung muß es einen Sinn und Zweck haben. Auf irgendeine Weise, an irgendeiner Stelle, muß der Faktor »Ego« in den kosmischen Plan passen. Die Seele muß einen Nutzen oder Gewinn davon haben. Wir sollten niemals annehmen, daß Dinge existieren, durch deren auch noch so kurzes Erscheinen nicht doch etwas bewirkt wird. Alles ist ein wichtiger Teil des kosmischen Planes, alles hat Sinn und Bedeutung, wobei es sich auch um eine zeitlich begrenzte Gültigkeit handeln kann. Unser Ziel ist es, diese Bedeutung herauszufinden.

Trotz allem, was über das Selbst, das Ego und den Zustand der zeitweiligen Erscheinung gesagt wurde, bedeutet schon die Tatsache, daß etwas existiert (wenn auch nur zeitweise), daß es eine Qualität des Bewußtseins darstellt. Das könnte auf einen Ausgangspunkt hinweisen, der etwas in Gang setzt. Man kann daraus den Schluß ziehen, daß das Ego ein *Mittel* ist, um etwas Höheres zu erreichen, wenn es sich schließlich auflöst. In gleicher Weise ist die Samenzelle des Menschen noch kein denkender Mann oder keine intelligente Frau, sondern der Beginn von etwas, das sich zu einem reifen, aktiven und vernünftigen Wesen entwickeln wird. Von unserem begrenzten Gesichtspunkt aus können wir die vielschichtigen und unvergänglichen Kräfte überhaupt nicht charakterisieren, analysieren oder registrieren, die sich innerhalb und um die einzelne winzige Keim- und Eizelle entwickeln und die schließlich einen außerordentlich komplizierten und intelligenten Organismus bilden.

Offensichtlich ist es die Weisheit des höheren Selbst, die das Ego erst auf den ihm bestimmten Weg drängt und dann mit Geduld führt, bis es seinen Zweck erfüllt hat und absorbiert wird. Das zeigt, wie blind und wie sehr im Irrtun die sektiererischen Organisationen sind, die keinerlei esoterische oder mediale Erkenntnis besitzen. Eine Masse oder ein Kollektiv kann sich niemals vorwärts bewegen, weil sich jede einzelne Seele ganz individuell ihrem Temperament und ihrem spirituellen Zustand gemäß weiterentwickelt.

Wir kommen noch einmal zurück auf die Frage, welcher Nutzen durch die Verbindung des Egos mit der materiellen Welt zu erreichen ist, und gleichzeitig auf die Wahrnehmung, daß das Ego selbst die Realität nicht erreichen kann. Diese Feststellung mag viele Leser verwirren und sogar ein Gefühl der Hoffnungslosigkeit und Bestürzung hervorrufen. Wir sehen uns tagtäglich mit dem Ego-Selbst konfrontiert. Bei jeder Handlung, bei jedem Gedanken, macht es sich stark und dominierend bemerkbar. Wenn also jeder Lehrer, jeder Mystiker und jeder Weise sagt, daß unser Ego Realität oder Wahrheit überhaupt nicht erreichen kann, wo doch gerade dies der einzige Weg zu Freiheit und Frieden ist, dann hat das auf uns die gleiche Wirkung, als ob jemand verlangt, daß wir das Unmögliche vollbringen. Von vornherein anzunehmen, daß das zeitliche Selbst nichts erreichen kann, hieße, den ganzen Prozeß des irdisch-zeitlichen Daseins als nutzlos, sinnlos und unnötig abzustempeln. Wenn das zutreffen sollte, wie steht es dann mit dem Gesetz von den Gegensätzen? Man sagt uns, daß das Positive den negativen Aspekt braucht, um Bedeutung und Identität zu gewinnen; Realität erfordert also Illusion und so weiter. Auf dieser Grundlage müssen wir annehmen, daß das Ewige das Zeitliche braucht. Deshalb muß auch das Zeitliche eine Wahrheit mit einem Sinn sein. Wir müssen herausfinden, welches dieser Sinn ist.

Wir wollen damit beginnen, daß wir akzeptieren, daß das Ego-Selbst nicht im unvergänglichen Sinn existiert. Die Tatsache jedoch, daß es überhaupt existiert, weist sicherlich darauf hin, daß auch sein vorübergehendes Dasein auf irgendeine Weise Ausgangspunkt für eine bedeutsamere Bewußtseinsebene sein muß, von der wir in unserem gegenwärtigen Bewußtseinszustand überhaupt keine Vorstellung haben. Als nächstes müssen wir die Tatsache berücksichtigen, daß das Ego zwar nur für eine begrenzte Zeit existiert, daß es jedoch tatsächlich existiert, und jede Existenz ist Leben. Daraus müssen wir schließen, daß irgendein Teil oder ein Aspekt des höheren Selbst für einige Zeit mit der Existenz des Ego verbunden ist und dieses Stadium durchmacht. Deshalb muß es einen Zweck, einen Vorteil oder einen Nutzen geben, der durch das zeitweilige Dasein des Ego erreicht wird, ehe es schließlich vom höheren Selbst absorbiert wird.

Könnte der gesuchte Ausgangspunkt die Situation der Bindung sein? Wir wissen, daß das Ego nur durch seine Bindung an die Welt der Phänomene oder die Sinnenwelt am Leben erhalten wird. Wäre es möglich, daß alle Anstrengungen, alles Suchen und alle Bestrebungen in Wahrheit Äußerungen des tief innen liegenden höheren Selbst sind, mit dem Ziel, uns die Bedeutung und schließlich die Erkenntnis der Loslösung vor Augen zu führen? In diesem Buch wurde immer wieder betont, wie wichtig das Gesetz der Gegensätze (das Prinzip der Polarität) ist. Inzwischen sollten wir keine Zweifel mehr daran haben, daß es sich bei diesem Gesetz, wie bei allen anderen Gesetzen auch, um Wahrheit handelt, die dazu bestimmt ist, uns durch das Labyrinth der Illusion und Unwissenheit zur Freiheit zu führen. Ich habe immer die Meinung vertreten, daß Jesus sehr viel mehr war als ein Mensch, er war eine Wahrheit, die alle Menschen und ihre ewigen Kämpfe symbolisiert. Wie alle Menschen hat auch Jesus Angst, Zorn und Schmerz erlebt. Manche sagen, daß er auch den Verlust des Glaubens erfahren hat. Sie beziehen sich auf die Todesstunde Jesu am Kreuz, als er in seiner Angst ausrief: »Mein Gott, mein Gott, warum hast du mich verlassen?« Für einen Meister wahrhaftig eine merkwürdige Klage! Er sagte aber auch: »Niemand kommt zum Vater außer durch mich.« Das bedeutet, daß *sein* Leben, *seine* Erfahrungen die Erfahrungen aller Menschen sind. Er sagte außerdem: »Niemand kommt zum Vater, es sei denn durch das Kreuz.« Es ist klar, daß das Kreuz das Symbol für Schmerz und Leiden, für die Qual der übernommenen materiellen Lebensweise und schließlich für den Verzicht darauf ist. Jesus war ein Menschenführer und mußte, wie alle Führer, als erster vorangehen, mußte Erfahrungen sammeln und die vor uns liegenden beschwerlichen Wege untersuchen und erkunden.

Wir können daraus schließen, daß der Ausgangspunkt die Erfahrung der Bindung ist, durch deren vielfältige Erscheinungsformen und Methoden erkennbar wird, daß Bindung Schmerz, Leiden und Qual bedeutet, die uns aber schließlich zur Freiheit – zur Loslösung oder Ablösung – führen. In den Schriften des Christentums finden wir viele Hinweise auf diese Lösung, so etwa das Wort »Trachtet am ersten nach dem Reiche Gottes und nach seiner Gerechtigkeit« (Matthäus

6,33) und »Ihr sollt euch nicht Schätze sammeln auf Erden, da sie die Motten und der Rost fressen« (Matthäus 6,19). Was Jesus am Kreuz ausrief, drückte nicht den Verlust seines Glaubens aus, es war vielmehr ein notwendiger Akt der Befreiung, den alle Menschen durchmachen müssen. Dies wird noch deutlicher durch die Worte, die dem angstvollen Schrei folgen: »Es ist vollbracht. Vater, in deine Hände empfehle ich meinen Geist.« Der Schrei der Angst kam nicht aus dem höheren Selbst, er stammte vielmehr aus dem niederen oder Ego-Selbst, das seine Kraft rasch dahinschwinden sah, als es im absoluten Geist aufging. Das bedeutete die völlige Loslösung oder das höchste Opfer.

Die *Bhagavadgita* bekräftigt die Bedeutung der Opferhandlung und des Schmerzes und bestätigt, daß der höchste Geist in allen Handlungen gegenwärtig ist, selbst in den irdisch-zeitlichen. Es heißt dort, daß alles Handeln seinen Ursprung im höchsten, unverfänglichen Geist hat und daß in der Opferhandlung der alles durchdringende Geist stets gegenwärtig ist. Niemand sollte sich mit der Frage beschäftigen, welches der beste von mehreren Wegen für ihn sei. Es gibt für jeden Menschen nur einen richtigen Weg, der abhängig ist von seiner Bereitschaft, seinem Temperament, seiner Aufrichtigkeit, seiner Rechtschaffenheit und seinem Eifer. Wenn jemand kein Sportler ist, aber wie ein solcher laufen möchte, muß er erst einmal damit beginnen, an seinen physischen Unzulänglichkeiten zu arbeiten, die den Unterschied zwischen ihm und dem echten Athleten ausmachen. Manchmal denkt der strebsame Schüler an das Verhalten und das Leben des Mönchs, des Einsiedlers oder Weisen, der auf dem Gipfel des Berges sitzt und sein Leben der Meditation geweiht hat. Er ist dann traurig, ja sogar verzweifelt über die eigene Unzulänglichkeit und seine irdisch-weltliche Lebensweise. In einem solchen Fall kann dem Schüler vielleicht das folgende ein Trost sein: *Jedes* Leben wird vom höheren Selbst gesteuert. Diesen Gedanken abzulehnen hieße, die Existenz der höheren Weisheit nicht anzuerkennen. Bestimmte Aspekte des karmischen Gesetzes sorgen dafür, daß der Schüler Umständen und Erfahrungen ausgesetzt ist, die ihm die besten Möglichkeiten für seine spirituelle Entwicklung bieten. Wenn er an das Ideal des Einsiedlers auf dem Berg denkt, dann ist er davon überzeugt, daß es viel besser und leichter sein müßte, sich von einem Ort des absoluten Friedens und der Stille durch Kontemplation auf eine Bewußtseinsebene der höchsten spirituellen Ordnung zu erheben. In der Tat ist es aber eine weitaus größere Leistung, Christus mitten im Alltag und in der Geschäftigkeit einer belebten Hauptstraße zu suchen.

Wenn wir die absolute Erleuchtung wollen, dann muß sie auf jeder Bewußtseinsebene, selbst auf der untersten, erfahren und erhalten werden. Wo immer Leben ist, gibt es keine Ebene, auf der das absolute Selbst nicht gegenwärtig ist. Der Schüler sollte auch nicht vergessen, daß es persönliche Erlösung nicht gibt und nie geben wird. In der Bibel heißt es, daß Jesus weinte. Er weinte um die Millionen Menschen, die sich in ihrer Unwissenheit abmühten und deshalb litten. Die Mystiker blieben nicht unberührt von den Leiden der Menschen. Sie erkannten, daß die leidenden Massen sich nicht selbst helfen konnten, wenn sie nicht bereit waren, sie auf ihre Ebene zu führen. So muß auch der Schüler erkennen, daß das Leben eines jeden Menschen ständige Hingabe und Aufopferung sein muß, nicht nur zur persönlichen Erlösung, sondern auch für die Millionen, die sich noch mühen und kämpfen. Jedes menschliche Wesen ist *eine* Seele, und es gibt keinen »Zaun« zwischen den einzelnen Seelen, welche Nationalität sie auch haben mögen.

Lassen Sie uns nun wieder zum Ausgangspunkt innerhalb des Ego-Selbst zurückkehren. Was ist so wertvoll, daß es uns hilft, zum höheren Selbst zu kommen, das ja nur durch Aktion in der Welt der Phänomene erreicht werden kann? Da jede Handlung eine Reaktion hervorruft, die wir persönlich erfahren, muß die Antwort auf die oben gestellte Frage lauten: Erkenntnis oder genauer *Selbst-Erkenntnis.* Die Erleuchteten oder Mystiker kannten den weiten Weg, weil sie die Leiden ihrer Brüder und Schwestern erkannten, selbst daran beteiligt waren und deshalb den anderen den vor ihnen liegenden Weg zeigen konnten. Wenn wir den Weg nach vorn für andere erkunden wollen, müssen wir zunächst genügend Kenntnisse über jeden Aspekt von uns selbst gewinnen. Alle unsere Handlungen sind Auswirkungen unseres tieferen Selbst auf der materiellen Ebene. Mit anderen Worten, die Wahl unserer Handlungsweise ist eine Reflexion unserer »Seelen-Qualität«. Dazu gehören alle Begierden und Ambitionen. Wir werden niemals eine Neigung zur Grausamkeit in uns selbst erkennen, ehe wir nicht eine grausame Handlung begangen und die Reaktion darauf gespürt haben. Dazu gehören auch Schmerzen und Leiden, die wir dem anderen zufügten. Wenn der Keim von Habgier, Aggression, Haß, Sinnlichkeit oder Angst in unserer Seele vorhanden ist, werden wir ihn nicht erkennen, bevor er sich zur Handlung entfaltet und wir die Reaktionen darauf in uns selbst und bei anderen wahrnehmen. Der Mensch aber, der den Keim von Liebe, Mitgefühl und Verständnis in sich trägt, ist nicht in die Welt des egoistischen Gewinnstrebens verstrickt. Seine Handlungen zeigen sich als spirituelle Weisheit. Die meisten Menschen handeln, weil sie etwas für sich selbst begehren. Sie sind an die »Früchte« ihrer Handlungen gefesselt. Orientierung finden wir in der *Bhagavadgita.* Dort heißt es über die richtige Handlungsweise:

> Drum handle ruhig; weise nicht
> Die auferlegte Tat zurück.
> Wer handelt ohne Leidenschaft,
> Der Mensch erreicht das höchste Glück.
>   (3. Gesang, Vers 19, Reclam-Universalbibliothek
>   Nr. 7874, Seite 35)

Alle religiösen Schriften lehren uns, daß jede Handlung mit dem größten Verständnis, unter Berücksichtigung der Folgen, aber losgelöst von den »Früchten« der Tat begangen werden soll. Die *Bhagavadgita* stellt diese wichtige Lehre folgendermaßen dar:

Denn: weise unterscheiden muß
Man zwischen Tat und falscher Tat.
Und zwischen dem, was Nicht-Tat ist …
Wer in dem Tun das Nicht-Tun sieht
Und in dem Nicht-Tun sieht das Tun,
Tut alle Werke einsichtsvoll,
Weil in Ergebung sie beruhn.
Wer mit des Wissens Feuerstrahl
Die Taten alle hat verbrannt,
Wer frei von Wunsch ist und Begier,
Der wird ein Wissender genannt.
Wer nicht der Taten Frucht erstrebt,
Zufrieden, auf sich selbst gestellt,
Der ist von allem Handeln frei,
Auch wenn er handelt in der Welt.
(4. Gesang, Vers 17–20; Reclam; Seite 41)

Wenn man dem Schüler einen solchen Rat gibt, so bedeutet das, daß sein ganzes Interesse nur auf die Tat gerichtet sein soll und kein Gedanke den Erfolgen gelten darf, die er damit für sich selbst erzielen könnte. Mit anderen Worten heißt das: Damit eine Handlung spirituell wirksam wird, darf sie nicht um ihrer selbst willen begangen werden, sondern sie muß im Namen des absoluten Wesens, des Geistes im Innern, geschehen.

Wir beginnen zu erkennen, daß der Ausgangspunkt unseres Handelns auch mit einer gewissen Disziplinierung auf der materiellen Ebene zusammenhängt, und diese Ebene ist der Ego-Geist. Wir entwickeln zuerst eine Bindung an die Früchte unserer Handlungen, doch der nächste Schritt muß unbedingt der Verzicht auf die Früchte dieses Handelns sein. Jeder Verzicht, jede Opferhandlung, ist ein Schritt vorwärts. Die Bewegung des »Vorwärtsschreitens« ist Weisheit oder Selbsterkenntnis. Diese Bewegung ist vergleichbar mit dem Heraustreten aus einem dunklen Zimmer in einen hell erleuchteten Raum. Man weiß das Licht nur zu schätzen, wenn man zuerst die Dunkelheit erlebt hat. Jede der beiden Erfahrungen verleiht der jeweils anderen Bedeutung oder Ausdruckskraft. Wenn eine der beiden Erfahrungen nicht existierte, dann hätte auch die andere keinen Einfluß und keine Bedeutung. Die Handlung des Verzichts sollte nie so aufgefaßt werden, daß man damit etwas aufgibt oder opfert. Es handelt sich vielmehr um eine Expansion, um eine spirituelle Erweiterung. Das einzige, was wir »aufgeben«, ist die Begierde oder die Illusion des Ego. In Wahrheit erfahren wir eine Ausdehnung bis hinein in den universellen Geist oder zur Erfahrung der Einheit allen Lebens. Darüber heißt es in der *Bhagavadgita,* daß der die Einheit des Lebens erfährt, der sein eigenes Selbst in allen Wesen und alle Wesen in sich selbst sieht. Er betrachtet alles, ohne Partei zu nehmen.

Der Weg der Erkenntnis ist der Weg der Erfahrung, nämlich der Erfahrung der Gegensätze. Viele Menschen machen den Fehler zu glauben, daß alles Wissen durch den irdisch-menschlichen Geist zu erwerben sei. Das ist ein schwerer Irrtum, weil es viele Bereiche der Wahrheit oder der Wahrnehmung gibt, die dem irdisch-menschlichen Geist überhaupt nicht zugänglich sind, mit denen jedoch bestimmte tiefere Ebenen von uns ständig in Kontakt stehen. Der äußere Geist ist wichtig, wenn es um den Erwerb von akademischem Wissen geht, doch als Mittel zur Selbsterkenntnis ist er nur sehr begrenzt tauglich. Physiker und Mathematiker behaupten, daß Zeit, Raum und materielle Dinge zwar in einem gewissen Sinne durchaus wertvoll sind, daß sie jedoch keinerlei Beitrag zur Erklärung der kosmischen Ordnung leisten. Unser endlicher menschlicher Geist oder Intellekt verfügt über eine begrenzte Kreativität. Er ist frei, aber nur innerhalb eines ganz bestimmten engen Bereichs. Manche Ebenen des Denkens, der Ideen und sogar der Emotionen sind ihm nur insoweit zugänglich, als sie die Welt der Phänomene beeinflussen.

Während es keinen Zweifel darüber gibt, daß der irdisch-menschliche Geist die höchste Ordnung der Intelligenz darstellt, die in einem physischen Leib auf der Erde wirksam ist, haben wir keinen Beweis dafür, daß dieser Geist des Menschen die höchste Ordnung im gesamten Evolutionszyklus der

Schöpfung ist. Im Gegenteil, wenn wir die Millionen verschiedener Lebensformen betrachten, die nicht nur eine unendliche Vielfalt von Arten, sondern auch eine ebenso unendliche Vielfalt an Bewußtseinsebenen vertreten, dann können wir kaum daran zweifeln, daß die einfallsreiche und kreative Erfindungsgabe einer unendlichen Ordnung die Evolution des Menschen bestimmt.

Viele Schüler esoterischen Denkens haben sich mit den Worten und Werken der wenigen beschäftigt, die wir als Mystiker bezeichnen und die von vergänglichen Erfahrungen, von flüchtigen Einblicken in die Wahrheit berichten, die Zeichen für eine neue Dimension des Bewußtseins sind. Diesem neuen Bewußtsein hat man viele Namen gegeben, etwa »kosmisches Bewußtsein«, »mediale Einsicht« oder »innere Realität«. Alle diese Bezeichnungen meinen das gleiche und stehen für Erleuchtung. Diese ganz besondere Art der Erkenntnis, diese gottähnlichen Möglichkeiten und Wirkungen, die schon immer vorhanden waren, die aber unter zahlreichen Schichten von Schleiern geschlafen haben, müssen einen unendlich langen Prozeß des Abstiegs in die trügerische Dunkelheit des Materialismus durchmachen. Das Gefängnis der Illusionen, in dem jeder Realitätssinn verlorengeht, muß durchgestanden werden. Erst dann folgt der allmähliche, schmerzliche Aufstieg, in dessen Verlauf Selbsterkenntnis und das Bewußtsein der Realität gewonnen oder besser gesagt *wiedergewonnen* wird.

Eine kurzgefaßte Schilderung des Erleuchtungsprozesses ist das Bild des winzigen Samenkorns einer Pflanze. Wenn man den Samen an einem Ort liegen läßt, der immer trocken, sonnig und warm ist, dann wird er ein Samenkorn bleiben. Der kluge Mann jedoch legt den Samen tief in die Erde, in die völlige Dunkelheit, wo alle Voraussetzungen negativ sind. Es ist kalt und feucht, es besteht völlige Isolation. Die in der Natur des Samenkorns liegenden Eigenschaften streben danach, diese negativen Verhältnisse zu überwinden, vielleicht in dem instinktiven Wissen, daß oben das positive Leben, das Licht wartet. Vielleicht wecken die negativen und rauhen Naturkräfte unten die latent vorhandenen und noch nicht manifest gewordenen Möglichkeiten im Samenkorn und drängen es dazu, die Widerstände zu überwinden. In dieser Situation kommen die latenten Kräfte langsam ans Licht und lassen das Samenkorn schließlich zu einer wunderbaren Blume werden. Es ist offensichtlich, daß die positiven Kräfte der Sonne und des Lichts allein niemals diese herrliche Schöpfung hätten hervorbringen können. Offenbar ist Beengung, Begrenzung und Behinderung ein notwendiger Teil des kosmischen Planes, um die Weiterentwicklung der Seele zu ermöglichen. Auf geheimnisvolle Weise ist dem kosmischen Gesetz bekannt, daß durch Unterdrückung der lebendigen Substanz oder des entscheidenden Potentials der Seele durch die vielen Schleier (die man auch als Körper bezeichnen könnte), durch Unterdrückung des göttlichen Bewußtseins durch die Sinnesorgane (die Einengung bedeuten), die wirklich ewigen Werte, die für eine kurze Zeitspanne Dunkelheit und Beengung ertragen müssen, das Gefängnis überwinden, das der Ebene des Endlichen angehört. Es muß sich dabei um ein Grundprinzip oder Gesetz des Lebens handeln, dem jede Art und Gattung des menschlichen, animalischen und pflanzlichen Lebens unterworfen ist. Dieses Prinzip gilt aber auch für jede Bewußtseinsebene unterhalb der des Absoluten. Wenn wir dieses Prinzip zugrunde legen, dann bekommt nicht nur das Leben einen Sinn, sondern dann erscheinen auch Behinderung, Begrenzung und Illusion sinnvoll. Dieses Prinzip erklärt schließlich auch die intensive Aktivität und die Leidenschaftlichkeit der Seele. Es ist die entscheidende Kraft, deren Abwesenheit jeden Sinn im Leben zunichte machen würde.

Wer den ungeheuren kosmischen Prozeß des Abstiegs in die dichte, dunkle Materie und den unvermeidlich folgenden Aufstieg zu unendlichem Licht und unendlicher Weisheit für sinnlos und unnötig hält, sollte daran denken, daß Leben eine ständige dynamische Manifestation ist, nichts Statisches. Es ist die absolute Vollkommenheit von allem Unendlichen, was auch alle endlichen Möglichkeiten mit einschließen *muß*. Was vollendet ist, also etwa Gott, muß auch das Embryonale in sich tragen, wie könnten wir es sonst als das Ganze, das Absolute erkennen? Die schöpferische Kraft des absoluten Bewußtseins muß das embryonale oder einfache Bewußtsein einschließen, denn durch den Reifungsprozeß erkennt es seine Göttlichkeit. Diese Göttlichkeit hat immer bestanden, doch das Bewußtsein nahm sie nicht wahr (obwohl sie ja sein Urheber ist). Wie können wir überhaupt unsere Unendlichkeit wahrnehmen, wenn wir nicht zuvor das Endliche erkennen? Wie können wir zum Bewußtsein der Unsterblichkeit gelangen, wenn wir nicht zuerst in dem Glauben leben, daß wir sterblich seien? Vollkommenheit ohne ihren Gegensatz ist etwas Statisches. Absolute Schönheit ohne ihr Gegenteil ist statisch. Wie können wir unsere eigene wahre Natur kennenlernen, ohne den langen Abstiegsprozeß durchzumachen? Dieser Prozeß ist die Grundlage für den ganzen Zyklus der vollkommenen Erleuchtung.

Der langsame Abstieg in die Materie bildet die solide Basis unseres Egotismus und versorgt uns mit allen Erkenntnissen über die Natur und das Verhalten der Materie. Dieser Speicher aus Informationen, Tatsachen und Begierden läßt im irdisch-menschlichen Geist die Vorstellung entstehen, daß die Welt der Phänomene, die er wahrnimmt, das Reich der Realität sei. Dies ist die unterste Ebene, die das Gefühl des »Selbst«, das »Ich« und das »Mein«, hervorbringt. Von diesem Punkt aus beginnt der Aufstieg zur Befreiung. Das bereits im siebten Kapitel erwähnte Zitat aus Edgar Carpenters Buch *The Drama of Love and Death* stellt auch eine hervorragende Zusammenfassung dieser Rückkehr dar:

> »Nach dem langen Abstieg, nach der Kondensation des Geistes und seiner Gefangenschaft in den beschränktesten, schwerfälligsten und selbstsüchtigsten Formen, nach seiner Sättigung in der Materie und nach seiner Verbannung in die Welt des Todes und des Leidens, beginnt die ansteigende Kurve seiner Befreiung und der lange Prozeß der Rückkehr. Dieser zweite Prozeß drückt sich vor allem in Liebe aus. Von Stufe zu Stufe manifestiert sich der spirituelle Geist immer deutlicher; durch Harmonie mit anderen, indem

man etwas von deren Erfahrungen in sich aufnimmt, wird das eigene Leben bereichert, und der spirituelle Geist kann sich stärker manifestieren. Jede einzelne Seele macht einen allmählichen Aufstieg zum Bewußtsein der All-Seele durch, sie erlebt die allmähliche Befreiung und die Selbst-Entdeckung des göttlichen Keims im Innern.«

Damit der Leser den ganzen Prozeß des »Werdens« verstehen und akzeptieren kann, muß er erkennen, daß alle Aspekte der Materie und jede Bewußtseinsebene, von der niedrigsten angefangen, den göttlichen Keim verkörpern, wenn auch in sehr komprimierter Form. Alles Leben geht auf diese entscheidende Quelle zurück. Sie ist das aktive Prinzip und ständiger Ausdruck der Lehre von der Grobstofflichkeit, des Getrenntseins und der Illusion. Nun beginnt der ganze Prozeß einer langsamen, allmählich fortschreitenden Beseitigung der Illusionen, die durch die Gefangenschaft der Seele in passiver Materie entstanden sind. Der göttliche Keim, der wie ein Embryo im Schoß der Materie eingeschlossen ist, muß sich durch seine eigene Aktivität entwickeln und zum Vorschein kommen, um sich völlig vom passiven Prinzip, von der Materie zu befreien.

Wir begannen dieses Kapitel mit der Frage, welchen Nutzen die Verbindung des Egos mit der Welt der Materie hat, wenn wir gleichzeitig berücksichtigen, daß das Ego selbst niemals Realität werden kann. Es ist leicht, Worte, Begriffe und Vergleiche zu gebrauchen, um diese Frage zu beantworten, aber offensichtlich unternehmen wir damit einen Versuch, etwas zu erklären, was vollkommen über die Grenzen unseres normalen Intellekts hinausgeht. Es ist deshalb zu erwarten, daß man Anhaltspunkte oder Vorstellungen nur durch Meditation gewinnen kann, in der Hoffnung, daß sie uns die Richtung weisen, in der die Wahrheit zu finden ist. Ein erleuchteter Mensch denkt immer vom Zentrum, niemals von der Peripherie aus, aber er muß natürlich zuerst einmal wissen, wo diese Mitte ist. Das ist nur möglich, indem er die Peripherie erkennt. Der Verstand gehört zum Bereich des irdisch-menschlichen Geistes, die Wahrheit übersteigt Verstand und Menschengeist, aber um über den irdisch-menschlichen Bereich hinauszukommen, müssen wir ihn zuerst einmal erkennen. Um also zur Wahrheit, zur Erleuchtung zu kommen, ist etwas Irrationales nötig, etwas, das den Verstand übersteigt. Gott geht über den Verstand hinaus, wir können Gott nicht beweisen. Wenn man nach Gottesbeweisen sucht, hat man die Wahrheit überhaupt nicht begriffen. Meister und Mystiker brauchen keinen Gottesbeweis, weil sie wissen, daß sie selbst Gott *sind.* Mystiker und Meister sagen: »Wir sind absurd, unser Dasein widerspricht der Vernunft und dem Verstand, weil wir nicht zu dieser Sinnenwelt gehören. Wir gehören zu etwas, das sie übersteigt.« Was jenseits liegt, muß »Un-Sinn« sein. Das, worin wir einen Sinn erkennen, gehört in die Welt der Methoden, der Systeme, der Ideen, der Glaubensvorstellungen und des Verstandes. Gott und die Wahrheit sind weder Methoden, Glaubensvorstellungen noch Ideen. Sie sind die Dinge, die um uns herum sind. Sie wiederholen sich immer wieder. Durch Vernunft und Verstand bleiben wir in Bewegung, aber wir bewegen uns stets im Kreis und bleiben an der gleichen Stelle.

Meister und Mystiker haben aufgehört, sich im Kreis zu bewegen. Sie sind dem Räderwerk entkommen. Sie nehmen das wahr, was jenseits von Vernunft und Verstand liegt. Sobald der Circulus vitiosus aufhört, ist Gott da. Der Meister ist immer noch in dieser Welt, aber er ist nicht von dieser Welt. Meister kopieren oder folgen niemals (wie die meisten von uns das tun) Jesus, Buddha oder Krischna, weil sie *sind,* was sie sind. Sie nehmen aber diese großen Lehrer bewußt wahr. Die Menschen brauchen Gurus und Lehrer, um sich befreien zu können, doch in Wirklichkeit schaffen sie damit zunächst eine Bindung. Buddha sagte: »Sei selbst ein Licht.« Er wies die Suchenden an, in der Mitte zu bleiben. Wenn man sich in der Mitte hält, kann man nicht in Extreme verfallen. Wenn man sich von Extremen fernhält (in der Mitte bleibt), dann verschwindet der irdisch-menschliche Geist, der nichts als eine Ansammlung von Ideen, Methoden, Glaubensvorstellungen, Informationen und Systemen ist.

Der mittlere Weg ist der einzige Weg zur Wahrheit, zum absoluten Selbst. Das absolute Selbst ist kein Extrem. Es ist weder rechts noch links. Es ist kein Pfad, auf dem man kommt oder geht. Um aber zur Mitte zu *werden,* müssen wir zuerst erkennen und uns eine gewisse Zeit darüber Gewißheit verschaffen, daß wir unabhängig von den Extremen sind. Das Ego-Selbst bietet uns diese Erfahrungen, die zwar dem gleichen irdisch-endlichen Bereich angehören wie das Ego, die aber dennoch wichtig und notwendig sind, weil sie uns helfen, die Natur der Extreme zu erkennen. Nur auf diese Weise erkennen wir und werden selbst zu diesem mittleren Weg. Das ist der Ausgangspunkt und der entscheidende Vorteil, den wir durch die Verbindung des Egos mit der Welt der Materie gewinnen. Der wahre Zweck der menschlichen Existenz ist, das Reale aus dem herauszuarbeiten, was unreal ist. Als Wahrheit erkennen wir:

Das Unreale ist das *Versprechen* des Realen.
Dunkelheit wirft Schatten auf das Licht.
Tod ist das Tor zu Leben und Unsterblichkeit.
Im Unwirklichen hilft er uns, das Wirkliche zu finden.
In der Dunkelheit hilft er uns, das Licht zu finden.
Der Tod gibt uns die Möglichkeit,
die Unsterblichkeit zu erkennen.

Kapitel 10

Allgemeine Probleme der Weiterentwicklung

Die Seele sieht sich großen, schwierigen Problemen gegenüber. Um sie zu begreifen und zu überwinden, damit der Weg für die Weiterentwicklung frei wird, müssen wir jede unserer Handlungen mit vollem Bewußtsein und auf direkte Art angehen. Lösungen werden wir niemals in den äußeren Umständen finden, selbst wenn eine enge Beziehung zwischen unseren eigenen Schwierigkeiten und einer Reihe anderer Menschen besteht. Wir kommen auch nicht zu Lösungen, indem wir unsere äußeren Lebensbedingungen ändern, also Arbeitsplatz, Nachbarn, Freunde oder Lehrer wechseln. Lösungen sind nur im Geist des Urhebers der Probleme zu finden, im Bereich des irdisch-menschlichen Geistes also, der Angst, Argwohn, Mißverständnisse, Haß und Habgier erzeugt.

Es hat immer den Anschein, als ob unsere Sorgen und Probleme von den äußeren Umständen und den Menschen in unserem Umkreis herrühren. Die Wahrheit ist, daß die Außenwelt überhaupt nicht imstande ist, etwas hervorzubringen. Sie spiegelt nur die Unzulänglichkeiten und Schwächen unseres eigenen irdisch-menschlichen Geistes. Die Außenwelt selbst stellt unsere Beziehung zu allen Dingen und zu den anderen Menschen dar. Die Welt mit ihrer Ansammlung von Dingen und Menschen kann auf keine Weise von uns getrennt werden. Welt, Gesellschaft, Gemeinde, Familie, aus all dem besteht die Beziehung, die wir selbst herstellen. Damit legen wir durch unsere eigene Geisteshaltung und durch unsere Reaktionen auch die Umstände fest, in denen wir leben.

Die Welt um uns ist nicht das Problem, wir selbst sind das Problem. Wir sind Ursache und Wirkung. Die Welt, unsere unmittelbare Umgebung und unsere Beziehung dazu ist ein Spiegelbild von uns selbst. Wir können uns nicht von den Problemen der Welt isolieren, weil die Probleme der Welt unsere eigenen Probleme sind. Wenn es möglich wäre, uns selbst vollkommen von der Welt zu lösen, dann würden wir nichts als Stagnation erleiden. Wir werden von vielen Problemen der Welt oder der Allgemeinheit berührt und motiviert. Dadurch entstehen in unserem irdisch-menschlichen Geist Sorge, Angst, Glück oder Freude. Wir können weder die Welt noch die Allgemeinheit verändern, indem wir uns sorgen und beunruhigen und dann hoffen, daß die *Führenden* an der Spitze ihr Verhalten oder ihre Politik ändern. Das sind törichte und negative Gedanken. Wir können niemals die Beschaffenheit der Seele anderer verändern, indem wir uns über deren Handlungen und Gedanken Sorgen machen. Wir müssen stets bei uns selbst anfangen. Es gibt im Grunde zwei Welten, nämlich die äußere Welt mit ihren fünf Milliarden Menschen, die alle unabhängig voneinander handeln, und unsere eigene innere Welt. Über die äußere Welt haben wir überhaupt keine Macht, aber wir besitzen die vollständige Kontrolle über unsere innere Welt. Konflikte entstehen nur, wenn wir die Kontrolle über unsere innere Welt verlieren. Wenn es außen zum Konflikt und innen zum Verlust der Kontrolle kommt, dann herrschen überall Konflikte und Krieg. Um die Welt zu verändern, muß deshalb jede Seele bei sich selbst anfangen. Wir müssen mit unseren Motiven beginnen. Als erstes versuchen wir, unsere eigene Natur zu verstehen. Machen Sie niemals den Fehler, zu glauben, daß für Ihre Fehler und Probleme ein anderer Mensch oder eine andere Gruppe verantwortlich sei. Wenn deren Handlungen Sie in irgendeiner Weise berühren, dann sind dies sehr wohl auch Ihre Probleme. Werden Sie niemals ein Pontius Pilatus und waschen Sie Ihre Hände in Unschuld, wenn es um die Probleme eines anderen geht, denn sobald Sie sich dadurch beeinträchtigt fühlen, sind Sie untrennbar Teil dieses Konfliktes.

Wir müssen versuchen, eine Möglichkeit zu finden, uns selbst zu begreifen. Der Weg kann nicht darin bestehen, daß wir den Entschluß fassen, uns immer schön zurückzuhalten und für uns zu bleiben. Man kann sich nicht von der Welt zurückziehen. Isolation bedeutet Stagnation. Niemand kann in der Isolation leben, niemand kann sich in der Isolation weiterentwickeln. Um den richtigen Weg zu finden, müssen wir Beziehungen pflegen. Leben ohne Beziehungen bedeutet Isolation. Probleme, Konflikte und Elend entstehen nicht nur durch falsche Beziehungen, sondern auch aufgrund fehlender Beziehungen. Denken Sie daran, daß es zwei zornentbrannte Menschen erfordert, damit es zum Streit kommt. Wenn der eine ruhig und beherrscht bleibt und nur der andere aufgebracht ist, dann entsteht kein Streit. Wenn wir unseren eigenen Charakter durch innere Kontrolle verändern, dann hat das dieselbe Wirkung wie der Kreis der Wellen, der sich im Wasser eines Teiches immer weiter ausbreitet.

Was erzeugt die Konflikte in uns? Beginnen Sie damit, daß Sie sich vorstellen, Ihre Seele ähnelte einem Ballon, der mit einer klaren Flüssigkeit gefüllt ist. In dieser Flüssigkeit schweben viele schwarze und weiße Partikel. Die schwarzen Teilchen stellen die Bereiche der Unwissenheit und der Bindung an das Selbst dar. Mystiker bezeichnen diese Stellen als die Bereiche des »Nichtwissens«. Es sind Schöpfungen des Ego-Geistes, Zentren, von denen Besitzgier, Stolz, Ansehen und Autorität ausgehen. Sie sind der »Ich«- oder »Mein«-Aspekt. Die weißen Teilchen dagegen sind die Bereiche der »Erkenntnis« oder des spirituellen Bewußtseins. Es sind die Zentren der Liebe, des Mitgefühls, der Toleranz, der Güte und der Wahrheit. Die »Qualität« des Seelenbewußtseins kann daran gemessen werden, welche Partikel überwiegen. Sind es die weißen, dann haben wir es mit einer in der Entwicklung begriffenen Seele zu tun.

Sowohl die schwarzen als auch die weißen Partikel sind sozusagen die Sensoren unserer Seele. Unsere Beziehung zur Welt ist das einzige Mittel, durch das wir eine Veränderung, eine Revolution der Seele herbeiführen können. Jede echte Revolution ist eigentlich eine *Revolution der Werte.* Das heißt, die Struktur aus schwarzen und weißen Seelenbereichen stellt einen bestimmten Wert dar. Indem man die Anzahl der schwarzen Flecken vermindert, verbessert man den »Seelen-

Wert«. Das bedeutet eine revolutionäre Verwandlung der von den Sinnen beeinflußten Gebiete in Bereiche, die nicht durch Umwelt- oder persönliche Einflüsse entstanden sind.

Um diese Umwandlung oder Erneuerung herbeizuführen, ist es wichtig, daß wir uns zunächst selbst erkennen. Selbst-Erkenntnis ist der Beginn der Einsicht. Wir fangen also damit an, daß wir darauf achten, wie uns das Verhalten anderer physisch, verbal und mental beeinflußt. Vergessen wir dabei nicht, daß Zorn, Aggressionen und alle Konflikthandlungen nichts als Reflexionen oder Reaktionen unserer inneren Bereiche des »Nichtwissens« sind, also Reaktionen eines schwarzen Seelen-Partikels. Jedesmal, wenn wir auf die Handlung eines anderen mit Zorn oder Aggression reagieren, ob das physisch, verbal oder nur im Denken ist, dann weist diese äußere Handlung deutlich auf einen Bereich des Nichtwissens im Innern hin. Wieder einmal wird sichtbar, daß das Problem in uns selbst liegt. Der sogenannte schwierige Mitmensch hat für uns also die Funktion eines Lehrers.

Ich möchte diese spezielle Lehre oder Wahrheit noch einmal anders ausdrücken. Angenommen, Sie spüren körperliche Beschwerden. Das Naheliegende ist, einen Arzt aufzusuchen. Nachdem er Sie gründlich untersucht hat, teilt er Ihnen mit, daß Sie unter einer bestimmten Krankheit leiden. Nun können Sie auf diese Tatsache zwar mit Angst und Sorge reagieren, es käme Ihnen jedoch sicher niemals in den Sinn, dem Arzt deswegen böse zu sein. Sie erkennen, daß er Ihnen einen wertvollen Dienst erwiesen hat, indem er Ihr Problem aufdeckte. Mit Hilfe seines Fachwissens wird er schließlich Ihre Beschwerden zum Verschwinden bringen. Das Vorgehen des Arztes wird im allgemeinen richtig verstanden und dankbar akzeptiert. Wenn wir uns selbst so wahrnehmen wollen, wie wir wirklich sind und nicht, wie wir zu sein glauben, dann müssen wir bereit sein, mutig und ehrlich alle unsere Fehler aufzudecken, auch die in unserer Seele. Die einzige Möglichkeit dazu besteht darin, daß wir unsere Reaktionen auf die Handlungsweise anderer beobachten und registrieren. Eine zornige, aggressive Reaktion weist deutlich darauf hin, daß ein Problem in uns selbst aufgedeckt wurde, ein Bereich des Nichtwissens. Der andere Mensch braucht kein Mediziner zu sein, trotzdem wirkt er für uns als *spiritueller Arzt.*

Sie sollten nun sorgfältig auf Ihre Reaktionen achten. Warum sind Sie zornig oder ärgerlich geworden? Hat Ihr Stolz, Ihre Würde, Ihr Sinn für Autorität Schaden genommen? Alle diese Reaktionen entspringen dem Ego-Geist. Es ist wichtig, diese Dinge zu erkennen und zu beachten, denn obwohl uns Selbsterkenntnis nicht durch andere Menschen vermittelt werden kann, sind eben diese anderen, oder besser deren Wirkung auf uns, das einzige Mittel, durch das wir Fehler und Schwächen in uns selbst wahrnehmen können. Denken Sie immer daran, daß diese Fehler die gleichen Fehler sind, die Sie bei den anderen beobachten. Wir müssen deshalb stets uns selbst im Nächsten und den Nächsten in uns sehen.

Selbsterkenntnis zu erlangen, erfordert außergewöhnliche Wachsamkeit des Geistes, der zudem völlig frei von Selbsttäuschung sein muß. Es ist für jeden der schwerste Entschluß, den man sich denken kann, zuzugeben, habgierig, falsch, neidisch oder aggressiv zu sein. Nur allzu leicht finden sich Ausreden und Entschuldigungen für das eigene Verhalten, dennoch ist das Erkennen und Akzeptieren der wahren Natur des eigenen Charakters der Beginn der Tugend. Um diesen Prozeß zu begreifen und Nutzen daraus zu ziehen, muß man die entschiedene und aufrichtige Absicht haben, den wahren eigenen Charakter kennenzulernen. Das erfordert kritische Beobachtung und Analyse eines jeden Gedankens, jeden Gefühls und jeder Handlung. Der irdisch-menschliche Geist ist schnell bereit, vernünftig klingende Entschuldigungen für böse Gedanken und gewalttätiges Handeln vorzubringen, das durch die aggressive Haltung eines anderen provoziert wird. In einer solchen Situation drängt sich der Gedanke in den Vordergrund, daß es berechtigte und entschuldbare Gründe gibt, Vergeltungsmaßnahmen zu ergreifen. Das ist natürlich falsch und wirkt sich völlig destruktiv nicht nur auf uns selbst, sondern auch auf den anderen aus. Die Situation wird dadurch nur unnötig verschärft, und man kommt nicht zu konstruktiven

Lösungen. Um sich selbst zu begreifen, ist es notwendig, auch die Gedanken und die Handlungsweise der anderen Person zu verstehen.

Es könnte sein, daß Sie sich durch Ihre impulsiven Gegenmaßnahmen am anderen rächen wollten und sich dabei im Recht glaubten. Nun überlegen Sie einmal, ob der »Bereich« Ihres Bewußtseins, der Vergeltung forderte, spiritueller Natur war oder ob er zum Ego-Geist gehörte? Wenn Sie sich entschlossen haben, sich selbst gegenüber ehrlich zu sein, werden Sie gewiß zugeben, daß sich in Ihrem Widerstand keineswegs der spirituelle Teil Ihres Wesens ausdrückte. Wir wollen nun die Situation ein wenig genauer untersuchen. Hat sich, nachdem die sogenannte »gerechtfertigte« Handlung begangen war, der nicht-spirituelle Bereich aufgelöst oder blieb er erhalten? Die Antwort ist offensichtlich. Dieser Bereich bleibt in Ihnen, weil eine nicht vom spirituellen Geist bestimmte Handlung sich nicht selbst auflösen und auch keinen spirituellen Bereich schaffen kann. Das ist nur durch Liebe, Mitgefühl, Verständnis und Toleranz möglich. Ein nicht-spiritueller Gedanke kann zwar auch kreativ sein, aber er kann nur etwas von seiner eigenen Art schaffen, also etwas, das durch Worte oder physisches Handeln auszudrücken ist. Weder räumliche Entfernung von dem Menschen, der uns verletzt hat, noch sein Tod, werden das Problem lösen, weil es immer noch tausend andere gibt, die dessen Platz einnehmen. Es kann gar nicht genug betont werden, daß das Problem nicht im anderen Menschen, sondern immer in uns selbst liegt. In Ihrem Bewußtsein sollte stets die Frage gegenwärtig sein: »Ist das richtig oder nicht?« Wenn Sie aufrichtig sind, werden Sie erkennen: »Mein schwierigster Nachbar ist auch mein bester Lehrer.« Wenn jede Seele an diesem Gedanken festhielte, dann würde sich die Welt um uns verändern. Doch um diese Welt mit ihren Kriegen, mit all dem Elend, dem Hunger, den Klassenunterschieden und der großen Verwirrung zu verwandeln, müssen wir bei uns selbst beginnen. Wir können die Verwandlung nicht dem Nachbarn oder der anderen Partei überlassen, weil wir unseren Nachbarn nicht ändern können, ohne uns selbst zu verwandeln.

Um eine grundlegende Veränderung in uns selbst herbeizuführen, müssen wir erst einmal den gesamten Prozeß unserer Gedanken und Gefühle in jeder Beziehung voll und ganz begreifen. Darin liegt die einzig mögliche Lösung nicht nur für die Weltprobleme, sondern auch für unsere eigenen Schwierigkeiten. Es ist vollkommen nutzlos, sich Hilfe von noch mehr Lehrern, von einer größeren Anhängerschaft, von immer neuen Glaubensvorstellungen, von mehr Ideologien und Methoden zu versprechen. Wenn wir beginnen, uns selbst so zu sehen, wie wir sind, von Augenblick zu Augenblick, von einem Gedanken zum nächsten, von einer Handlung zur anderen, dann wird sich gewiß allmählich und fast unmerklich ein Zustand ruhiger Gelassenheit entwickeln. Nur aus dieser Gelassenheit heraus kann spirituelle Kreativität entstehen.

Zusammenfassend können wir sagen: Wenn die Natur des Menschen nicht bis zu einem gewissen Grad mit den höchsten Ebenen verbunden ist und etwas davon spiegelt, wie kann der Mensch selbst dann etwas davon wissen? Wenn der Mensch nicht das Göttliche in sich selbst entdeckt, in welchen Bereichen unseres Universums und auf welcher spirituellen Ebene soll er dann mit einer gewissen Aussicht auf Erfolg danach suchen? Alle Probleme des Universums und alle Schwierigkeiten in bezug auf die Natur der Erkenntnis fallen auf den Menschen selbst zurück. Im *Tao Te King* heißt es:

> Wer andere kennt, ist weise;
> doch wer sich selbst kennt, ist erleuchtet.

Probleme des täglichen Handelns

Denken ist Handeln. Die Qualität des Handelns steht in enger Beziehung zur Qualität des Bewußtseins. Jeder einzelne ist unvermeidlich in eine Reihe von Handlungsabläufen verstrickt. Selbst wenn der Körper vollkommen unfähig zu physischem Handeln wäre, so ist doch auch das Denken Handeln. Viele Aktionen stehen scheinbar nicht in Beziehung zu einer speziellen Ursache. Manche Handlungen führen zu Enttäuschung, Zorn, Angst und Aggression. An Handlungen, ob sie nun schmerzlich oder erfreulich sind, ist jede menschliche Seele beteiligt, ja sogar jede lebende, veränderliche Form. Weil es ohne Handlung (Aktion) kein Leben gibt, könnte es ohne Handeln auch kein Denken, keine Reaktionen, sondern nur Stagnation geben.

Jeder Urheber einer Aktion, ob Mensch oder Tier, wird unvermeidlich von der Reaktion eingeholt, ihr kann niemand entkommen. Wenn jemand seine Hand in einen Eimer mit kochendem Wasser hält, ob aus Unachtsamkeit oder mit Absicht, so ruft das augenblicklich eine schmerzhafte Reaktion hervor. Er wird unter starken Schmerzen leiden, aber das Element der Überraschung fehlt, weil er den ganzen *Prozeß* von Aktion und Reaktion versteht. Nur ein sehr kleines Kind wäre nicht nur verletzt, sondern von der Reaktion auch überrascht, weil es einfach den *Prozeß* noch nicht begriffen hat. Wenn man von einer äußeren Aktion und Reaktion erfaßt wird, ohne den ganzen Handlungsprozeß zu überschauen, führt das immer zu Zorn, Frustration und Depression, es kommt zu einem Gefühl erlittenen Unrechts und sogar zu Aggressionen.

Leben und deshalb auch Denken besteht aus einem endlosen Prozeß von Einzelaktionen auf verschiedenen Bewußtseinsebenen. Betrachtet man den ungeheuren Unterschied zwischen dem Bewußtsein eines Mystikers oder Weisen und dem eines kalten, arroganten Egozentrikers, dann wird man erkennen, wie weit die unterschiedlichen Bewußtseinsebenen auseinanderliegen. Das gleiche gilt auch für den enormen Unterschied zwischen den intellektuellen Ebenen und den Ebenen künstlerischer Inspiration. Wir haben auf der einen Seite einen Pythagoras, Platon, Einstein, Empedokles und viele andere, auf der anderen einen Michelangelo, Leonardo da Vinci, Mozart, Chopin, Tennyson, Rossetti, Browning und so weiter. Diese unendlichen Bewußtseinsebenen sind etwas so Kompliziertes, daß wir sie mit dem irdisch-menschlichen Geist überhaupt nicht begreifen können. Um sie zu verstehen, müssen wir auf einfache, ganz direkte Art an sie herangehen, das heißt, indem wir jeden einzelnen Akt und jede Reaktion so auf uns wirken lassen, wie sie sich täglich manifestieren. Verständnis kann vom Urheber einer Handlung nur dann entwickelt werden, wenn seine Wahrnehmung und seine Selbst-Analyse die *Qualität* seiner Reaktionen zu erkennen vermag.

Bewußtsein zu entwickeln heißt, etwas zu erfahren, etwas zu erkennen, jeder Aktion und jeder Reaktion Bedeutung, Sinn und Wert zu verleihen. Jeder so erkannte Wert wird dann dem Gedächtnis anvertraut. Dieser ganze Prozeß *ist* Aktion. Bewußtsein ist Aktion, und man muß sich jeden einzelnen Schritt der Aktion als eine Art Herausforderung der Außenwelt gegenüber denken. Es kann sich um eine spirituelle oder irdisch-weltliche Herausforderung handeln, stets wird aber irgendeine Reaktion erwartet. Diese Reaktion stellt die *Erfahrung* dar, ob sie nun gut, schlecht oder schmerzhaft ist. Jede Reaktion sagt uns etwas über uns selbst, und dieses »Etwas« betrifft die Qualität des Bewußtseins, das seinerzeit die Ausgangshandlung veranlaßt hat. Der Leser sollte daran denken, daß es ohne die beschriebene Herausforderung, ohne Erfahrung und ohne Aufzeichnung der Reaktion (gemeint ist das Gedächtnis) keine »erzieherische« Reaktion geben kann.

Aktion schafft und reflektiert den wahren Charakter des Menschen. Der Charakter entsteht, wenn Aktion eine Reaktion oder eine Folge hervorruft. Mit anderen Worten, die Handlung muß ein Ziel oder ein Ergebnis im Auge haben. Deshalb stellen Aktion, Reaktion und voraussichtliches Resultat einen einheitlichen Prozeß dar, das heißt, einen einzigen und in sich abgeschlossenen Prozeß. Ein bestimmtes Resultat anzustreben bedeutet, daß zuerst ein Verlangen vorhanden sein muß. Zum Beispiel: »Ich möchte reich sein«, »Ich wünsche mir ein neues Auto«, »Ich will berühmt werden«, »Ich möchte befördert werden«, »Ich möchte mehr Geld« und so weiter. Jedes Verlangen hat eine bestimmte Qualität, und das bedeutet, daß es seinen Ursprung auf einer bestimmten Bewußtseinsebene hat. Der Hauptzweck jeder Aktion ist es, etwas zu erreichen. Am Ende, nach vielen Fehlstarts, vielen illusionären und negativen Ergebnissen, kommt die Seele schließlich zu der

Erkenntnis, daß die einzige wahre Errungenschaft die Selbsterkenntnis oder die Selbstverwirklichung ist. Das ist das einzige Fundament, auf dem wir den Prozeß des Werdens oder die Erleuchtung aufbauen können.

Wenn wir den normalen Ablauf unseres Alltagslebens untersuchen, kommen wir zu dem Schluß, daß dabei grundsätzlich drei Stadien zu unterscheiden sind, und zwar Gedanke, Tat und Endergebnis. Aus diesen drei Stadien oder Zuständen bildet sich die Erfahrung, die unser tägliches Dasein ausmacht, aber sie stellen auch den Prozeß unserer Entwicklung dar. Nehmen wir an, daß es kein Handeln gäbe, also auch kein Ergebnis, keine Erfahrung. Es könnte dann auch keinerlei Weiterentwicklung geben. Wir können also vernünftigerweise annehmen, daß jede Art von Aktion, ob negativ oder positiv, für die Weiterentwicklung der Seele von Bedeutung ist. Unser ganzes tägliches Leben ist nichts als der Prozeß, *etwas* zu werden. Wenn wir uns für unwissend halten, dann wollen wir klug werden und etwas lernen. Wenn wir kränklich sind, wollen wir stark und gesund werden. Wenn wir arm sind, wollen wir, daß sich unsere finanzielle Lage bessert. Wenn wir über jeden Aspekt des Materiellen genügend Erfahrungen gesammelt haben, dann werden wir instinktiv mehr über die innere Spiritualität wissen wollen. Wir verbringen also unser ganzes Leben damit, etwas zu *werden.* Die Kraft, die hinter diesem Drang, etwas zu werden, steht, ist der Wille. Dieser Drang zur Weiterentwicklung muß unvermeidlich mit irgendeiner Art von Anstrengung oder Bemühung verbunden sein, weil er den zwingenden Gedanken einschließt: »Das bin ich jetzt – aber ich möchte etwas Besseres werden.« Der Prozeß des Werdens muß auch Schmerz, Kampf, Konflikt und Angst zulassen. Jede niedrigere Stufe (das, was wir jetzt sind) muß eine Herausforderung darstellen. Daraus wiederum muß eine Reaktion, eine Resonanz entstehen, die von der Erkenntnis einer Erfahrung gefolgt wird, die man im Gedächtnis behält. Der Prozeß ist auf verschiedenen Bewußtseinsebenen zu spüren. Es ist der unaufhörliche, notwendige Kampf für den Fortschritt. Ohne Aktion und Reaktion gibt es auch keine Weiterentwicklung.

Wir erkennen, daß das Problem unseres Lebens darin besteht, daß der Mensch handelt, weil ihm ein bestimmter Zweck oder ein Endziel vorschwebt. Gewöhnlich wird die Aktion durch eine Idee hervorgerufen, doch wenn die Idee ihren Ursprung auf der materiellen Bewußtseinsebene hat, dann muß das mit der Zeit Angst, Frustration und sogar Zorn hervorrufen, weil die Quelle nicht zum Bereich des Bleibenden gehört. Wir wollen jetzt untersuchen, welchen Wert (wenn es einen solchen überhaupt gibt) diese frustrierende Erfahrung hat. Nehmen wir an, Sie spüren Zorn, Haß oder Angst. Während einer solchen Erfahrung nehmen Sie sich nicht mehr als Person wahr, für Sie existiert in diesem Moment nur der *Zustand der Erfahrung.* Daher kommt es immer wieder zu Feststellungen wie »Ich habe nicht bedacht, was ich damit anrichte« oder »Ich wußte nicht mehr, was ich tat.« Unmittelbar nach der Erfahrung, daß heißt, sobald die tatsächliche Erfahrung des entsprechenden Gefühls aufgehört hat, werden Sie sich wieder Ihrer selbst bewußt. Die Reaktion kann dann Reue, Scham, Bestürzung, Verlegenheit oder auch Genugtuung sein, wenn Rache das Motiv gewesen ist. In diesem Augenblick erkennen und registrieren Sie die Natur Ihrer Reaktion, wobei Sie davon ausgehen können, daß sie von gleicher Qualität ist wie die ursprüngliche Aktion. Alles menschliche Leben ist der Prozeß, etwas anderes, etwas Besseres zu werden. Das Verlangen, etwas anderes zu sein, als man ist, ist der *Wille zu werden,* sich weiterzuentwickeln. Das bedeutet mehr Aktion oder mehr Anstrengung, um eine andere Lebens- oder Bewußtseinsebene zu erreichen.

Wenn wir nach einer bestimmten Aktion oder Reaktion den Zustand von Zorn, Aggression, Haß oder Gier bedauern, dann weist das auf ein unterschwelliges Bedürfnis nach einem anderen oder besseren Ziel und Ausgang hin. Das Sichtbarwerden des »Willens zu sein« bereitet den Weg für den »Willen zu werden«. Wir sehen uns deshalb dem Problem gegenüber, daß es Aktion (auf verschiedenen Ebenen) geben muß, um das »Werden« vorzubereiten, doch Aktion gibt es niemals ohne Schmerz, ohne Mühe, ohne Konflikt. Der Zweck, das Endziel, der Wille müssen uns immer ein wenig voraus sein. Zusammenfassend kann man sagen, daß dieses »Das bin ich und das möchte ich werden« gleichbedeutend ist mit Anstrengung, Schmerz und ständigem Kampf. Wo also kein Ziel, keine Aktion und keine Reaktion ist, gibt es auch keine Erleuchtung.

Im Moment der unmittelbaren Erfahrung verschwindet das Selbst, es bleibt nur Zorn, Haß und so weiter, gefolgt von der Wahrnehmung der Natur dieser Erfahrung. Die Wahrnehmung läßt vielleicht häßliche, beunruhigende Seiten unserer Natur sichtbar werden, doch glücklicherweise entsteht aus diesem Konflikt ein Ziel oder Endzweck, mit dem man sich auseinandersetzen, von dem man sich frei machen kann, indem man etwa den Entschluß faßt, nicht wieder Zorn und Aggression aufsteigen zu lassen. Im Verlaufe unseres Entwicklungsprozesses geraten wir immer wieder einmal in einen solchen unerfreulichen Zustand. Wir überwinden ihn aber stets und beschließen immer aufs neue, das nächste Mal zu verhindern, daß es noch einmal dazu kommt. Dennoch wird jede einzelne Erfahrung wahrgenommen und registriert und unser Entschluß bekräftigt. Das bedeutet eine Kontinuität von Aktion und Reaktion, die schließlich zur Erleuchtung führt, weil jede einzelne Handlung das Verständnis für die grundsätzliche Natur unseres Selbst fördert. Wenn wir die Natur der Aktion im elementaren Sinne, das heißt auch in all ihren niedrigeren Formen, begreifen, dann wird dieses fundamentale Verständnis schließlich die Wahrnehmung etwas höherer Formen herbeiführen, und so setzt sich der allmähliche Prozeß des *Werdens* immer weiter fort. Der Vorgang erinnert an einen Menschen, der schon lange den brennenden Wunsch hatte, ein Auto zu besitzen, sich aber aus finanziellen Gründen keines leisten konnte. Eines Tages gelingt es ihm, einen alten Gebrauchtwagen zu bekommen. Zuerst ist er begeistert, glücklich und zufrieden, doch mit der Zeit verschwindet die anfängliche Begeisterung. Er sehnt sich nach einem besseren Auto, mit dem sich mehr Eindruck machen läßt. Der Prozeß setzt sich so lange fort, bis er eines Tages Eigentümer eines besonders eleganten Wagens ist. Das ist ein einfaches Beispiel für das

Zusammenspiel von Willen, Ziel oder Endzweck, Aktion und Kontinuität der Weiterentwicklung. Die Handlung ist nur das Werkzeug für den Gedanken oder für die Idee. Ideen erzeugen immer weiter verbesserte Ideen. Dieser Prozeß bezieht sich nicht nur auf die physische Ebene, sondern auf jedes Stadium des Bewußtseins, bis hinauf zu den höchsten spirituellen Ebenen.

Alle Ideen, Aktionen und Reaktionen sind die Folge einer früheren Erfahrung. Eine solche vergangene Erfahrung wird zu einem Teil der gespeicherten Erinnerungen. Deshalb könnte eine Idee oder ein Gedanke auch die Folge einer gespeicherten Erinnerung an frühere Erfahrungen sein. Zu einem späteren Zeitpunkt ergeben sich bestimmte Umstände und Begegnungen, die der Anlaß sind, daß aus unseren Erinnerungen eine verwandte Idee, ein Gedanke oder eine Aktion auftaucht. Die Begegnung oder die Umstände rufen eine Aktion hervor. Die Aktion wird durch die Erinnerung an die frühere Erfahrung hervorgerufen. Deshalb ist die Aktion oder Resonanz bereits durch die Erinnerung konditioniert. Wir dürfen nicht vergessen: Erinnerung gehört immer der Vergangenheit an. Denken Sie also in einer solchen Situation stets daran, daß Ihre gegenwärtige Handlung die Reaktion auf etwas längst Vergangenes sein könnte.

Eine Aktion oder Reaktion, die auf solchen Gedanken beruht, stellt ein Hindernis für die Erleuchtung dar. Die Vergangenheit ist tot, wenn Sie daraus nicht eine Bindung entwickeln und sich zu ihrem Sklaven machen. Was in der Vergangenheit geschehen ist, ganz gleich, wie schlimm es auch war, kann für Sie aber zu einem Lehrer, einem Befreier, werden. Die Vergangenheit ist Ihr einziges Tor zur Freiheit, vorausgesetzt, Sie öffnen dieses Tor und verlassen den Raum, der die toten Erfahrungen beherbergt. Die Vergangenheit ist da, um Sie frei zu machen. Liebe ist Aktion. Liebe gründet sich nicht auf eine Idee oder auf einen Gedanken. Liebe ist nicht auf vergangener Erfahrung beruhende Erinnerung. Haß beruht auf früherer Erfahrung.

Liebe beruht nicht auf Erfahrung oder Erinnerung. Liebe ist

Handeln, es gibt keine Trennung zwischen Liebe und Handlung, wie das zwischen Idee (Gedanke) und Aktion der Fall ist. Liebe ist Befreiung, Vergebung und Toleranz. Mitleid ist Befreiung. Liebe ist niemals die Folge oder das Resultat einer früheren Erfahrung. Liebe ist keine Idee. Haß, Ressentiment und Aggressionen sind Folgen vergangener Erfahrungen, sie beruhen auf Ideen.

Wenn wir nach Erleuchtung streben, wenn wir die Befreiung von Furcht, Frustration, Angst und Stagnation wollen, beginnen wir am besten mit einer radikalen Veränderung in uns selbst. Wir beginnen mit einer gewaltigen Anstrengung, um die Auswirkungen vergangener Gewohnheiten und Vorstellungen unter Kontrolle zu bringen. Wir müssen lernen, den zur Gewohnheit gewordenen Reaktionen auf vergangene Erfahrungen zu widerstehen. Unser ganzes Leben beruht auf Anstrengung und Mühe, um irgendein bestimmtes Ergebnis zu erzielen. Früher oder später müssen wir zu der Erkenntnis kommen, daß jede Anstrengung, die vom Zentrum des Ego-Geistes aus unternommen wird, unvermeidlich zu mehr Konflikt, mehr Frustration, zu immer größerem Elend führt, und das bedeutet, daß wir immer mehr Mühe aufwenden müssen, um dagegen anzukämpfen. Nehmen wir als Beispiel die Mühe, die es erfordert, einen »Hamburger« für ein schnelles Mittagessen zu besorgen. Damit ist nicht ein für allemal das Problem unserer künftigen Mittagsmahlzeiten gelöst. Im Gegenteil, wir müssen die Anstrengungen stets fortsetzen und sie zeitweise sogar verstärken. Damit wachsen auch unser Elend, unsere Ängste und Befürchtungen. Wir haben nichts gewonnen, außer einer Vorstellung künftiger unaufhörlicher Anstrengungen, aber wir halten immer noch an der Hoffnung fest, daß sich die Dinge auf irgendeine glückliche Weise zum Besseren wenden werden.

Ein solcher »Hamburger« ist natürlich für die Ernährung des Körpers notwendig. Schwierigkeiten, Konflikte und Ängste entstehen nur, wenn wir all unser Vertrauen, unsere Hoffnung und unser Denken auf nichts anderes als auf »Hamburger« richten. Der Körper kann sich nicht weiterentwickeln, nur die

Seele geht ihrer Vollendung entgegen. Selbstverständlich haben wir eine Verpflichtung unserem Körper gegenüber, doch die gleiche Verpflichtung gilt auch für unsere Seele. Wir können weder das eine noch das andere ignorieren, sonst entstehen Leid und Konflikte. Buddha sagte, daß der Mensch immer auf dem mittleren Weg bleiben sollte. Der irdisch-menschliche Geist hält sich nur in Extremen auf. Liebe gehört zum Bereich des irdisch-menschlichen Geistes; Haß gehört zu diesem Bereich, das Negative ebenso wie das Positive. In der Mitte gibt es keine Ideen, keine vergangenen Erfahrungen, doch der irdisch-menschliche Geist umfaßt Liebe und Haß, Zweifel und Vertrauen, Unwissenheit und Weisheit, Angst und Frieden. Sie sind die Extreme.

Versuchen Sie einfach so zu leben, daß Sie immer in der Mitte bleiben, dann löst sich der irdisch-menschliche Geist auf, weil Sie nicht mehr zwischen den Extremen hin- und herschwanken. Um die Realität, den tieferen Sinn des Lebens zu erkennen, müssen wir verstehen, was mit dem Ausdruck »nicht zwischen Extremen oder Gegensätzen hin- und herschwanken« gemeint ist. Jedes Schwanken bedeutet Anstrengung. Was heißt Anstrengung? Anstrengung bedeutet eine Reihe von Versuchen oder Bemühungen, den gegenwärtigen Zustand in etwas zu verändern, das bisher noch nicht existiert. Ist das nicht das Eingeständnis, daß wir mit dem bestehenden Zustand nicht zufrieden, daß wir unglücklich darüber sind? Bedeutet das Angst, Langeweile, Frustration, Begierde, Habgier oder Ehrgeiz? Das alles sind ja die Merkmale eines unzufriedenen Menschen. Was erzeugt Unzufriedenheit? Nur das Festhalten, die Bindungen des irdisch-menschlichen Geistes. Der wirklich zufriedene Mensch erkennt Wert und Bedeutung des gegenwärtigen Zustandes voll und ganz. Der irdisch-menschliche Geist kann das nicht, weil er sich nur damit beschäftigt, wie wenig oder wie viel Besitz er hat. Ihn quält ständig die Sorge, wie er mehr bekommen könnte, oder die Angst, seinen Besitz zu verlieren. Der zufriedene Mensch nimmt den Unterschied zwischen Realität (spirituellem Geist) und Illusion (Bindung an die Materie) wahr. Wir wollen einen kurzen

Blick auf einige Aspekte der Realität werfen. Können wir beispielsweise darum kämpfen, glücklich zu sein? Kann man sich dazu entschließen oder sich anstrengen, zu lieben? Sind Freude, Inspiration oder Intuition durch angestrengtes Bemühen zu erreichen? Wir können zwar manche Dinge unterdrücken, auf andere verzichten oder sie unter Kontrolle halten, aber Glück und Freude entstehen niemals durch Opfer, durch Unterdrückung oder Kontrollmechanismen. Wenn Sie einmal darüber nachdenken, werden Sie erkennen, daß unser ganzes Leben aus einer Folge solcher Unterdrückungen, Opfertaten und Kontrollmechanismen besteht. Wir befinden uns ständig im Kampf mit unseren Begierden, Bestrebungen, Emotionen und Leidenschaften, mit unseren selbstsüchtigen, habgierigen Instinkten. Wir nehmen alle Mühen auf uns, weil wir hoffen, dadurch Glück, Sicherheit und Seelenfrieden zu finden, aber die unaufhörliche Folge von Anstrengungen kommt niemals an ein Ende. Leben ist das ständige Bedürfnis nach Überwindung, der unaufhörliche Kampf mit unseren Begierden, doch können sich Liebe und Mitgefühl durch Kampf, Bemühung und Anstrengung entwickeln?

Anstrengung, bei der es sich gewöhnlich um ichbezogene Aktivität handelt, bedeutet die Weigerung, eine Situation so zu akzeptieren, wie sie wirklich ist. Es ist die Weigerung, zu erkennen, daß die Situation, die wir zu verändern trachten, genau die Situation ist, die wir zuvor selbst geschaffen haben. Unsere soziale, wirtschaftliche und ökologische Situation ist die Folge unserer Handlungsweise in der Vergangenheit. In der Vergangenheit waren wir bestrebt, Ergebnisse zu erzielen. Wir bemühten uns, das bereits Bestehende zu verändern, ohne daß wir erkannten, daß wir ja genau das selbst geschaffen hatten. Der Urheber war unser eigener irdisch-menschlicher Geist oder unser Denken. Wir heiraten, weil wir unser Leben verändern wollen. Liebe aber ist etwas Spontanes. Wir können uns nicht um Liebe bemühen, wir können nicht über die Liebe nachdenken und sie dadurch entstehen lassen. Liebe ereignet sich einfach zu einem Zeitpunkt, an dem wir ganz frei von unserem irdisch-menschlichen Denken sind. Der Entschluß zur

Heirat wird nicht immer ohne Beteiligung des irdisch-menschlichen Geistes gefaßt. Sehr oft spielen Motive wie die körperliche Anziehungskraft, das Bedürfnis zu dominieren, Ehrgeiz, finanzielle Sicherheit, Einsamkeit oder Langeweile eine Rolle. Jeder der beiden Partner nutzt gewissermaßen die Vorzüge des anderen aus. Sobald sie verheiratet sind, wird die Liebe als Bindung erkannt, als eine Form des Besitzens. Allmählich verschwindet Stück für Stück die Maske aus der Zeit der jungen Liebe, als man noch um die Gunst des Partners geworben hatte. Jetzt erscheint der wahre Mensch, und es kommt zu Konflikten und Reibungen. Allmählich verschwindet die Liebe. Sie verschwindet, weil es von Anfang an keine wahre Liebe gewesen ist. Liebe ist das Beständigste auf der Welt. Sie kann gar nicht verlorengehen. Alles, was dem irdisch-menschlichen Geist oder der materiellen Welt zuzurechnen ist, kann verschwinden, aber niemals die Liebe. Liebe ist der vollkommene Ausdruck des ewigen Selbst – sie *ist* die Erscheinungsform des Ewigen. Die zuerst beschriebene Art der Liebe verschwindet immer mit der Zeit, weil wir versuchen, uns selbst, unsere Umgebung und die Umstände aus Vernunftgründen zu verändern, aus Motiven also, die im irdisch-menschlichen Geist ihren Ursprung haben. Alles Äußere, was wir (aus Vernunftgründen) zu verändern suchen, muß von zeitlich-irdischer Natur sein. Wir verschwenden viel Zeit mit dem Versuch, uns zu verändern, und je länger wir uns selbst damit zum Narren halten, um so größer werden die Belastungen und Konflikte. Wir alle sind Schauspieler, die vorgeben, irgendeine andere Figur zu sein. Wenn wir aber versuchen, vierundzwanzig Stunden am Tag eine Rolle zu spielen, dann fühlen wir uns eingesperrt wie in einem Gefängnis. Wir werden nervös und verkrampft. Wenn dieser Druck anhält, entwickelt sich daraus Frustration. Wir machen Pläne (dabei schalten wir den Verstand ein), um auszubrechen. Leider wissen wir nicht, in welche Richtung wir uns wenden sollen. Richtig wäre es, *nach innen* durchzubrechen. Belastungen und Konflikte werden immer stärker. Manchmal wird es unmöglich, damit zu leben. Es entstehen falsche Vorstellungen, man beginnt, anderen Menschen die Schuld für diesen Zustand zu geben. Das ist die Reaktion des irdisch-menschlichen Geistes, der sich durch Wutausbrüche, Verdächtigungen, Aggressionen und sogar Haß zu rächen sucht. Wenn also Liebe, Heirat und Vernunftgründe nur das Mittel sind, um etwas ganz anderes zu erreichen, dann wird man dadurch niemals zu einer wirklich glücklichen Existenz kommen. Wir scheitern, wenn wir Selbstverwirklichung in einem Gegenstand, in einer Bestrebung, in einem anderen Menschen oder in einer Idee suchen, denn dann erfordert es unaufhörliche Anstrengung und Mühe, das einmal Erreichte zu behalten.

Warum besteht immer dieser innere Drang nach Befriedigung unserer Bedürfnisse? Der Grund dafür ist das Bewußtsein, daß uns etwas fehlt oder daß wir von irgend etwas nicht genügend haben. Dabei kann es sich um das Gefühl handeln, daß unsere gesellschaftliche Stellung nicht angemessen ist, daß unser Ehrgeiz nicht befriedigt wird, daß es uns an Selbstwert, Vertrauen, Macht, Kapital, Autorität oder Anerkennung fehlt. Unsere ganze Existenz wird dann zu einem Prozeß, der diesen Mangel beheben soll. Die Folge ist, daß wir nur noch Ideen, Pläne und Vorstellungen entwickeln, wie wir all die fehlenden Dinge in der äußeren Welt bekommen könnten. In Wahrheit versuchen wir, vor unseren eigenen Unzulänglichkeiten davonzulaufen. Unsere Unzulänglichkeiten und Schwächen sind ein Zustand des irdisch-menschlichen Geistes. Wir spüren die *innere Armut* und versuchen, dieser inneren Leere zu entkommen. Wir erkennen jedoch kaum, daß wir innere Leere niemals mit Dingen der Außenwelt füllen können. Wenn es zwecklos ist, vor der inneren Armut davonzulaufen, welche Lösung gibt es dann? Wir spüren ja, daß es zur Stagnation kommt, wenn wir gar nichts tun. So fühlen wir uns elend, hilflos und verloren. Wir spüren, daß das Leben ohne unsere ständige Mühe und Anstrengung seinen Sinn verliert. Wir wollen uns deshalb zum Schluß mit einem kreativen Weg beschäftigen, der aus diesem Dilemma herausführt. Wir beginnen bei uns selbst. Niemand hat die Macht, uns Schwierigkeiten oder Schmerzen zu bereiten, wenn wir selbst ihm nicht die Macht dazu geben. Wir schaffen uns also selbst unsere Probleme. Äußere Anstrengungen sind nur nötig, solange wir glauben, daß wir unsere Unzulänglichkeiten und den Mangel an Besitz beheben sollten. Wenn wir aber mit Mut die Situation anschauen, darüber nachdenken, sie analysieren und vollständig akzeptieren, ohne jede Entschuldigung und ohne sie zu leugnen, und wenn wir dann die wahre Natur nicht nur unseres Ausbrechens, sondern auch der Vernunftgründe und des Endziels betrachten, dann entwickelt sich allmählich ein Zustand, in dem jedes Bestreben, alle Bemühungen und die Angst aufhören. Dieser Zustand ist die kontemplative Kreativität, das Gegenteil von Streben, Anstrengung, Verstand und Begierde.

Sobald wir versuchen, die wahre Natur unserer Anstrengungen, unserer Motive und unserer Unzulänglichkeiten zu verstehen, entwickelt sich daraus eine kreative spirituelle Realität, eine spirituelle Intelligenz, die langsam den Weg zur Erleuchtung und zum Glück öffnet.

Wir fassen zusammen: Der Feind ist Aktion auf der äußeren Ebene. Aktion bedeutet stets auch Reaktion. Es liegt in der Natur des irdisch-menschlichen Geistes, sich zu weigern, die Realität einer Situation zu sehen. Buddha sagte, daß im Nichts die Wahrheit zu finden ist. Wenn der irdisch-menschliche Geist frei von Rechthaberei bleibt, frei vom Verlangen nach Aktion, frei vom Gedanken der Unzulänglichkeit, frei vom Bewußtsein des äußeren Zustandes, dann handelt das kreative Wesen. Achten Sie immer auf Ihre nach außen gerichteten Gedanken und Handlungen. Betrachten und analysieren Sie das Endziel. Ist es nichts anderes als ein »Hamburger?« Wenn Sie die Natur und den Zweck unseres immer wieder zitierten »Hamburgers« begreifen, dann verstehen Sie Natur, Sinn und Illusion aller »Dinge«.

Selbsterkenntnis erwerben Sie durch das ständige Bewußtsein, daß nur Vernunftgründe, Ideen und Endziele alle die endlosen Kämpfe verursachen, die sich um Sie herum abspielen. Versuchen Sie, sich der *inneren* Unzulänglichkeiten bewußt zu werden. Entschließen Sie sich, mit ihnen zu leben, sie zu erkennen, ohne jedoch einen Gedanken darauf zu richten, wie man ihnen entkommen könnte. Damit gewinnen Sie Glück und Sicherheit.